Vom GLüCk des strebens

Warum der Weg
oft glücklicher macht
als das Ziel

CHRIS GUILLEBEAU

MEINUNGEN ZUM BUCH

„Wenn man sich eine Reise oder ein angestrebtes Ziel zur Aufgabe macht, dann kann das befriedigend sein, Spaß machen oder sogar einen Paradigmenwechsel bewirken. Wenn eine Aufgabe jedoch mit einer inneren Sehnsucht beginnt und sich zu einer Berufung verwandelt, wird aus ihr eine Arznei für die Seele, und das ändert *alles*. *Vom Glück des Strebens* ist **eine Einladung, auf den Teil des Selbst zu hören, der sich nach einem Sinn sehnt. Es sagt: ‚Hey! Wach auf! Dein einzigartiges Abenteuer wartet auf dich.'"**

Dr. LISSA RANKIN, Autorin des New York Times-*Bestsellers* Mind Over Medicine

„Die unglaublichen Aufgaben, die Chris Guillebeau in *Vom Glück des Strebens* erkundet, darunter seine eigene, in alle Länder der Welt zu reisen, haben mich erschöpft zurückgelassen. Als jemand, der von zu Hause aus arbeitet, beschränke ich meine Aufgaben an den meisten Tagen darauf, zu duschen. **Fazit: Diese Geschichten *sind* inspirierend – und äußerst unterhaltend."**

JOEL STEIN, Kolumnist für das Time-*Magazin und Autor von* Man Made: A Stupid Quest for Masculinity

„Chris Guillebeau will nicht, dass Sie sich mit einem Leben zufriedengeben, das nur Routine ist. Er denkt, dass es ein Abenteuer sein sollte. Sein Rat, wie Sie Ihre eigene lebensverändernde ‚Aufgabe' gestalten und verwirklichen sollten, ist von unschätzbarem Wert – und, noch besser, seine Begeisterung wirkt ansteckend.

KEN JENNINGS, Rekord haltender Champion bei der Fernsehquizshow Jeopardy *und Autor des* New York Times-*Bestsellers* Maphead

„Geben Sie es einfach zu: Sie tragen einen Traum mit sich herum, etwas, was Sie erreichen wollen, eine Aufgabe, über die Sie vielleicht noch nie mit jemandem gesprochen haben. **Das Buch von Chris Guillebeau – der nebenbei gesagt seine *eigene* Aufgabe, in alle Länder der Welt zu reisen, bereits abgeschlossen hat, sollten Sie sich zuallererst vornehmen.**"

ERIN McHUGH, Autorin von One Good Deed: 365 Days of Trying to Be Just a Little Bit Better

„Chris Guillebeau ist ein echtes Universalgenie. In *Vom Glück des Strebens* zeigt er uns, wie die Macht einer Aufgabe das Leben verändern kann. Das Abenteuer kann vielerlei Gestalt annehmen, aber ein lebenswertes Leben besteht darin, dass man den Mut hat, seiner wahren Berufung zu folgen. Guillebeau inspiriert die Leser, genau das zu tun, egal, wer sie sind oder wo ihre Leidenschaften liegen. **Dies ist eine unverzichtbare Lektüre für jeden, der nach dem Funken Einsicht sucht, der das innere Feuer entzündet.**"

DEAN KARNAZES, gefeierter Ausdauersportler und New York Times-Bestseller-Autor

„Als jemand, der fast jeden Häuserblock in New York City zu Fuß durchwandert hat – 121.000 davon -, kann ich mich mit diesem wunderbaren Buch wirklich identifizieren. **Guillebeaus Geschichten über die unglaublichen Herausforderungen, welche die Menschen sich selbst setzen und bestehen, ändern die eigene Perspektive und wirken sogar inspirierend.** Vor allem lehren sie uns jedoch, dass man nur einmal lebt und dass wir, wenn wir unser Bestes geben, das Beste daraus machen können."

WILLIAM HELMREICH, Autor von The New York Nobody Knows: Walking 6.000 Miles in the City

Die Originalausgabe erschien unter dem Titel
The Happiness of Pursuit. Finding the Quest That Will Bring Purpose to Your Life.
ISBN 978-0-385-34884-3

Copyright der Originalausgabe 2014:
Copyright © 2014 by Chris Guillebeau. All rights reserved.

This translation published by arrangement with Harmony Books,
an imprint of the Crown Publishing Group, a division of Random House LLC.

Copyright der deutschen Ausgabe 2015:
© Börsenmedien AG, Kulmbach

Übersetzung: Marion Reuter
Gestaltung Cover: Daniela Freitag
Gestaltung und Satz: Bernd Raubbach
Herstellung: Martina Köhler
Lektorat: Ursula Prawitz
Druck: CPI – Ebner & Spiegel, Ulm

ISBN 978-3-86470-257-0

Bibliografische Information der Deutschen Nationalbibliothek:
Die Deutsche Nationalbibliothek verzeichnet diese Publikation in der
Deutschen Nationalbibliografie; detaillierte bibliografische Daten
sind im Internet über <http://dnb.d-nb.de> abrufbar.

BÖRSEN ⦿ MEDIEN
AKTIENGESELLSCHAFT

Postfach 1449 · 95305 Kulmbach
Tel: +49 9221 9051-0 · Fax: +49 9221 9051-4444
E-Mail: buecher@boersenmedien.de
www.books4success.de
www.facebook.com/books4success

INHALT

I. DIE ANFÄNGE

▶ Prolog	Unterwegs	11
▶ Kapitel 1	Erwachen	23
▶ Kapitel 2	Die große Unzufriedenheit	39
▶ Kapitel 3	Berufung	55
	Exkurs **MUT**	69
▶ Kapitel 4	Entscheidende Momente	73

II. DIE REISE

▶ Kapitel 5	Selbstvertrauen	91
▶ Kapitel 6	Abenteuer im Alltag	109
	Exkurs **ROUTINE**	125
▶ Kapitel 7	Zeit und Geld	129
▶ Kapitel 8	Lebenslisten	147
▶ Kapitel 9	Vorwärtsbewegung	163
▶ Kapitel 10	Die Liebe zum Job	179
▶ Kapitel 11	Mit vereinten Kräften	193
	Exkurs **KAMPF**	207
▶ Kapitel 12	Rebellieren für einen guten Zweck	211
▶ Kapitel 13	Der lange Weg	227
▶ Kapitel 14	Missgeschicke	247

III. DAS ZIEL

▶ **Kapitel 15** Veränderung 263

Exkurs **GEMEINSCHAFT** 277

▶ **Kapitel 16** Heimkehr 281

▶ **Kapitel 17** Ausklang 299

▶ **Anhang 1** Lektionen aus der Reise 307

▶ **Anhang 2** Mitwirkende 310

▶ **Anhang 3** Eine Aufgabe für jeden 314

I.

DIE ANFÄNGE

Prolog

Unterwegs

E s war fast ein Uhr morgens, als ich aus einem Flugzeug stieg und in den internationalen Flughafen in Dakar, Senegal, stolperte.

Ich war schon oft dort gewesen, aber ich brauchte immer einen Moment, um mich wieder zurechtzufinden. Von allen Seiten stürmten Kerle auf mich zu, die mir beim Tragen des Gepäcks helfen wollten – ich brauchte diese Angebote nicht, da ich immer mit wenig Gepäck reise –, aber die hartnäckigen Gepäckträger ließen sich nur schwer abweisen. Zwei von ihnen überschrien sich gegenseitig und ich wusste, was für sie auf dem Spiel stand: Derjenige, der mein Begleiter wurde, hätte die Chance auf ein Trinkgeld.

Ich wählte nach dem Zufallsprinzip einen Gepäckträger aus und folgte ihm zu einer kleinen Nische über der schreienden Menge. Dort waren ein paar Plastikstühle an den Boden genagelt. „Bitte schön", sagte er auf Französisch zu mir. „Sie können hier bleiben und schlafen." Ich blickte auf die Stühle, bezahlte den Typ und schlug mein Lager für die Nacht auf, von der ich wusste, dass sie lang werden würde.

Mein endgültiges Ziel war die winzige Republik Guinea-Bissau, die gerade mal eine halbe Flugstunde von Dakar entfernt war, aber der Flug ging erst um sieben Uhr morgens. Was sollte ich während des sechsstündigen Aufenthalts tun?

Ich hätte in die Stadt gehen und ein Hotel suchen können, aber die Aussicht auf drei Stunden Schlaf, bevor ich mich wieder zum Flughafen zurückschleppen müsste, war nicht gerade verlockend. Ich sollte es wohl besser durchstehen, bis ich mein endgültiges Ziel erreicht hatte und mich in ein richtiges Bett fallen lassen konnte.

Ich hatte eine Flasche Wasser, die ich mir bei der Ankunft beschafft hatte, und einen Flachmann Wodka, den ich in der Lounge des Frankfurter Flughafens gekauft hatte, bevor ich am Vortag nach Afrika gestartet war. Zusammen mit einer Decke der Fluggesellschaft (danke, Lufthansa) war das alles, was ich für ein paar Stunden unruhigen Schlaf brauchte.

Vor vier Tagen war ich im Regen am Grand Central Terminal in Manhattan vorbeigegangen. Mein Ziel war ein winziges Konsulatsbüro in einem untervermieteten Gebäude der Vereinten Nationen. Das Büro hatte keine offiziellen Öffnungszeiten. Für eine Gebühr von 100 Dollar – zahlbar in bar und ohne Quittung – bekam ich das Visum, um das ich mich monatelang bemüht hatte.

Diese Reise würde mich von New York über Frankfurt und Dakar nach Bissau führen. Und dann ein paar Tage später über Lissabon und London wieder zurück. Es war nicht nur eine Reise, sondern auch eine Aufgabe.

Selbst wenn man von einer Reise über drei Kontinente erledigt ist, lässt es sich nur schwer auf einem Plastikstuhl in einem westafrikanischen Transitbereich schlafen. Ich achtete darauf, dass der Tragegurt meiner Laptop-Tasche um mein Bein gewickelt war, aber schreckte dennoch immer wieder aus dem Schlaf, weil ich die Rückkehr der „hilfsbereiten" Gepäckträger befürchtete. Als ich es endlich schaffte, richtig einzuschlafen, kam ein Mückenschwarm, um Wache zu halten und dafür zu sorgen, dass ich nicht zu lange döste.

Ich dachte darüber nach, was für eine lächerliche Erfahrung das war. Warum war ich mitten in der Nacht auf einem Plastikstuhl in Senegal gelandet, nachdem ich eine ganz ordentliche berufliche Karriere gemacht hatte, viele Projekte zu Hause und einen weltweiten Freundeskreis in angenehmerer Umgebung hatte?

Worin bestand der Zweck der Reise und was war die Aufgabe?

Eins nach dem anderen. In dieser Weltgegend hat vor vielen Jahren alles begonnen. Vor zehn Jahren hatte ich mich in der Region als Entwicklungshelfer betätigt, indem ich für eine medizinische Hilfsorganisation als Freiwilliger arbeitete. Nach der Trial-and-Error-Methode lernte ich, Schmiergelder zu vermeiden (nun ja, abgesehen von Flughafengepäckträgern) und mir einen Weg durch chaotische Ankunftsszenen wie die eben beschriebene zu bahnen.

Warum war ich also zurückgekehrt?

Es hatte wirklich einen ganz einfachen Grund. Dieses Mal befand ich mich auf einer anderen Mission. Im letzten Jahrzehnt hatte ich einen Großteil meiner Zeit, meines Geldes und meiner Aufmerksamkeit in Reisen in jedes Land der Welt investiert. Jedes einzelne Land in jeder Region, wobei kein Land ausgelassen wurde – es war eine lebenslange Herausforderung, über die ich jahrelang nachgedacht hatte, bevor ich sie schließlich als die Aufgabe akzeptierte, für die ich mir alle Zeit der Welt nehmen würde. Diese Mission hatte mich zu abtrünnigen ehemaligen Sowjetrepubliken und zu entlegenen Inseln im Südpazifik geführt. Ich hatte erlebt, wie der einzige Nachtflug auf einer anderen kleinen Insel ohne mich startete. Ich war ohne ein Visum erfolgreich in Pakistan und Saudi-Arabien angekommen und hatte die Einreisebehörde irgendwie überredet, mich bleiben zu lassen. Ich war aus einem Land ausgewiesen worden, das ich immer noch zu vergessen versuche.

Auf dem Weg gab es viele Nächte wie diese in Dakar, wo ich ohne Pläne ankam abgesehen von der Weiterreise per Flugzeug oder mit einem voll besetzten Minibus in ein weiteres kleines Land, das nur dann in den Nachrichten auftauchte, wenn es sich im Bürgerkrieg befand oder infolge des Klimawandels zu verschwinden drohte.

Auf eine seltsame, fast schon masochistische Weise gefiel mir die Idee, in den Senegal zurückzukehren. Es war so eine Idee, dass der Kreis sich damit schließen und ich zum Anfang zurückkehren würde. Nach 190 Ländern würde die Reise bald zu Ende gehen. Noch war es nicht ganz so weit. Zuerst musste ich es nach Guinea-Bissau, meinem letzten Land in Afrika schaffen.

Der Flughafen von Dakar wird sicher keine Preise für Übernachtungen gewinnen, aber wenn die Sonne über Westafrika aufgeht, lohnt es sich aufzuwachen. Es geht sehr schnell – wenn man nur kurz den Blick abwendet, versäumt man es. In der einen Minute ist es noch neblig und in der nächsten Minute heißt es: *Raus aus den Federn, Reisender!*

Unterdessen war ich zum Check-in-Bereich zurückgestolpert und hatte die entspannte Sicherheitskontrolle passiert. Ich kaufte mir einen Instantkaffee und schlürfte ihn, während ich in der Schlange darauf wartete, an Bord zu gehen.

Weit entfernt von zu Hause gibt es ein Gefühl, das man selbst dann erfahren kann, wenn man todmüde ist. Egal, wie erschöpft man ist (*Achtzehn Flugstunden! Zwei Stunden Schlaf auf einem Plastikstuhl!*) und egal, wie lächerlich die Situation ist (*Ich fliege ohne vernünftigen Grund nach Guinea-Bissau!*), man spürt trotzdem Abenteuerlust. Als das Koffein wirkte und ich meine Beine streckte, fing ich an, mich besser zu fühlen. So verrückt es einigen Leuten auch erscheinen mochte, ich war in der Welt draußen und tat etwas, was mir gefiel. Das Leben war schön.

Der halbstündige Flug führte auf niedriger Höhe entlang der Küstenlinie. Die Sonne war nun ganz aufgegangen, ich döste an den Fenstersitz gelehnt und ehe ich es mich versah, waren wir schon in der Hauptstadt gelandet.

Bei der Landung hier gab es keine Fluggastbrücke, die in eine glänzende Ankunftshalle führte, noch nicht einmal einen Passagierbus, um die Ankömmlinge zu dem Gebäude zu transportieren. Ich stieg die Treppe des in die Jahre gekommenen Flugzeugs hinunter auf die Rollbahn und ging direkt zu dem staubigen Gebäude der Einreisebehörde, das ganz in der Nähe war.

Das Empfangskomitee schien sich einen freien Tag genommen zu haben. Stattdessen warf ein einzelner Angestellter der Einreisebehörde einen flüchtigen Blick auf meine Papiere und verpasste mir wortlos meinen Stempel.

Ich sah zu, wie mein Gepäck auf ein einzelnes quietschendes Förderband geworfen wurde. Wieder rissen sich die Gepäckträger darum, mir ihre Dienste anzutragen. Der Morgen mit dem schönen Sonnenaufgang ging in einen brütend heißen Tag über, und eine Gruppe von Taxifahrern trat in Wettstreit um die nicht allzu häufige Chance, den Fremden ins einzige Hotel zu fahren.

Ich aber lächelte über mein Glück, hatte ich doch gerade einen weiteren Meilenstein in meiner Aufgabe erreicht, alle Länder der Welt zu besuchen. Von 54 afrikanischen Ländern war Guinea-Bissau mein allerletztes. Nach zehn Jahren, in denen ich die Welt erkundet hatte, waren nur zwei Länder übrig, die ich noch bereisen musste.

Es war einmal

Die Menschen waren schon immer von Aufgaben fasziniert. Die ältesten Geschichten der Menschheit erzählen von langen Reisen und großen

Abenteuern. Ob die Geschichte afrikanisch, asiatisch oder europäisch ist, die Handlung ist immer gleich: Ein Held macht sich auf, um etwas schwer Erreichbares zu suchen, welches das Potenzial hat, sowohl sein Leben als auch die Welt zu verändern.

In der jüdisch-christlichen Schöpfungsgeschichte werden Adam und Eva aus dem Garten Eden verbannt und dazu verurteilt, sich auf der Erde abzurackern. In der buddhistischen Geschichte wird die Frage der Praxis und des Kampfes gegenüber der Schöpfung betont – die heiligen Texte gehen sofort zur Suche nach der Erleuchtung über.

Die bekanntesten Texte der Weltliteratur reflektieren unser Verlangen, über Kampf und Opfer bei der Verfolgung eines Ziels zu hören. Von Aesops Fabeln bis zu Tausendundeine Nacht handeln viele klassische Geschichten von Abenteuern und Aufgaben.

Shakespeare begeisterte uns mit Geschichten über Herausforderungen, bei denen es um Schiffbrüche und Verwechslungen von Personen geht. Manchmal galt „Ende gut, alles gut", aber manchmal kam es auch zur Tragödie als natürliche Folge davon, dass ein schwacher Charakter schlechte Entscheidungen traf.

In der heutigen Zeit weiß Hollywood, dass Herausforderungen ein Thema sind, das sich gut verkaufen lässt. Denken Sie an die garantierten Kassenschlager Star Wars, Star Trek, Indiana Jones und unzählige andere. Je größer die Schwierigkeiten sind und je mehr auf dem Spiel steht, umso besser – solange das Publikum etwas hat, woran es glauben kann. Wir müssen an die Mission eines Helden glauben, und sobald wir das tun, bleiben wir gern an der Geschichte dran, um zu erfahren, wie er die Herausforderungen bewältigt.

Bei den besten Videospielen, die nun mehr Geld und Aufmerksamkeit auf sich ziehen als Bücher oder Filme, geht es ebenfalls um Aufgaben. Sie, ein gewöhnlicher Sterblicher, der aus der Bedeutungslosigkeit hervortritt, wurde mit der Aufgabe betraut, die Welt gegen eine Invasion von Außerirdischen zu verteidigen. (Praktischerweise sind Sie mit einem Raketenabschussgerät und einem wiederaufladbaren Health-Pack ausgestattet.)

Sie, ein einfacher Klempner, der zur Sturheit neigt und nicht gerade der Hellste ist, müssen die Prinzessin aus dem Schloss retten. (Oh, das ist das falsche Schloss? Sie müssen wohl weiterziehen.)

Viele dieser Geschichten über Aufgaben werden immer wieder auf verschiedene Weise weitererzählt, oft mit einem ordentlichen Anteil an Übertreibung. Es können fesselnde Geschichten sein, aber größtenteils sind sie nicht wahr. Sie gefallen uns, weil sie für kurze Zeit das Potenzial haben, unseren Glauben an das, was möglich ist, zu verändern. Vielleicht gibt es wirklich eine Invasion von Außerirdischen! Vielleicht gibt es da draußen wirklich einen Heiligen Gral, der nur darauf wartet entdeckt zu werden.

Als ich auf dem Planeten umherzog und jahrelang fast 200 Länder bereiste, entdeckte ich etwas Wichtiges.

Ich liebte das Reisen und überall, wohin ich ging, gab es etwas Interessantes. Ich erweiterte meinen Horizont, indem ich verschiedenen Lebensweisen begegnete und von Menschen in anderen Kulturen lernte. Aber ebenso faszinierend war die Tatsache, dass ich nicht der *Einzige* war, der sich eine Aufgabe gestellt hatte. Auf der ganzen Welt gab es Leute, die gemerkt hatten, dass sie auf diese Weise einen tieferen Sinn in ihr Leben bringen konnten. Manche hatten sich ohne *jegliche* Anerkennung jahrelang um ein Ziel abgemüht. Das Streben nach etwas, was „es" auch immer sein mochte, war einfach etwas, was sie sinnvoll fanden und gerne taten.

„Ich möchte mein Leben so führen, dass es etwas Lohnendes beinhaltet", sagte eine Frau. „Ich betrachte mich als ein Instrument, und wenn ich mich nicht nach besten Kräften für das Gute einsetze, habe ich das Gefühl, dass ich eine Chance verstreichen lasse, die nie wiederkehren wird."

Einige Leute, mit denen ich sprach, verfolgten Aufgaben, zu denen ausgedehnte Weltreisen wie meine gehörten. Ich traf Fremde und neue Freunde, die zu Fuß gingen, Fahrrad fuhren oder auf andere Weise durch ganze Länder und Kontinente reisten. In Istanbul traf ich zum Beispiel Matt Krause, einen Finanzanalysten aus Seattle. Matt war in die Türkei gereist mit der Absicht, den ganzen Weg in den Iran zu Fuß zu gehen, unterwegs die einheimische Bevölkerung kennenzulernen und einen fremden

Lebensstil zu verstehen. Zunächst sei es nur eine verrückte Idee gewesen, sagte er. Aber dann habe sie ihn verfolgt und ihm sei klar geworden, dass er es bereuen würde, wenn er es nicht durchziehen würde. (Lektion: Hüte dich vor verrückten Ideen.)

Bei anderen Unternehmungen ging es um die Bewältigung einer Aufgabe oder die Vervollständigung einer Sammlung. Ein Pfadfinder hatte sich im Alter von fünfzehn Jahren sämtliche Verdienstabzeichen (154!) verdient. Eine Frau mittleren Alters widmete den Rest ihres Lebens der Aufgabe, möglichst viele Vogelarten zu sehen. Wie sie in ihrem Tagebuch erklärte, hatte dies als Hobby begonnen und war zu einer Obsession geworden, nachdem sie die Diagnose einer tödlichen Krebserkrankung bekommen hatte.

Die Aufgaben einiger Leute hatten einen ausgesprochen privaten Charakter. Ein Teenager-Mädchen aus den Niederlanden brach auf, um auf dem offenen Meer zu segeln, und wurde die jüngste Person in der Geschichte, die jemals erfolgreich allein auf den Ozeanen die Welt umsegelt hatte. Die öffentliche Aufmerksamkeit, die das Abenteuer, mit dem sie einen Rekord setzte, ihr einbrachte, war oft kritisch und größtenteils nicht willkommen. Es ging ihr jedoch nicht darum, - positive oder negative – Aufmerksamkeit zu bekommen. „Ich habe es für mich getan", sagte sie, nachdem sie fertig war. „Für niemanden sonst."

Andere entschieden sich, mit vereinten Kräften etwas zu unternehmen, darunter eine vierköpfige Familie, die aufbrach, um 27.800 Kilometer von Alaska nach Argentinien mit dem Fahrrad zurückzulegen, und sich auf diese Weise gemeinsam einen Traum verwirklichte. Wanderlust empfand auch ein junges Paar, das jede Basilika in den Vereinigten Staaten besuchte in der Hoffnung, auf diese Weise seinen Glauben besser zu verstehen.

Größtenteils ging es bei der Aufgabe um eine physische Herausforderung: Es musste ein Berg bestiegen, das offene Meer überquert, die Visabehörde überzeugt werden. Aber was diese Abenteurer suchten, ging normalerweise über die deklarierte Aufgabe hinaus. Matt Krause, der Finanzanalyst, der sich aufmachte, um zu Fuß durch die ganze ländliche

Türkei zu gehen, dachte über das Leben nach, das er in Amerika geführt hatte. Er sei nicht nur in einem anderen Land gewesen, sagte er später. Es habe sich angefühlt, als hätte er die Tür zu einem anderen Leben aufgestoßen. Indem er ganz allein da draußen einen Kilometer nach dem anderen die staubigen Dorfstraßen entlangging und Fremden begegnete, die zu Freunden wurden, spürte er eine stärkere Lebendigkeit in seinem Inneren. Diese Menschen, denen ich begegnete, hatten eine auffällige Gemeinsamkeit. Sie sprachen mit einer besonderen Intensität. Sie konzentrierten sich auf ihre Ziele, auch wenn diese für andere nicht sofort einen Sinn ergaben. Ich wollte verstehen, warum sie die Entscheidung getroffen hatten, große Ziele mit einer solchen Entschlossenheit zu verfolgen – wurden sie von denselben Bedürfnissen getrieben wie ich oder von ganz anderen? –, und ich wollte erfahren, was sie vorwärtstrieb, wenn andere aufgegeben hätten. Ich hatte das starke Gefühl, dass man von diesen Leuten wesentliche Lektionen lernen konnte.

Was waren die Lektionen in *meiner* zehnjährigen Reise?

Die ersten Lektionen betrafen die praktischen Aspekte einer Aufgabe. Wenn Sie das Unvorstellbare erreichen wollen, müssen Sie anfangen, es sich vorzustellen. Nehmen Sie sich, bevor Sie anfangen, die Zeit, Ihre Kosten auszurechnen. Wenn Sie genau verstehen, was Sie tun müssen, und dann einen Weg finden, es umzusetzen, wird die Aufgabe viel leichter durchführbar.

Der Mut entsteht daraus, dass man etwas erreicht hat, aber auch aus dem Wagnis. Als ich mich durch ein Land nach dem anderen hindurcharbeitete und mich unterwegs bei einem der vielen Zwischenaufenthalte erholte, die sich wie ein zweites Zuhause anfühlten, wurde ich bezüglich meiner Erfolgschancen optimistischer. Im letzten Jahr der Reise kam es mir vor, als könnte nichts und niemand mich mehr aufhalten. *Ich schaffe das wirklich!*, begriff ich, und diese Erkenntnis gab mir Stärke und Durchhaltevermögen.

Wie Don Quijote vor langer Zeit lernte, entwickeln Aufgaben sich nicht immer wie geplant. Reisenden wird oft aufgelauert oder sie werden in die

Irre geführt, und einige Herausforderungen erweisen sich als besonders schwierig. Und doch kann aus misslungenen Abenteuern (und manchmal sogar aus Katastrophen) Selbstvertrauen entstehen. Als ich eine ganze Nacht in einem verlassenen Flughafen-Terminal verbringen und mal wieder auf einen gecancelten Flug warten musste, oder als ich mich völlig ohne Geld in einem entlegenen Teil der Welt wiederfand, begriff ich, dass ich normalerweise gut zurechtkam. Ich lernte, über mein eigenes Pech zu lachen und wenigstens nicht in Panik zu verfallen, wenn etwas Schlimmes passierte.

Die nächsten Lektionen betrafen mehr die mit einer ausgedehnten Reise verbundene innere Arbeit. Viele Aufgaben führen zu einer alchemieartigen Transformation, entweder mit Bezug auf die Aufgabe selbst oder die Person, die sie verfolgt. Sobald man einmal die Straße zum Abenteuer beschreitet, weiß man nicht immer, wo man landet.

Auch das Ende einer Aufgabe ist mit Lektionen verbunden. Die Geschichte geht nicht immer gut aus. Wenn etwas jahrelang wesentlich zu Ihrem Leben gehört hat und dann plötzlich weg ist, kann es zu einem Gefühl der Entfremdung kommen. Sie müssen sich dann darüber Gedanken machen, was als Nächstes kommt und ob Sie die intensiven Gefühle wiederherstellen können, die Sie in der Zeit hatten, in der Sie Ihr Ziel verfolgten.

Als meine Reise sich ihrem Ende näherte, fragte ich mich, was ich durch meine Gespräche mit anderen lernen konnte. Meine Neugier hinsichtlich des Themas Aufgabe wurde selbst zu einer Aufgabe – und wie sich nun zeigt, ermöglicht es mir diese Aufgabe, anderen Anleitung zu bieten, die sich selbst auf Sinnsuche befinden.

Kapitel 1

Erwachen

Es ist eine gefährliche Sache, Frodo, aus
deiner Haustür hinauszugehen.
Du betrittst die Straße, und wenn du
nicht auf deine Füße aufpasst,
kann man nicht wissen,
wohin sie dich tragen.
J. R. R. TOLKIEN

LEKTION: JEDER KANN ABENTEUER ERLEBEN.

Wir leben in einer interessanten Zeit, einer bemerkenswerten Ära, die unzählige Chancen für das Wachstum und die Entwicklung der Persönlichkeit bietet. Auch wenn wir alle sehr beschäftigt sind, haben die meisten trotzdem noch genug Freizeit, um Hobbys zu verfolgen und Fertigkeiten zu entwickeln, die nicht unbedingt notwendig sind. Wir brauchen uns nur ein Flugticket kaufen und können in fremde Länder fliegen. Alles, was wir vielleicht lernen wollen, ist problemlos verfügbar.

Allerdings können diese Chancen uns auch überfordern. Wie sollen wir unseren Schwerpunkt setzen, nachdem unsere Grundbedürfnisse befriedigt sind? Für viele von uns ist die Antwort überraschend einfach: Wir wählen eine Aufgabe, und wir entscheiden uns dafür, ein Abenteuer zu erleben.

An Treffpunkten und in Cafés auf fünf Kontinenten habe ich Menschen gesucht, die sich eine Aufgabe vorgenommen hatten, und mir ihre Geschichten angehört. In einer Reihe von Interviews und Befragungen habe ich sie mit der Frage genervt, warum sie sich dafür entschieden hatten, sich für einen längeren Zeitraum auf ein bestimmtes Ziel zu konzentrieren. Was haben sie gelernt, und wie haben sie sich unterdessen verändert? Egal, um welche Art von Projekt es ging, ich stellte fest, dass Leute, die Aufgaben verfolgen, ein paar Gemeinsamkeiten haben. Beispielsweise habe ich mit einigen Menschen gesprochen, die allein Tausende von Kilometern zu Fuß gingen, Fahrrad fuhren oder segelten (ich selbst habe das Flugzeug vorgezogen). Diejenigen, die sich zu solchen Reisen veranlasst sahen, hätten wohl auch meiner Art zu reisen nichts abgewinnen können (vermutlich wollten sie nicht unzählige Nächte mit dem Versuch verbringen, auf Flughafenböden zu schlafen, oder sich unzählige Tage mit korrupten Staatsbediensteten in stressigen Situationen abgeben). Doch die Herausforderung selbst – das ambitionierte Streben und der Wunsch, alles Notwendige zu tun, um weiterzukommen – war der gemeinsame Nenner.

Bei der Suche nach Antworten griff ich auch auf einen Ansatz zurück, den ich in meinem vorigen Buch *The $100 Startup (dt.: Start-up: Wie Sie mit weniger als 100 Euro ein Unternehmen auf die Beine stellen und Ihr eigener Chef werden)* verwendet hatte. Für dieses Projekt warf ich zusammen mit einem kleinen Team ein riesengroßes Netz aus, indem wir Geschichten aus der ganzen Welt suchten. Eines führte zum anderen und die Geschichten des Buches schienen sich leicht sammeln zu lassen, indem eine interessante Person zur nächsten führte.

Dieses Mal sah ich mich jedoch einer größeren Herausforderung gegenüber. Wenn man Geschichten von Leuten sucht, die ohne viel Geld oder Ausbildung ein Unternehmen gegründet haben, sind die Kriterien klar. Aber nach welchen Geschichten soll man suchen, wenn es um das Thema Aufgabe geht?

Zusammen mit einem weiteren kleinen Team und mit einem großen Vorrat an Kaffee fing ich wieder an, ein großes Netz auszuwerfen, dieses Mal auf der Suche nach Leuten, die eine große Reise oder zielstrebig ein Abenteuer in Angriff genommen hatten. Indem wir den ursprünglichen Aufruf zur Teilnahme am Auswahlverfahren zeitlich nicht befristeten, hofften wir, eine große Vielfalt an Rückmeldungen unterschiedlicher Leute zu bekommen. Da Leute, die eine große Aufgabe verfolgen, nicht immer online sind (und da einige nicht aktiv über ihre Projekte sprechen), forderten wir die Leser auf, auch die Geschichten von anderen einzureichen.

Ein unbefristeter Aufruf zur Teilnahme war ein guter Ausgangspunkt, aber wir begriffen schnell, dass wir ein paar strengere Auswahlkriterien ansetzen mussten. Unter den ersten Rückmeldungen waren viele Einreichungen, die sich auf eine allgemeine Verbesserung des Lebens bezogen: Es ging zum Beispiel darum, körperlich fit zu werden, ein kleines Unternehmen zu gründen oder ein Buch zu schreiben. Das ist alles schön und gut, dachten wir, aber es sind nicht direkt *Aufgaben*. Die Entscheidung, das eigene Leben zu verbessern, ist, so sinnvoll sie auch auf persönlicher Ebene sein mag, nicht per se eine Aufgabe. Mit dem Rauchen aufzuhören, abzunehmen oder schuldenfrei zu werden sind alles lohnende Ziele, aber sie sollten nicht lebenslang im Mittelpunkt stehen.

Eine Aufgabe, entschieden wir, ist etwas Größeres. Sie erfordert mehr Zeit und mehr Engagement als eine allgemeine Lebensverbesserung. Und doch stellte sich die Frage: Was genau *ist* eine Aufgabe? Wie sollen wir sie definieren?

Wir entschieden, uns von den Geschichten selbst führen zu lassen. Zu Fuß den Kontinent durchwandern und zehn Jahre lang nicht sprechen? Ja, das gilt. Einen gut bezahlten Job aufgeben, um sich in Bangladesch für Frauenrechte einzusetzen ... und zwar 20 Jahre lang als Ehrenamtliche ohne Anerkennung? Ja, das gilt auch.

Nach viel Überlegung einigten wir uns auf folgende Kriterien:

Eine Aufgabe hat ein klares Ziel und ein bestimmtes Ende. Man kann eine Aufgabe klar in ein oder zwei Sätzen erklären. Jede Aufgabe hat einen Anfang und früher oder später wird jede Aufgabe erledigt sein. (Nicht jeder wird verstehen, *warum* man sich die Aufgabe gestellt hat, aber das ist ein anderes Thema.)

Eine Aufgabe stellt eine klare Herausforderung dar. Eine Aufgabe verlangt per Definition, dass etwas überwunden wird. Nicht jede Aufgabe muss gefährlich oder nahezu unmöglich sein, aber sie sollte auch nicht einfach sein.

Eine Aufgabe erfordert irgendein Opfer. Bei einer Aufgabe gibt es nicht die Möglichkeit, „alles zu haben" – um einen großen Traum zu verwirklichen, muss man unterwegs etwas aufgeben. Manchmal ist das Opfer schon am Anfang offensichtlich; manchmal wird es erst später klar.

Eine Aufgabe wird oft von einer Berufung oder dem Gefühl einer Mission getrieben. Eine Berufung muss eine Art göttlicher Inspiration sein. Oft drückt sie sich einfach als ein tiefes Gefühl für einen inneren Sinn aus. Welche Form sie auch annimmt, Menschen, die sich Aufgaben stellen, fühlen sich getrieben, gedrängt oder anderweitig hochmotiviert, weiterzumachen.

Eine Aufgabe erfordert eine Reihe kleiner Fortschritte in Richtung des Ziels. Wie wir sehen werden, bestehen viele Aufgaben aus einem langen, langsamen, aber beständigen Marsch zu einem Ziel, mit wenigen ruhmreichen und erhebenden Momenten zwischendrin. Man erreicht nicht einfach den Heiligen Gral am Tag, nachdem man sich auf den Weg gemacht hat, um ihn zu suchen. (Wenn das der Fall sein sollte, ist es wahrscheinlich nicht der Heilige Gral und es ist definitiv keine Aufgabe.)

Zusammengefasst ist eine Aufgabe eine Reise zu einem bestimmten Ziel, die mit einer Reihe von Herausforderungen verbunden ist. Die meisten Aufgaben erfordern auch einige logistische Maßnahmen *und* eine gewisse persönliche Reife.

Zuallererst müssen Sie die vielen praktischen Details und Hindernisse, die Ihnen im Weg stehen, in Ordnung bringen. In meinem Fall musste ich mich um Visa und Transportmittel kümmern. Ich musste herausfinden, wie ich wenig gastfreundliche Länder besuchen konnte, die nicht gerade ein

Tourismusbüro hatten, um Fragen zu beantworten oder Sightseeing-Prospekte zu verteilen. Wenn ich auf Probleme stieß, musste ich mich zurückziehen und mich neu sortieren, um dann einen neuen Versuch zu planen.

Doch bei einer echten, lebensverändernden Aufgabe muss man nicht nur praktische Aspekte berücksichtigen. Man muss auch ein besserer Mensch werden, als man am Anfang war. Man muss sich während der Reise verbessern.

Ach ja, und ich habe noch etwas gelernt: Meistens passiert unterwegs auch etwas Unerwartetes.

WARUM EINE AUFGABE VIELLEICHT DAS RICHTIGE FÜR SIE IST

Dieses Buch wird Ihnen Dutzende von Aufgaben, Projekten und Abenteuern vorstellen. Wenn Sie schon darüber nachdenken, wie Sie diese Lektionen und Geschichten auf Ihr eigenes Leben anwenden könnten, dann beachten Sie die folgenden Fragen. Je mehr Sie dazu neigen, mit „Ja" zu antworten, umso wahrscheinlicher ist es, dass Sie Gefallen an einer eigenen Aufgabe finden.

▶ Machen Sie gerne Listen und haken Sie gerne Dinge ab?
▶ Haben Sie sich immer schon gern Ziele gesetzt?
▶ Motiviert es Sie, wenn Sie Fortschritte auf ein Ziel hin machen?
▶ Schmieden Sie gern Pläne?*
▶ Haben Sie ein Hobby oder eine Leidenschaft, die nicht jeder versteht?

▶ Hatten Sie schon mal Tagträume oder haben Sie sich ein anderes Leben vorgestellt?

▶ Verbringen Sie viel Zeit damit, über Ihr Hobby oder Ihre Leidenschaft nachzudenken?

* Die Forschung zeigt, dass die Urlaubsplanung ebenso viel Spaß macht wie der Urlaub selbst. Vorfreude hat eine starke Wirkung.

Eine Klassifikation des Abenteuers

In antiken Mythen ging es bei den meisten Aufgaben um eine Entdeckung oder eine Begegnung. Ein Königreich wurde belagert und musste verteidigt werden. Ein Minotaurus bewachte in einem weit entfernten Land einen Zauberkelch, und nur der Held konnte ihn zurückgewinnen.

Zum Glück bieten Aufgaben in der realen Welt mehr Möglichkeiten, als Schlösser zu stürmen und Prinzessinnen zu befreien, und mit einigen Ausnahmen lassen sich Aufgaben der heutigen Zeit in einige weit gefasste Kategorien zusammenfassen. Das Reisen ist ein offensichtlicher Ausgangspunkt. Als ich Geschichten suchte und Leser darum bat, Beiträge einzureichen, erfuhr ich von vielen Leuten, die aufbrachen, um auf verschiedene Weisen rund um die Welt zu reisen oder als Erste ein herausforderndes, weit von ihrem Zuhause entferntes Ziel zu erreichen.

Abgesehen vom Reisen waren auch die Kategorien Lernen, Dokumentieren und Sport ziemlich selbsterklärend. Als ein Kanadier sich entschloss, das vierjährige Informatikstudium des Massachusetts Institute of Technology in nur einem Jahr im Selbststudium zu absolvieren und seine Prüfungsergebnisse unterdessen zu veröffentlichen, war das ganz klar eine Aufgabe, die sich auf die Bereiche Lernen und Leistung konzentrierte. Als eine junge Frau, die an internationalen Wettkämpfen teilnahm, sich entschloss, ein besonders schwieriges Pferd zu übernehmen und zu trainieren

– sie schaffte schließlich eine hohe Platzierung in einer wichtigen europäischen Meisterschaft – war das klar ein sportliches Streben.

Vielleicht noch interessanter als Themenkategorien ist die weiter gefasste Frage, *warum* die Leute Aufgaben und Abenteuer verfolgen. Die Antworten können ebenfalls in Kategorien unterteilt werden, wenn diese sich auch nicht ganz so eng fassen lassen. Als ich in der Welt herumreiste und meinen Mail-Eingangsordner prüfte, kamen immer wieder dieselben Themen auf:

Selbstfindung. So wie die Helden der Vergangenheit auf Pferden aufbrachen, um in verzauberten Wäldern ihren Träumen nachzujagen, folgen viele Leute immer noch Wegen, um sich zu „finden". Nate Damm, der Amerika durchwanderte, und Tom Allen, der aufbrach, um ausgehend von seiner Heimatstadt in England mit dem Fahrrad um die ganze Welt zu fahren, begannen ihre Reisen ursprünglich nur deshalb, weil sie die Gelegenheit dazu hatten. Sie wollten sich einer Herausforderung stellen, indem sie mehr über die Welt lernten. Einige ihrer Freunde und Familienmitglieder verstanden ihren Wunsch, große Reisen zu unternehmen – beide gaben zu diesem Zweck ihre Arbeit auf -, aber andere verstanden es nicht. „Ich muss das einfach machen", sagte Nate. „Es geht darum, ein kleines Risiko im Leben zuzulassen", erklärte Tom.

Etwas zurückgewinnen. In der Vergangenheit ging es beim Zurückgewinnen um die Rückeroberung von Land. Denken Sie an Mel Gibson in seiner klassischen *Braveheart*-Rolle, wie er auf dem Hügel stand und bei der Verteidigung Schottlands gegen die tyrannischen Engländer aus dem Süden „Freeeiii-heeeiiit!" rief.

Viele Menschen verfolgen immer noch Aufgaben, bei denen es darum geht, etwas zurückzugewinnen, auch wenn dies normalerweise nicht mit Schwertern und Schilden geschieht. Sasha Martin, eine Mutter aus Oklahoma, war im Ausland aufgewachsen und wollte in ihrem Haushalt ein Bewusstsein für andere Kulturen schaffen. Sie konnte nicht in fremde

Länder reisen, zumindest damals nicht, also entschloss sie sich, ein Gericht aus jedem Land zuzubereiten – mit einem kompletten Menü und einer kleinen Feier.

Von der Grenze Alaskas aus leitete Howard Weaver ein kampflustiges Team, das es mit einer alteingesessenen Zeitung aufnahm. In einer langwierigen Schlacht, die sich über Jahre hinzog, kämpften Howard und sein Personal darum, „die Stimme des Volkes" gegen eine große, finanziell besser ausgestattete Zeitung zu repräsentieren.

Reaktion auf äußere Ereignisse. Sandi Wheaton, eine Führungskraft bei General Motors, wurde 2009 auf dem Höhepunkt des Geschäftsrückgangs in der Autoindustrie entlassen. Anstatt die übliche Strategie zu wählen (panisch reagieren und alles daran setzen, einen neuen Job zu kriegen), nahm sie sich die Zeit für eine ausgedehnte Reise, machte unterwegs Fotos und dokumentierte alles. Mein eigenes Streben, jedes Land zu besuchen, war ursprünglich dadurch motiviert, dass ich die Erfahrung des 11. September 2001 zu verarbeiten suchte. Dies erweckte in mir den Wunsch, mich sozial zu engagieren. Meine Gewissenserforschung führte zu einer vierjährigen Mitarbeit auf einem Krankenhausschiff in Westafrika, und daraus ergab sich alles Weitere.

Der Wunsch nach Selbstbestimmung und Eigenverantwortung. Julie Johnson, eine blinde Frau, die ihren eigenen Blindenhund ausbildete, sagte, dass sie zumindest teilweise durch den auf sie ausgeübten Druck motiviert worden sei, es **nicht** auf ihre eigene Weise zu machen. „Der stärkste Grund ist wahrscheinlich, dass es sich richtig anfühlte", sagte sie zu mir. „Ich musste diese große Sache machen. Damals wusste ich nicht, dass es eine große Sache war. Ich wusste nur, dass es etwas war, was ich für mich tun musste. Hätte ich es nicht getan, hätte ich mich immer gefragt, wie es gewesen wäre." Diese Perspektive – „Wenn ich es nicht versuche, werde ich mich immer fragen, was hätte passieren können" – zeigte sich immer wieder in den Geschichten, auf die ich stieß.

Sich für etwas einsetzen. Einige Leute, die ich getroffen habe, waren im Wesentlichen Missionare oder Kreuzfahrer für die Sache, der sie sich verschrieben hatten, teilten ihre Geschichten mit jedem, der sie hören wollte, und schmiedeten unterwegs Bündnisse. Miranda Gibson lebte zum Beispiel aus Protest gegen illegales Abholzen über ein Jahr lang in einem Baum in Tasmanien. Andere widmeten ihr Leben einer Sache, an die sie glaubten, opferten dafür ihr Einkommen und ihre Zeit (und manchmal mehr), um ihr Bestes zu geben.

Auch auf Sie wartet ein Abenteuer

Bei Abenteuern im wahren Leben geht es nicht nur darum, um die Welt zu reisen (auch wenn das Reisen bei vielen Geschichten in diesem Buch eine Rolle spielt), und ebenso wenig muss man bei einer Aufgabe immer sein Zuhause verlassen (auch wenn sie oft mit dem Verlassen der Komfortzone verbunden ist). Im Lauf der nächsten Kapitel werden Ihnen Dutzende unglaublicher Geschichten präsentiert. Sie werden den Leuten begegnen, die ich bisher erwähnt habe, und noch vielen anderen. Und Sie werden merken, dass die große Mehrheit dieser Geschichten von normalen Menschen handelt, die bemerkenswerte Dinge tun.

Klar, es gibt Ausnahmen: Da fällt mir die Geschichte von John „Maddog" Wallace ein. Wallace schaffte es, in einem einzigen Jahr 250 Marathons zu laufen. Dabei ignorierte er eine Legion von Sportärzten und Sportlern, die alle sagten, dass das ein Ding der Unmöglichkeit sei. Es wird Sie vielleicht interessieren, *warum* er es tat, oder sogar, *wie* er es tat – aber wahrscheinlich werden Sie nicht versuchen, dasselbe zu tun. Das ist aber in Ordnung. Wie ich bereits sagte, handelt es sich bei der „Rollenbesetzung" dieses Buches um gewöhnliche Leute in dem Sinne, dass sie keine besonderen Kräfte oder Fähigkeiten haben. Ihre Aufgaben – und in vielen Fällen ihre Leistungen – waren außergewöhnlich, aber größtenteils waren diese Personen nicht aufgrund eines angeborenen Talents erfolgreich, sondern aufgrund ihrer Entscheidungen und ihres Engagements.

Meistens wurden die Ziele mit zunehmender Zeit und Erfahrung größer. Die von mir befragten Personen sprachen oft über ihre wahrgenommene Kraftlosigkeit oder über ihren Glauben, dass „jeder" dasselbe tun könnte – aber wie Sie sehen werden, hätten nur wenige die Entschlossenheit gehabt, das Ganze entsprechend durchzuziehen.

Ich habe dieses Buch einerseits geschrieben, um meine eigene Neugier zu befriedigen, und andererseits, um Sie zu dem Versuch anzuregen, selbst etwas Bemerkenswertes zu tun. Lesen Sie es aufmerksam und Sie werden einen Weg finden, dem Sie folgen können, was immer auch Ihr Ziel sein mag. Jeder, der eine Aufgabe verfolgt, lernt unterwegs viele Lektionen. Bei einigen geht es um Erfolg, Desillusionierung, Freude und Opfer – bei anderen um das spezielle Projekt. Aber was, wenn Sie diese Lektionen schon früher lernen könnten? Was, wenn Sie von anderen lernen könnten, die Jahre – manchmal sogar Jahrzehnte – in das hartnäckige Verfolgen ihrer Träume investiert haben?

Eben diese Gelegenheit zum Lernen soll das vorliegende Buch Ihnen bieten. Sie werden Leute kennenlernen, die große Abenteuer verfolgt und ihr Leben sinnvoll gestaltet haben, indem sie etwas fanden, was ihm einen tiefen Sinn gab. Sie werden ihre Geschichten und Lektionen lesen. Sie werden erfahren, was unterwegs geschah, aber noch wichtiger, Sie werden erfahren, *warum* es geschah und warum es wichtig ist. Es ist meine Aufgabe als Autor, einen Rahmen zu schaffen und Ihnen eine Herausforderung zu bieten. Es liegt bei Ihnen, über die nächsten Schritte zu entscheiden.

Vielleicht wird es Ihnen Denkanstöße für Ihr eigenes Leben geben, wenn Sie die Geschichten anderer Leute lesen. Was begeistert Sie? Was stört Sie? Wenn Sie ohne Rücksicht auf Zeit und Geld etwas tun könnten, was wäre das?

Wenn Sie sich durch dieses Buch hindurcharbeiten, werden Sie merken, dass es eine klare These propagiert: *Aufgaben bringen Sinn und Erfüllung in unser Leben.* Wenn Sie sich jemals gefragt haben, ob es noch mehr im Leben gibt, werden Sie vielleicht eine Welt der Chancen und der Herausforderungen entdecken, die auf Sie wartet. Aber betrachten Sie das Lesen dieses

Buches als Ihre *erste* Aufgabe. Es gibt ein klares Ziel (das Buch fertigzulesen) und einen bestimmten Schlusspunkt (die letzte Seite). Das Erreichen des Ziels erfordert Zeit und Engagement. Hoffentlich ist es kein großes Opfer für Sie, aber tatsächlich könnten Sie jetzt in diesem Moment anstelle des Lesens etwas anderes tun.

Gehen Sie einfach den ersten Schritt

Die Aufregung, die aufkommt, wenn man die Routine hinter sich lässt und anfängt, etwas zu tun, was man schon immer tun wollte, lässt sich schwer in Worte fassen. Ich erinnere mich an meinen ersten sechsmonatigen Aufenthalt, als ich auf diesem Krankenhausschiff in Westafrika als freiwilliger Helfer arbeitete. Als ich in Sierra Leone auf die unzähligen Gesichter hinausblickte, fühlte ich mich bemerkenswert lebendig. Über dem Hafen lagen die Hügel von Freetown, ein Ort, der eine Fülle von Naturschönheiten zu bieten hatte, die leider durch die Verwüstungen eines achtjährigen, erst kürzlich beendeten Bürgerkriegs überschattet wurden.

Ich stürzte mich Hals über Kopf in das westafrikanische Leben und lernte dabei auch etwas über das Reisen. Das Transportwesen vor Ort war faszinierend. Sammeltaxis krochen durch die Straßen von Freetown und holten tatsächlich ein Dutzend Fahrgäste in einem einzigen Auto ab. Einmal sah ich, wie ein Taxi mit einem freien Rücksitz vorbeifuhr ... es lag nur eine tote Kuh darauf, die irgendwie hineingequetscht worden war, um sie vom einen Ende der Stadt ans andere zu transportieren.

Es war auch interessant, in der Gegend herumzureisen. Infolge des schlecht entwickelten Flugnetzes musste ich oft drei oder mehr Zwischenstopps in Nachbarländern machen, um eine Strecke zurückzulegen, die der Entfernung zwischen New York und Chicago entsprach. Die Regierungen dieser Länder waren einander nicht immer grün, sodass ankommende Passagiere oft misstrauisch beäugt wurden, auch wenn sie ganz offensichtlich nur auf der Durchreise zu ihren tatsächlichen Zielen waren.

Alles war neu und aufregend. Frühmorgens joggte ich im Hafen, bevor die Sonne zu heiß wurde. Tagsüber entlud ich medizinische Fracht und war als Logistikkoordinator tätig. Nachts saß ich auf dem Promenadendeck und dachte über meine Umgebung nach. Als meine vierjährige Dienstzeit endete, hatte ich Lust auf eine neue Herausforderung. Ich hatte Afrika und Europa bereist und immer mehr Länder erkundet, wann immer sich eine Gelegenheit ergab. Auf einer Reise nahm ich einen Nachtflug von Paris nach Johannesburg, wobei ich die ganze Zeit hellwach war und vor mich hin träumte; ich prägte mir dabei den Air-France-Streckenplan ein und betrachtete all die Städte, die ich noch nicht kannte.

Ich wusste nicht, wie ich es machen würde, aber die Idee, viel zu reisen, begeisterte mich – und mir gefiel die Vorstellung, es mit einem Ziel zu verbinden. In diesem Moment machte ich eifrig Listen der Orte, die ich besuchen wollte. Zweifellos hatte ich schon viele gesehen, aber es gab noch viel mehr Orte, an denen ich noch *nicht* gewesen war.

Als ich meine Abenteuer begann, indem ich in einer schwierigen Region lebte und reiste, wo Panzer in den Städten patrouillierten und Straßenlaternen von Kugeln durchlöchert waren, fand ich einige Aspekte des Reisens durchaus furchteinflößend. Ich beherrschte Fremdsprachen nicht besonders gut und ich war auch nicht besonders mutig. Als ich mir den Streckenplan anschaute und *die ganze Welt* in Erwägung zog, fühlte ich mich überwältigt. Und doch zog die Idee, überallhin zu gehen, mich auf seltsame Weise an, und etwas daran erinnerte mich an das Spielen von Videospielen.

Seit meiner Kindheit spiele ich gerne Videospiele. Meine Lieblingsspiele waren diejenigen, bei denen man sich durch viele Stufen und Hindernisse hindurcharbeiten muss. Das Ziel vieler dieser Spiele bestand darin, das Ende zu erreichen und siegreich zu sein, aber mir gefiel vor allem das Spiel als solches. Stufe um Stufe, Level um Level ein siegreicher Kampf nach dem anderen – mich begeisterte es am meisten, wenn das Spiel Herausforderungen bot, die durch wiederholte Anstrengungen und logisches Denken überwunden werden konnten.

Etwas an dem Spiel-Konzept, *überallhin zu gehen*, sprach mich an. Wenn ich eine Liste machte und diese abarbeitete, schien ein großes, sogar ein riesengroßes Ziel erreichbar. Ein Land nach dem anderen würde ich die Herausforderung abarbeiten. Es ging nicht nur um den Erfolg, es ging auch um den Weg dorthin. Mir gefiel der Prozess, die Welt anzupacken, immer weiter rauszugehen an Orte, die mir vorher nahezu unbekannt waren, wenn ich von ihrer Existenz wusste. Schließlich würde ich die letzte Stufe erreichen, aber es war das Spiel selbst, das mir gefiel.

Warum sollten *Sie* eine Aufgabe in Erwägung ziehen? Vielleicht weil Ihr Leben zwar gut ist, Sie aber nicht hundertprozentig zufrieden sind. Sie sehnen sich vielleicht nach einer Herausforderung, die es notwendig macht, dass Sie neue Muskeln entwickeln und neue Fertigkeiten erlangen, und wenn Sie bereit sind, sich dafür anzustrengen, können Sie sie finden … oder noch besser, Sie können sie vielleicht selbst erschaffen.

▶▶▶▶ **ZUR ERINNERUNG**

▶ Zu einer Aufgabe gehören ein paar wesentliche
Merkmale, darunter ein klares Ziel, eine echte
Herausforderung und ein paar Meilensteine auf
dem Weg.

▶ Achten Sie auf die Ideen, die Ihr Interesse auf sich
ziehen, insbesondere diejenigen, an die Sie immer
wieder denken müssen.

▶ Dieses Buch ist nicht nur eine Studie darüber, was
andere getan haben. Auch Sie können eine Aufgabe
für sich finden und sie verfolgen.

Kapitel 2

Die große Unzufriedenheit

Unzufriedenheit ist die erste
Vorbedingung des Fortschritts.
THOMAS A. EDISON

LEKTION: UNZUFRIEDENHEIT KANN ZU EINEM NEUANFANG FÜHREN.

Wenn Sie jemals davon geträumt haben, in ein neues Leben aufzubrechen, wenn Sie jemals daran gedacht haben, die Welt zu verändern, wenn Sie sich jemals gesagt haben: „Es muss noch etwas anderes im Leben geben", dann sind Sie nicht allein.

Wenn Sie jemals ein seltsames Gefühl der Entfremdung hatten, eine Frustration, die sich nur schwer definieren lässt, dann haben Sie *Unzufriedenheit* kennengelernt. Wenn Unzufriedenheit aufkommt, ist es Zeit, etwas zu ändern. In einer Welt, die so viele Möglichkeiten bietet, und in der dennoch so viele Leute unglücklich sind, muss es eine Alternative geben.

Sandi Wheaton tauschte an fünf Tagen pro Woche zwölf Jahre lang die produktivsten Stunden ihres Tages gegen einen regelmäßigen Gehaltsscheck ein. Sie arbeitete in der Firmenzentrale von General Motors in Detroit, wo sie Fortbildungssendungen produzierte. Der Job war ganz in Ordnung und Sandi konnte sich in der Freizeit ihrer wahren Leidenschaft, dem Fotografieren und der Bildbearbeitung, widmen.

Eines Tages wurde sie zusammen mit sechs Kollegen zu einem Treffen außerhalb des Firmengeländes in einem nahegelegenen Hotel gerufen, wo sie alle die Nachricht bekamen: „Es tut uns leid und wir wünschen Ihnen das Beste… woanders." Auch wenn die Automobilindustrie sich in der Krise befand, war die Nachricht ein Schock. Sandi hatte sich immer etwas darauf eingebildet, verantwortungsvoll und tüchtig zu sein. Sie war nun im mittleren Lebensalter und nie zuvor arbeitslos gewesen. Sandi war wütend, enttäuscht und verstört.

Ihre erste Reaktion war, dass sie dem Beispiel ihrer früheren Kollegen folgte. Die GM-Mitarbeiter nannten den Tag ihrer Entlassung den „Schwarzen Freitag" und die meisten polierten ihre Lebensläufe auf und fragten alle ihre Bekannten, ob sie von zu besetzenden Stellen wüssten. „Man hatte wirklich das Gefühl, dass man schleunigst wieder einen Job kriegen musste, weil sonst alle guten schon weg wären", sagte Sandi.

Doch dann betrachtete sie das Ganze etwas genauer.

In den letzten zwölf Jahren hatte der verlässliche, gute Job in Detroit eine ständige psychische Belastung bedeutet. Sandi gefiel zwar die Arbeit, aber sie merkte, dass sie sich opferte, indem sie ihre ganze Energie dem Filmstudio eines großen Unternehmens widmete, anstatt sich auf das Abenteuer einzulassen, nach dem ihr der Sinn stand. „Als ich entlassen wurde", erzählte sie mir, „begriff ich, dass dies meine letzte Chance sein könnte, wirklich etwas Neues zu schaffen."

Sandis Traum war es, sich auf den Weg zu machen und das Leben in kleinen Städten so zu erfahren, dass dies bleibende Erinnerungen bei ihr hinterlassen würde. Sie wollte zu sich selbst finden, und ihre spezifische Aufgabe nahm Gestalt an, als sie an einen Traum dachte, den sie schon lange mit sich herumgetragen, aber nie verwirklicht hatte. Sandi würde eine langsame, bedächtige Reise auf dem klassischen amerikanischen Highway unternehmen, der als Route 66 bekannt ist, und die Reise unterwegs dokumentieren.

Je mehr sie über ihren Traum nachdachte, umso mehr reifte in ihr der Plan, ihn tatsächlich umzusetzen. Sie machte sich zu einer Reise der Neuerfindung auf, bei der sie Amerika in Zeitlupe erlebte. In den folgenden sechs Wochen nahm sie 60.000 Fotos auf. Sie hatte eine Kamera auf das Armaturenbrett ihres Campingwagens montiert, die alle paar Sekunden ein Foto machte. Sie schlief auf Campingplätzen und stand früh auf, um wieder auf den Highway zu fahren. Nachdem sie jahrelang immer dieselbe Routine im Büro eines großen Unternehmens mitgemacht hatte, war dieser neue Lebensstil total aufregend. Sie begriff, dass sie etwas vermisst hatte, und die Straße schien ihr neue Chancen zu eröffnen, während sie durch die wechselnden Landschaften fuhr.

Etwa zur gleichen Zeit, als Sandi gekündigt wurde und sie ihre große Idee hatte, befand sich ein junger Universitätsabsolvent in England in einer depressiven Verstimmung. Für Tom Allen lief alles gut, oder zumindest schien es so. Allerdings kämpfte er wie andere Leute, die sich einer Aufgabe verschreiben, mit einem Gefühl der Unzufriedenheit und einer tiefen Sehnsucht, die festgefahrenen Gleise seines Lebens zu verlassen. „Ich hatte es satt, nicht über mich selbst bestimmen zu können", sagte er. „Ich hatte das schreckliche Gefühl, dass andere die Kontrolle über mein Leben hatten."

Die Inspiration für Toms Reise ergab sich aus einem Bewerberauswahlprozess, dem er sich zur Zeit seines Abschlusses unterzog. Er hatte die Tests des Unternehmens problemlos bestanden und den Personalchef beeindruckt, der das Auswahlgespräch mit ihm geführt hatte. „Wir investieren gern in unsere Mitarbeiter", sagte der Personalchef zu ihm, was sich für Tom gut anhörte. „Wir wollen die Leute langfristig in der Firma halten", fuhr der Personalchef fort, was sich weniger gut anhörte.

Als der Personalchef ihn anrief, um ihm offiziell einen Arbeitsvertrag anzubieten, wunderte Tom sich über sich selbst, dass er um etwas Bedenkzeit bat. Er war einigen anderen Kandidaten genau in seinem Fachgebiet vorgezogen worden. Klar, der Job war nicht wahnsinnig spannend, aber er bot ein gutes Gehalt und Arbeitsplatzsicherheit – wo lag also das Problem?

Das Problem war, dass Tom eine andere Idee im Kopf hatte und diese Idee ihn nicht losließ. Als er das Jobangebot schließlich ablehnte, indem er erklärte, er wolle zunächst mehr von der Welt sehen, konnte er sich vorstellen, wie der Personalchef am anderen Ende der Leitung den Kopf schüttelte. „Schlagen Sie sich das besser aus dem Kopf", sagte der Personalchef. „Es ist eine Schande, einen guten Job auszuschlagen."

Schlagen Sie sich das besser aus dem Kopf. Tom war sich nicht sicher, ob seine Sehnsucht, die Welt zu erkunden, etwas war, was er sich unbedingt aus dem Kopf schlagen musste, aber er wusste, dass er sie nicht so einfach loswerden würde. Eine Fahrradreise um die Welt war genau die groteske Idee, die zu einem jungen Kerl passte, der etwas anderes machen wollte. Er schaffte es, zwei Freunde, Mark und Andy, zum Mitmachen zu bewegen, und die drei brachen zu einer Reise auf, von der sie annahmen, dass sie mindestens ein Jahr dauern würde.

Allein die Idee war schon grotesk, aber dazu kam noch, dass es so gut wie keine Planung gab. Tom war de facto der Reiseleiter, hatte jedoch nur wenig Erfahrung im Radfahren. Durch einen früheren Ausflug ins schottische Hochland hatte er ein gewisses Selbstvertrauen gewonnen, aber er hatte deshalb noch immer keine Ahnung, wie es war, unter schwierigen Bedingungen Rad zu fahren und in Gegenden, wo er die Sprache nicht beherrschte. Er hatte auch keine Ahnung von der Ausrüstung. Seine Auslandsreisen beschränkten sich auf einige wenige Länder, die keine allzu großen Herausforderungen boten. Mit seinen eigenen Worten ausgedrückt, war er „ein absoluter Anfänger und 100-prozentig naiv". Dennoch verließ die Gruppe ihr englisches Dorf, reiste durch die ländlichen Gegenden in Richtung Süden, weiter in die Niederlande und die Türkei und zu noch herausfordernderen Zielen.

Das anfängliche Vergnügen, als unerfahrene Radfahrer unbekannte Gegenden mit wenig Geld zu durchqueren, wurde bald durch das Gefühl der Erschöpfung abgelöst. Mark vermisste seine Freundin, kehrte nach England zurück und ließ die beiden anderen zurück. Nachdem sie wegen des schneereichen Winters zunächst in Tiflis hängen geblieben waren, entschloss Andy sich, dort zu bleiben, während Tom seine Reise allein fortsetzte.

Ein Dokumentarfilm, den er nach seiner Reise produzierte, zeigt Tom, wie er durch die Wüste des Sudan fährt, die Kamera an den Lenker seines Fahrrads montiert. Er hat keine Karte und reist von Dorf zu Dorf, wobei er zunehmend hager aussieht. Als er sich krank fühlt, entscheidet er sich irgendwann für eine landesübliche Behandlung, zu der ein Aderlass gehört. Leider ist die Behandlung nicht erfolgreich und in einem anderen Dorf erfährt er, dass er Malaria hat. Es läuft alles nicht so gut, aber trotz allem können wir sehen, dass Tom Selbstvertrauen und Erfahrung gewinnt.

So schwierig es auch war, Tom hat sich nach einem Jahr selbst gewählter Obdachlosigkeit dennoch an die Herausforderungen des Lebens auf der Straße angepasst. Zwar gab es Tiefpunkte, wenn er sich bergauf kämpfen und Wüsten durchqueren musste, aber diese wurden wieder wettgemacht durch Momente der Freude, wenn er begriff, wie weit er sich bereits von England entfernt hatte. Fremde hielten ihn an und boten ihm Bierflaschen an. Er blickte auf kurvenreiche Straßen, die schneebedeckte Berge hinaufführten, und sah neue Teile der Welt mit den Augen eines erfahrenen Reisenden. Schon lange war er nicht mehr der naive junge Mann, der aus einer Laune heraus seine Heimat verlassen hatte. Tom Allen war nun ein erfahrener Radfahrer, der voller Begeisterung von einem Land ins andere fuhr. „Es ist enorm wichtig, dem Ruf seines Herzens zu folgen", sagte er in die Handkamera. Die Aufgabe war in vollem Gange.

„Das Gefühl, mein Leben unter Kontrolle zu haben"

Als Sandi über den Moment sprach, in dem sie sich entschloss, die Jobsuche auf Eis zu legen und ein großes Abenteuer zu verfolgen, beschrieb sie es als „das Gefühl, mein Leben unter Kontrolle zu haben". Sie übernahm Kontrolle als Teil einer umfassenderen Lebensaufgabe, bei der es um die eigene Neuerfindung ging. Zwölf Jahre hatte sie bei GM zugebracht und schließlich begriffen, dass vielleicht noch einmal zwölf weitere Jahre unter denselben Umständen ins Land ziehen würden, wenn es keine Veränderung gegeben hätte. „Ich hatte nicht die geringste Ahnung, wie ich es machen sollte", erzählte sie mir, als wir uns in Toronto trafen, „aber ich wurde von dem Wunsch getrieben, später nicht zurückblicken und mich einen Feigling nennen zu müssen, weil ich diese Gelegenheit nicht ausgenutzt habe."

Sie begann diese Reise als ein Projekt der Selbstfindung und Dokumentation, aber die größte Überraschung war eine neue Karriere. Als sie in ihr Heimatland Kanada zurückkehrte, bekam sie Angebote, Vorträge zu halten und ihre Fotos bei großen Ausstellungen einzureichen. Eines ihrer Fotos landete auf dem Titelblatt eines bekannten Kunstmagazins. Gleichzeitig ergriff sie eine neue Chance als Reiseleiterin und führte Gruppen durch die Maritimen Provinzen, wo sie aufgewachsen war. Auf diese Weise konnte sie in der besten Saison des Jahres in Teilzeit als Reiseleiterin arbeiten und hatte immer noch genug Zeit, um ihre Kunst und ihre eigenen Reisen zu verfolgen. Sandi hatte sich neu erfunden und eine ganz unerwartete berufliche Kehrtwende gemacht.

Im Rückblick empfindet sie nur Befriedigung darüber, dass sie diese Kehrtwende gemacht hat, um eine Aufgabe zu verfolgen, anstatt sofort einen neuen Job zu suchen. „Wir kriegen eine Chance im Leben", sagt sie. „Ich bin so froh, dass ich sie genutzt habe."

DER BLICK NACH INNEN

Egal, ob Sie versuchen, über Ihre nächsten Schritte zu entscheiden, einander widersprechende Stimmen herausfiltern oder sich einfach nur an einem festgelegten Kurs entlanghangeln wollen, ist es hilfreich, Ihren inneren Kompass zu betrachten. Berücksichtigen Sie die folgenden Fragen als Selbstreflexion für Anfänger.

Wie fühle ich mich?

Ihre endgültige Entscheidung wird vielleicht nicht nur auf Gefühlen basieren, aber mit Gefühlen lässt sich die Gesamtsituation ganz gut sondieren. Was macht Sie glücklich, und was macht Sie traurig? Sind sie begierig, Fortschritte zu machen, oder schieben Sie den nächsten Teil der Aufgabe immer wieder hinaus?

Was will ich wirklich?

Was mich angeht, will ich oft Dinge erledigen und bei Projekten weiterkommen. In diesen Fällen gehört es zu der Antwort auf meine „Was will ich?"-Frage, dass ich mir eine Liste mit Dingen mache, die ich erreichen möchte. Dieser Liste lege ich die zwei oder drei wichtigsten Projekte zugrunde, die ich an diesem Tag im Kopf habe. Und ich weiß, dass ich mich später besser fühlen werde, wenn ich sie im Lauf des Tages erledigen oder zumindest gute Fortschritte bei ihnen machen kann. Manchmal will ich etwas völlig anderes und indem ich über diese Fragen nachdenke, erkenne ich eventuell, dass ich mich nicht sehr produktiv fühle. Vielleicht muss ich mich ausruhen oder trainieren oder einfach nur ins Café gehen, um den Nachmittag mit Lesen zu verbringen.

Was ist meine Identität?

Wer sind Sie? Was wollen Sie letztendlich tun? Ihre Identität prägt alles – wie Sie Ihre Freizeit verbringen, Ihre Arbeit, Ihre Prioritäten und alles andere. Wenn Sie bereits eine gute Vorstellung davon haben, wer Sie sind, dann nehmen Sie sich die Zeit, um sich an dieses Bild zu erinnern, während Sie die nächsten Schritte planen. Wenn Sie sich inmitten schlechter Nachrichten darauf konzentrieren können, was wichtig für Sie ist, und dieses Bild etwas Tröstliches für Sie hat, wissen Sie, dass Sie das Richtige tun.

Kann ich die Umstände dieser Situation verändern?

Es gibt zwei Arten von Herausforderungen: diejenigen, bei denen Sie Maßnahmen ergreifen können, um die Situation zu verbessern, und diejenigen, bei denen Sie relativ machtlos sind. Es ist immer gut zu wissen, mit welcher Art von Situation man es gerade zu tun hat. Wenn sich die Situation verbessern lässt, können Sie einen entsprechenden Plan machen. Wenn nicht, können Sie zu einem Plan übergehen, der Ihnen dabei hilft, die schlechten Nachrichten zu akzeptieren.

Sie werden nicht immer auf alles eine Antwort haben. Wenn Sie aber dem Plan folgen, auf den Ihr innerer Kompass verweist, können Sie mit den äußeren Herausforderungen im jeweiligen Moment umgehen.

Fangen wir mit dem Warum an

Als ich mit Sandi, Tom und vielen anderen sprach, die aus einem konventionellen Leben ausbrachen, um etwas anderes zu verfolgen, wollte ich verstehen, *warum* sie sich für diesen Weg entschieden hatten. In einigen Fällen waren die Entscheidungen, die die Leute trafen, vernünftig und konsequent. Sie mussten etwas aufgeben, um die Lebenserfahrungen zu machen, die sie sich wünschten. Was veranlasst jemanden dazu, mit der Aussicht auf wenig Belohnung – in vielen Fällen mit einer echten Chance zu scheitern oder zumindest ein großes Opfer bringen zu müssen – ein großes Abenteuer in Angriff zu nehmen?

Die Antworten erschienen ausweichend. Als ich Leuten auf der ganzen Welt die Frage nach dem Warum stellte, merkte ich, dass die Antworten sich oft im Kreis drehten und vielleicht sogar unbefriedigend waren. „Es ergab damals einen Sinn", sagten einige, aber die Antwort hätte ebenso gut lauten können: „Ich wollte es tun, also tat ich es."

Ich fand die wahre Antwort, als ich mir die Mischung von Frustration und Inspiration, die das Handeln antreibt, genauer anschaute. Die meisten Leute, mit denen ich sprach, waren auf die eine oder andere Art unzufrieden mit ihrem normalen Leben. Sie wollten etwas Tieferes als das, was sie bis dahin gekannt oder erlebt hatten. Und sie haben es entweder gefunden oder selbst geschaffen.

„Es musste sich etwas Entscheidendes ändern."

Sasha Martin, eine 30-jährige Mutter in Tulsa, Oklahoma, beschrieb die Anfänge ihres ehrgeizigen kulinarischen Projekts als ein Mittel, die eigene Bequemlichkeit zu bekämpfen. „Es musste sich etwas Entscheidendes ändern", sagte sie. „Ich befand mich in dem bequemen Trott als Hausfrau und Mutter, verlor aber meine Abenteuerlust."

Etwas zu verlieren – in diesem Fall die Abenteuerlust – und den Versuch zu machen, es wiederzugewinnen, ist ein übliches Merkmal des Beginns einer Aufgabe. In alten Geschichten über Aufgaben musste der Held ferne Länder durchqueren bei seinem Versuch, einen Kelch oder einen Schlüssel zurückzugewinnen. Heutzutage müssen wir oft etwas weniger Fassbares, aber nicht weniger Wichtiges zurückgewinnen. Viele von uns unternehmen ein Abenteuer, um sich selbst wieder zu spüren.

„Eine verrückte Idee, die mich nicht mehr losließ."

Nate Damm war ein 20-Jähriger aus Portland, Maine, dem etwas nicht aus mehr aus dem Kopf ging. „Zunächst", erzählte er mir, „war es nur eine verrückte Idee, die mich nicht mehr losließ, bis ich es getan hatte. Es nagte etwa zwei Jahre lang täglich an mir, bevor ich mich schließlich entschloss, es anzupacken." Eines Tages brach er auf, um die Idee in die Tat umzusetzen, einen Schritt nach dem anderen von Maine nach Kalifornien. Im Lauf der nächsten sieben Monate ging er zu Fuß durch die Vereinigten Staaten.

„Ich konnte einfach nicht mehr so weiterleben."

Travis Eneix, der 200 Kilo wog und sich dazu entschloss, Tai Chi auszuüben und 1.000 Tage lang alles aufzuschreiben, was er aß, beschreibt, wie er schließlich zu dem Punkt kam, an dem er etwas ändern musste. „Ich konnte einfach nicht mehr so weiterleben", sagte er. „Ich wollte keine kleine Veränderung; ich musste mein Leben komplett umkrempeln und ihm eine neue Richtung geben."

Lektion: Passen Sie auf, wenn Sie Unzufriedenheit spüren. Die Antwort lautet nicht immer „Pack es an" (auch wenn das oft der Fall ist), aber Sie sollten das, was Sie umtreibt, nicht ignorieren. Wenn man Gefühle des Unbehagens genau untersucht, kann das zu einem neuen, sinnvollen Leben führen.

Beachte: Es ist wichtig zu handeln („Was wäre, wenn ...?)

Unzufriedenheit ist ein starker Antrieb. Wenn Sie ein Gefühl von Unzufriedenheit haben, das sich nicht so einfach überwinden lässt, dann fangen Sie vielleicht an, über Änderungen in Ihrem Leben nachzudenken. Unzufriedenheit reicht jedoch nicht allein aus, um ein Feuer anzuzünden – oder eine Aufgabe anzuregen. Viele Leute sind unglücklich, aber die meisten sind nicht bereit, ihr Leben radikal zu ändern, insbesondere dahingehend, dass sie eine Aufgabe verfolgen. Unzufriedenheit ist vielleicht der Impulsgeber, aber was ist der Motivator? Was bewegt jemanden zum Handeln?

Wenn Sie die Glut zum Brennen bringen wollen, müssen Sie Unzufriedenheit mit Inspiration mischen, und dann müssen Sie die Unzufriedenheit mit einem größeren Ziel verbinden.

Formel für die Mischung:
Unzufriedenheit + große Idee + Bereitschaft zu handeln =
neues Abenteuer

Sandi war nach ihrer Entlassung keineswegs begeistert von der Aussicht, sich direkt um einen anderen Job zu bewerben. Aber das war nicht alles – sie hatte auch eine Idee im Hinterkopf. Der Traum, die Route 66 zu bereisen, sprach sie an, und sie reagierte darauf, indem sie einen Campingwagen kaufte und allen, die sie kannte, ihre Pläne mitteilte.

Andere begannen die Verwirklichung eines Traumes, indem sie fragten: „Was wäre, wenn…?" und einen Weg fanden, um das Absonderliche zu verwirklichen.

Was wäre, wenn ich zu Fuß ein ganzes Land durchqueren könnte?

Wäre es wirklich möglich, eine Sinfonie aufzuführen, die 1.000 Mitwirkende erfordert?

Könnte ich illegales Abholzen stoppen, indem ich auf einen Eukalyptus-Baum klettere… und dort ein ganzes Jahr lang bleibe?

Warum schlug Tom Allen, der England verließ, um auf den Straßen der Welt unterwegs zu sein, seine Aussichten auf einen guten Job und ein einfaches Leben aus? Er verwendet das Wort *Unbehaglichkeit*. „Ich empfand eine tiefe Unbehaglichkeit mit dem Leben, das mir verordnet worden war. Ich hatte einige schon länger bestehende Interessen und Sehnsüchte. Als ich sah, dass andere diesen Sprung schon gewagt hatten, schmiss ich alles hin und folgte meinem eigenen Traum."

Unzufriedenheit: Stimmt!

Persönliche Interessen neu untersuchen: Stimmt!

Von Vorbildern inspiriert: Stimmt!

Schließlich der entscheidendste Schritt: Tom handelte.

TOMS AKTIONSPLAN

Auslösendes Ereignis: Universitätsabschluss und ein Job, den er nicht wollte.

Zugrundeliegender Wert: Sehnsucht nach mehr. („Es geht darum, ein kleines Risiko ins Leben zu lassen.")

Große Idee: Die Welt mit dem Fahrrad bereisen!

Aktion: England verlassen, in Richtung Niederlande und darüber hinaus reisen.

SANDIS AKTIONSPLAN

Auslösendes Ereignis: Arbeitsplatzverlust

Zugrundeliegender Wert: Furcht vor dem Bedauern und Begeisterung für die Autoreise. („Das Gefühl, mein Leben unter Kontrolle zu haben.")

Große Idee: Amerikas Route 66 fotografieren!

Aktion: Einen Campingwagen kaufen, die Reise planen, losfahren.

„WARUM KÖNNEN WIR NICHT ALLE GLÜCKLICH SEIN?"

Juno Kim war 27 Jahre alt, als sie ihren sicheren Job als Ingenieurin in Südkorea aufgab, um die Welt zu bereisen. Da sie aus einer Kultur stammte, in der Konformität und Anpassung an die Norm besonders hochgeschätzt werden, hatte sie große Schwierigkeiten, ihre Motivation ihrer Familie verständlich zu machen – insbesondere ihrem Vater. Als sie erstmals erklärte, dass sie mit dem Ingenieurs-Job unglücklich sei und etwas anderes tun wolle, sagte man ihr geradeheraus: „Du bist nichts Besonderes. Nur besondere Leute können das Glück suchen, und du gehörst nicht zu ihnen."

Unverzagt verließ sie trotzdem ihre Heimat und reiste in andere asiatische Länder und sogar noch weiter. Sie besuchte in drei Jahren 24 Länder. „Für viele Koreaner", erklärte sie mir bei meinem Besuch in Seoul, „ist es nicht so wichtig, das Glück zu suchen. In ihren Augen ist das was für ‚Hippies'. Sie arbeiten, um zu leben und leben, um zu arbeiten. Ich wollte meine Kreativität, meine Inspiration und mein Glück zurückgewinnen. Warum kann ich nicht zu den wenigen gehören? Und warum können wir nicht alle glücklich sein?"

Jahre später ist Juno immer noch auf der Straße unterwegs und arbeitet freiberuflich als Autorin und Fotografin. Auch wenn ihr Vater ihre Reiserei immer noch kritisch sieht, wird sie mittlerweile von ihrer Mutter und ihrem Bruder unterstützt. Ebenso wichtig ist, dass Juno nun E-Mails und Briefe von anderen bekommt, die gerne ihrem Vorbild folgen würden, insbesondere Asiatinnen, die sich von der Idee inspiriert fühlen, dass nicht alle Rucksacktouristen aus westlichen Ländern kommen. Sie erzählt ihnen, dass jeder seines Glückes Schmied ist und dass niemand etwas Besonderes sein muss, um einen Traum zu verwirklichen.

Wenn Sie jemals ein seltsames Gefühl der Traurigkeit oder Entfremdung hatten, dann gibt es einen möglichen Ausweg aus der Verwirrung – wandeln Sie dieses Gefühl in Sinnhaftigkeit um. Es geht nicht nur um *Glück*, auch wenn Glück sich oft daraus ergibt, dass man etwas tut, was man mag. Vielmehr geht es um Herausforderung und Erfüllung, indem man die perfekte Kombination von Streben und Erfolg findet, die sich aus dem Erreichen eines großen Ziels ergibt.

Als Metapher ausgedrückt ist Unzufriedenheit das Streichholz und Inspiration der Zündstoff. Wenn Unzufriedenheit zu Begeisterung führt, dann wissen Sie, dass Sie das richtige Betätigungsfeld gefunden haben. Wie wir im nächsten Kapitel sehen werden, kann es sich sogar wie eine Berufung anfühlen.

Erinnern Sie sich an Sandi Wheatons Worte. Als sie aufbrach, um ihren eigenen Weg zu finden, beschrieb sie es als „das Gefühl, die Kontrolle über mein Leben zu haben". Andere Leute hatten vorher über ihr Schicksal bestimmt, aber das war vorbei. Es lag nun alles bei ihr.

▶▶▶▶ **ZUR ERINNERUNG**

▶ Viele Aufgaben gehen von einem Gefühl der Unzufriedenheit oder der Entfremdung aus. Wenn Sie merken, dass Sie unzufrieden sind, achten Sie auf die Gründe.

▶ Bekämpfen Sie Ihre Unzufriedenheit, indem Sie aktiv werden: Finden Sie einen Weg, etwas gegen die von Ihnen empfundene Unsicherheit zu tun.

▶ Stellen Sie sich selbst ein paar Fragen („Was will ich?", „Wie fühle ich mich?" und so weiter). Das kann Ihnen dabei helfen, Ihre nächsten Schritte festzulegen.

Kapitel 3

Berufung

Hier ist ein Test, um herauszufinden,
ob Sie Ihre Mission im Leben bereits
erfüllt haben. Wenn Sie noch leben,
dann ist dies nicht der Fall.

LAUREN BACALL

LEKTION: JEDER HAT EINE BERUFUNG.
FOLGEN SIE *IHRER* LEIDENSCHAFT.

Es gibt in der Thora eine Geschichte über zwölf Kundschafter, die aus der Wüste ausgesandt wurden, um das Land Kanaan zu erkunden. Sie erfüllen ihre Mission und sind begeistert von dem, was sie finden. Es ist, wie das Sprichwort lautet, das Land, in dem Milch und Honig fließt – und es gibt sogar in den Tunnels einen guten Telefonempfang. Es ist ein wunderbarer, magischer Ort, sogar noch besser als Disney World.

Die Kundschafter bringen diese Informationen zurück ins Lager. „Wunderbare Nachrichten", sagen die Ältesten.

Aber der Bericht geht dahingehend weiter, dass es neben dem Milch und Honig auch noch Riesen und befestigte Städte gibt. Das Leben in der Wüste ist nicht besonders lustig, aber nach Kanaan zu gehen könnte gefährlich sein. Zehn der zwölf Kundschafter beenden ihren Bericht mit einem ominösen Ratschlag: Ins gelobte Land zu ziehen sei einfach zu schwierig. Es sei besser, auf Nummer sicher zu gehen und nicht für das Land unserer Träume zu kämpfen.

Zwei der zwölf Kundschafter äußern eine abweichende Meinung: „Ja, es ist schwierig", sagen sie. Diese Städte, diese Riesen – es wird tatsächlich Herausforderungen geben. „Aber wir können es schaffen", sagen sie zu den anderen. „Lasst uns losziehen!"

Leider wiegt die Möglichkeit einer Gefahr schwerer als das Versprechen auf Hoffnung. Die Leute glauben lieber den Pessimisten und sie versäumen die Disney-World-Erfahrung 40 weitere Jahre lang. Die zehn Kundschafter, die vor dem Scheitern warnten, starben an der Pest. Von den zwölf schaffen es nur die zwei Abweichler später ins gelobte Land.

Hannah Pasternak bezog sich auf diese Geschichte, als sie mit mir über ihren bevorstehenden Umzug nach Israel sprach. Als junge Amerikanerin mit israelischen Wurzeln hatte sie schon lange eine Affinität für ihre weit entfernte Heimat entwickelt. Als sie eines Tages die Thora las und auf die Geschichte stieß, begriff sie, dass sie genau wie die Kundschafter war, die das gelobte Land gesehen hatten, aber dann nach Gründen gesucht hatten, um ihm fern zu bleiben.

Hannah entschloss sich, etwas Risiko in ihr Leben zu bringen. Sie würde nicht nur nach Israel ziehen, wo sie nie zuvor gelebt hatte, sondern ihr neues Leben damit beginnen, dass sie auf dem israelischen Nationalwanderweg wanderte, eine Reise von 1.000 Kilometern, die zwei Monate dauern würde.

Ebenso wie allgemeine Unzufriedenheit oft nicht ausreicht, um uns zu einer Aktion zu bewegen, ist es auch nicht immer ausreichend, von einem bedeutenden Ereignis emotional berührt zu werden. Man muss schon selbst die Entscheidung treffen, auf das Ereignis zu *reagieren*. Hannah verbrachte die Monate vor ihrer Abreise damit, mehr über Familiengeschichte zu lernen. Sie nahm Hebräisch-Unterricht und bereitete sich auf die körperlich anstrengende Wanderung vor.

Die Vorbereitung sei hilfreich gewesen, sagte sie später, aber die Entscheidung zu gehen sei noch viel wichtiger gewesen. Sie war nicht wie die zehn Kundschafter, die sich vor einer neuen Chance fürchteten. Wie die zwei Kundschafter, die sich gegen die Mehrheitsmeinung gestellt hatten und deren Vorfahren ein hohes Maß an Risikobereitschaft gezeigt hatten, stellte Hannah sich ihren Ängsten und nahm die Herausforderung an. Anstelle von Unsicherheit empfand sie ein Gefühl des Friedens.

Als sie an einen Umzug nach Israel und an das Wandern auf dem Nationalwanderweg dachte, ließ sie die Idee nicht mehr los. Das Leben in Amerika war schön und gut, aber der Gedanke, in einem fremden Land zu leben und einen anderen Lebensstil zu erfahren, hatte eine Faszination für sie, der sie sich nicht entziehen konnte.

Einige, mit denen ich gesprochen hatte, erlebten eine ähnliche Faszination. Sie führten ein relativ befriedigendes Leben, aber jenseits ihrer Komfortzone wartete etwas noch Besseres auf sie. Scott Harrison, ein Freund von mir, der die Organisation *Charity: Water* gründete, ging ursprünglich nach Westafrika, weil er Buße tun wollte. Nachdem er als Betreiber eines New Yorker Nachtclubs jahrelang ein ausschweifendes Leben geführt hatte, fand er seine Berufung, als er mit einem Land Rover auf den matschigen Straßen von Monrovia, Liberia, herumfuhr. Es gibt auf der Welt unendlich viele Gebiete ohne sauberes Wasser, erkannte Scott, und er wollte eine Methode finden, die Leute damit zu versorgen.

Ich beobachtete, wie Scott damit kämpfte, seine Botschaft zu formulieren. Eines Tages sprach er mit uns über einen Traum, den er hatte. In dem Traum sah er ein Stadion voller Menschen. Es war schwierig zu erklären, aber Scott glaubte, dass sein Leben irgendwie mit diesen Leuten verbunden sei und er alles Erdenkliche tun müsse, um ihnen zu helfen. Scott verbrachte die nächsten Jahre damit, eine 100-Millionen-Dollar-Organisation aufzubauen, deren Ziel es war, Äthiopien und andere Länder zu 100 Prozent mit sauberem Wasser zu versorgen. Die Arbeit war enorm erfolgreich und half Millionen von Menschen – weit mehr als genug, um das Stadion zu füllen, das er sich vorgestellt hatte. Aber es begann alles damit, dass er dem Ruf folgte.

Nicht jede Berufung ist religiöser oder explizit moralischer Natur. Auch Nicht-Religiöse oder Menschen, die ihre Religion eher im privaten Rahmen praktizieren, sprechen davon, einer Berufung zu folgen, wenn sie sich näher an die Ziele heranarbeiten, die sie sich gesetzt haben. Ob es nun ums Schreiben, Basteln oder Retten der Welt geht – es kann durchaus erfüllend sein, sich einem Ziel zu verschreiben, das größer als man selbst ist. Es ist eine Mischung aus Schicksal und entschlossenem freiem Willen. Egal, woran Sie glauben – und letztendlich ist es wohl von beidem ein bisschen -, diejenigen, die einer Berufung folgen, haben ein starkes Sendungsbewusstsein. Bei einigen kann dieses Gefühl zu einem lebenslangen Opfer und einer permanenten Entdeckungsreise führen.

Ein Gefühl von Freiheit

John Francis war ein Umweltschützer, bevor er die Bedeutung des Wortes überhaupt kannte. Als Afroamerikaner, der in Philadelphia aufgewachsen war, bevor er in Richtung Westen nach Kalifornien zog, war John, solange er sich erinnern konnte, empfänglich für Naturschutzfragen gewesen. Als 1971 zwei Öltanker in der San Francisco Bay zusammenstießen und fast zwei Millionen Liter Rohöl nahe der Golden Gate Bridge ausliefen, war John nicht nur wütend und traurig, sondern auch frustriert. Was konnte eine Einzelperson ausrichten?

Die Idee kam ihm in ähnlicher Weise, wie mir die Idee gekommen war, alle Länder zu bereisen – es war eine Idee, die zuerst verrückt erschien, aber ihn nicht mehr losließ. John war von der Ölpest auch ein Jahr später noch verstört, als er eines Abends gerade mit seinem Freund Jean zusammensaß und mit seiner Idee herausplatzte. „Wir könnten aufhören, Auto zu fahren", sagte er. „Wir sollten auch bei anderen nicht mehr im Auto mitfahren."

Jean stimmte zu, aber dann kamen ihm Zweifel an der Realisierbarkeit. „Das wäre eine gute Sache, wenn wir mal mehr Geld hätten."

„Ja", sagte John. „Es ist wahrscheinlich nicht realistisch." Aber die Idee ließ ihn nicht mehr los und wie bei vielen anderen verrückten Ideen war doch etwas dran.

Ein paar Wochen später wollte John zu einer Party in einem Nachtclub in einer rund 30 Kilometer entfernten Nachbarstadt, und er entschloss sich, zu Fuß zu gehen anstatt zu fahren. Also ließ er die Autoschlüssel zu Hause, schnallte sich einen Rucksack um, ging auf die Straße und machte sich auf den Weg zur Party.

Erwartungsgemäß dauerte es lange, die 30 Kilometer zu Fuß zu gehen. John lehnte Angebote, im Auto mitzufahren, ab und machte schließlich um Mitternacht Halt in einem Fast-Food-Restaurant, wo der Teenager an der Theke kein Geld von ihm annehmen wollte, nachdem dieser erfahren hatte, was für einen langen Weg er hinter sich hatte. Als er schließlich den Nachtclub erreichte, war es ein Uhr nachts und die Band spielte gerade ihre letzte Zugabe. Egal. Er hatte es geschafft.

Am nächsten Tag checkte John in einem Motel ein, nahm eine heiße Dusche und verbrachte den Nachmittag damit, sich am Pool zu erholen – bevor er die 30 Kilometer wieder zurückging. Es war anstrengender als der Hinweg, da seine Muskeln nicht an eine solche Belastung gewöhnt waren, aber er gewöhnte sich an die Idee, kürzere Strecken zu Fuß zurückzulegen.

Es kommt nicht jeden Tag vor, dass jemand beschließt, einen Fußmarsch von insgesamt 60 Kilometer zu einem Nachtclub und wieder zurück zu machen. Seine Freunde hatten also angesichts dieser Leistung eine Willkommensfeier für ihn arrangiert. Champagner wurde serviert und die Gruppe bat John, mehr über seine verrückte Expedition zu erzählen.

Dann sagte John etwas, was selbst ihn überraschte: „Es war ein Gefühl von Freiheit. Eine Weile hoffte ich, dass dieses Gefühl für immer anhalten würde."

Das Gefühl der Freiheit war verlockend. „Ich habe den ersten Schritt auf einer Reise getan, die mein Leben verändern wird", schrieb er später in einem Tagebuch, das zu einer Denkschrift wurde. „Ich kann jetzt nicht aufhören."

Nach der Erfahrung, 60 Kilometer zu der Tanzparty gewandert zu sein, hatte John Schwierigkeiten, sich wieder in den normalen Alltag einzufügen. Eines Tages entschloss er sich, auf unbestimmte Zeit zu Fuß zu gehen.

Wo immer er hingehen und was immer er tun wollte: Er fand einen Weg, zu Fuß dorthin zu kommen.

Überall zu Fuß unterwegs zu sein war überraschend einfach; aber sich an ein Leben ohne Auto anzupassen brauchte etwas Zeit. John konnte seinen Job als Konzertveranstalter nicht mehr ausüben. Seine Freundschaften änderten sich, da er keine kurzfristigen Pläne mehr machen konnte. Wenn seine Freunde ein Kino besuchten, das 40 Kilometer entfernt war, musste John einen Tag im Voraus planen, um sie zu treffen.

Einige Leute fanden seine Entscheidung, nicht mehr Auto zu fahren, inspirierend, aber andere waren dadurch vor den Kopf gestoßen oder sogar verletzt. Autofahrer hielten an, um ihn mitzunehmen, aber John lehnte es ab und erklärte ihnen seinen Protest gegen die Ölpest, und die Autofahrer waren beleidigt. „Sie halten sich wohl für einen besseren Menschen, oder wie?", fragten einige.

John veröffentlichte die Eindrücke seiner ersten Erfahrungen in seinem Tagebuch. „Ich habe eine Haltung eingenommen, die einen ganzen Lebensstil infrage stellt", schrieb er. „Es ist kein Wunder, dass die Leute mir kritisch begegnen. Ich begegne mir selbst kritisch."

Doch die größte Frustration waren nicht die Leute, die seine Motivation nicht verstanden; sie bestand vielmehr darin, dass er nicht wusste, wie er das, was er tat, erklären sollte. „Ich kann nur einen einfachen Satz darüber sagen, warum ich zu Fuß gehe … Ich spüre, dass jeder Schritt, den ich gehe, Teil einer unsichtbaren Reise ist, für die es keine Landkarte und nur wenige Straßenschilder gibt. Ich bin nicht sicher, dass ich gut vorbereitet bin."

Als John sich in seinem neuen Lebensstil zurechtzufinden versuchte, machte seine Mutter eine beiläufige Bemerkung, die der ganzen Idee eine neue Richtung gab. Als er sie in ihrem Zuhause in Philadelphia anrief, erzählte er ihr, wie glücklich er darüber sei, überall zu Fuß hingehen zu können. Doch in seiner Stimme lag eine gewisse Unsicherheit und seine aufmerksame Mutter reagierte darauf: „Weißt du, Johnny", sagte sie, „wenn jemand wirklich glücklich ist, dann muss er das den Leuten nicht sagen. Man merkt es einfach."

Ohne dass seine Mutter das zu der Zeit wusste, inspirierte dieses Gespräch eine ganz neue Phase in Johns Sinnsuche.

An Johns 27. Geburtstag entschloss er sich, den ganzen Tag über zu schweigen – ein Geschenk, wie er es formulierte, an all diejenigen, die sich dauernd das Plappern und Räsonieren über seine neue Lebensphase hatten anhören müssen. Er ging zum Strand hinaus, der fünf Stunden Fußweg entfernt war, und verbrachte den Tag mit Tagebuch-Schreiben, Malen und Dösen. Den nächsten Tag blieb er auch noch dort und auch den Tag darauf. Drei Tage später ging er endlich nach Hause, aber etwas hatte sich geändert. Mehrere Wochen vergingen, ohne dass John ein Wort sprach. Nun wusste er, was seine wirkliche Herausforderung war: Er würde nicht nur aufs Autofahren verzichten, sondern zudem sein Leben in völligem Schweigen verbringen.

Nicht jeder verstand Johns neues Schweigen, und ähnlich wie sein Zu-Fuß-Gehen verärgerte es einige Leute. Aber da er nicht reagieren konnte, zumindest nicht auf die übliche Art, empfand er diese Art von Protest anders als den Verzicht aufs Autofahren. Wie wir später sehen werden, wurden die neue Praxis des Verzichts auf die Inanspruchnahme von Transportmitteln und das gleichzeitige Schweigen zu einer siebzehnjährigen Aufgabe – aber fürs Erste versuchte John nur, einen unkonventionellen Lebensstil anzunehmen, der seinen umweltschützerischen Überzeugungen entsprach. „Nicht zu sprechen verhindert Streit", schrieb er in sein Tagebuch. „Und das Schweigen lehrt mich das Zuhören."

AUFS GANZE GEHEN (BZW. „UNKONVENTIONELLE HERZOPERATION")

Als ich mein erstes Buch über unkonventionelle Ideen schrieb, machte ich den Fehler, einen Absatz mit der Einschränkung zu versehen: „Trotzdem wollen Sie wahrscheinlich keinen unkonventionellen Herzchirurgen". Seither haben sich fünf Herzchirurgen unabhängig voneinander bei mir gemeldet und geschrieben: „Moment mal, das bin ich!"

Einer von ihnen war Dr. Mani Sivasubramanian, der in Indien lebt. Auf seiner Visitenkarte steht „Kinderchirurg und sozialer Unternehmer". Dr. Mani gründete eine Stiftung, um für Kinder aus einkommensschwachen Familien eine medizinische Versorgung zu bieten. Die anderen unkonventionellen Herzchirurgen erzählten mir, die Fortschritte in ihrem Beruf hätten sich alle aus dem Nachdenken darüber ergeben, wie sie am besten für ihre Patienten sorgen könnten.

Die Lektion lautet: Sag niemals nie. Wenn das Laufen eines Marathons, die Gründung einer Stiftung oder irgendetwas anderes in diesem Buch Ihnen zu anspruchslos erscheint, dann begeben Sie sich doch auf ein höheres Niveau:

Finden Sie die Therapie für eine Krankheit. Steven Kirsch, bei dem eine seltene Blutkrankheit diagnostiziert wurde, versucht, ein Heilmittel für sich selbst und alle anderen mit derselben Krankheit zu finden.

Werden Sie ein Ninja. Der 29-jährige Izzy Arkin kündigte seinen Job und zog nach Kyoto, Japan, um Vollzeit die Kampfkunst zu studieren. Sein Ziel ist nicht nur, Karate zu beherrschen – er will ein richtiger Ninja werden, genauso, wie er es sich erträumte, als er acht Jahre alt war. (Das Projekt läuft immer noch.)

> **Gehen Sie in ein Kloster.** Der frühere Wall-Street-Banker Rasanath Dasa beendete seine Karriere, nachdem er von der Branche desillusioniert war und den Verlust seiner Seele spürte. Er trat in ein Kloster im East Village ein und wurde ein städtischer Mönch.
>
> Anders gesagt, beschränken Sie sich bitte nicht auf etwas, was in diesem Buch steht. Wenn Sie eine größere und bessere Idee haben, dann los! Lehren Sie uns eine Lektion.

Folgen Sie *Ihrer* Leidenschaft

In einem Interview für *Rolling Stone* wurde Bob Dylan nach dem Wort *Berufung* gefragt. „Jeder hat seine Berufung, oder nicht?", sagte er. „Einige haben eine Berufung zu Höherem, andere zu Niederem. Alle sind berufen, doch nur wenige sind auserwählt. Es gibt viele Ablenkungen, die dazu führen, dass viele Leute ihre Bestimmung nie erreichen."

Auf die Frage hin, wie er seine eigene Berufung beschreiben würde, antwortete er:

„Meine? Sie ist nicht anders als die anderer Leute auch. Der eine hat die Berufung, ein guter Seemann zu sein, andere sind dazu berufen, ihren Acker zu pflügen. Wieder andere sind dazu berufen, ein guter Freund zu sein. Man muss einfach versuchen, der Beste in dem Metier zu sein, zu dem man berufen ist. Man muss in seinem Metier die größtmögliche Fertigkeit entwickeln. Es geht um Zuversicht in seine Fähigkeiten, nicht Arroganz. Man muss wissen, dass man in seiner Berufung der Beste ist – unabhängig davon, ob Außenstehende dich darin bestätigen oder nicht." [1]

Eine Berufung annehmen bedeutet, der Beste bei etwas zu sein oder etwas zu tun, von dem Sie spüren, dass es kein anderer tun kann. Nicht unbedingt im Sinne eines Wettbewerbs, bei dem Sie einen anderen schlagen müssen, sondern entsprechend Ihrem eigenen Standard.

Manche von uns entdecken eine Aufgabe, und manchmal entdeckt die Aufgabe uns. Was auch immer bei Ihnen zutrifft: Behalten Sie Ihre Berufung immer im Auge, sobald Sie sie entdeckt haben.

Jiro Ono lebt in Tokio und betreibt das Drei-Sterne-Michelin-Restaurant Sukiyabashi Jiro. Er ist nun über 70 Jahre alt und hat mit unerschütterlicher Leidenschaft sein Berufsleben der Zubereitung und dem Servieren von Sushi gewidmet. Er hat sich seiner Aufgabe absolut verschrieben. Die Mahlzeiten in seinem Restaurant können bereits nach einer Viertelstunde an einer einfachen Theke gegessen werden. Es gibt ein Sushi-Tagesmenü (Keine Aperitifs! Keine A-la-carte-Bestellungen!) und Reservierungen werden ein Jahr im Voraus entgegengenommen. Die Rechnung beträgt etwa 300 Dollar pro Person und es werden keine Kreditkarten akzeptiert.

In einem Dokumentarfilm, der seine Familie und sein Restaurant porträtiert, erklärt Jiro wiederholt, wie wichtig ihm seine Arbeit ist, wie hoch er seine Fertigkeiten schätzt und so weiter. Es wirkt nobel, aber etwas monoton. Dann wird er lebendig, als er darüber spricht, was ihn wirklich antreibt: der Fisch selbst. „Wenn wir einen guten Thunfisch haben, fühle ich mich großartig", sagt er lächelnd. „Ich fühle mich dann wie ein Sieger!"

Ich musste laut lachen, als ich Jiro sagen hörte, er fühle sich wegen eines guten Thunfisches wie ein Sieger. Aber ich verstand dennoch die Botschaft: Der Mann liebt das, was er tut.

Es gibt ein beliebtes Online-Video von einem Eisenbahnfan, der einen besonders aufregenden Waggon auf sich zufahren sieht. „OH, MEIN GOTT!", ruft er. „Ich habe auf diesen Moment monatelang gewartet, und

---

1 Zitiert nach *rollingstone.de, http://www.rollingstone.de/magazin/features/article331039/bob-dylan-abschied-von-gestern-das-vollstaendige-interview.html, aufgerufen am 13.01.2015 (Anm. d. Übers.).*

endlich ist es so weit. Ich kriege endlich einen Heritage Unit vor die Kamera! Juhu! Yeah!"

Sie können mit der Aufregung nichts anfangen? Sie wissen noch nicht einmal, was ein Heritage Unit ist? Das kommt daher, dass Sie kein Eisenbahnfan wie Mark McDonough sind, der Typ, der das originale „Excited Train Guy"-Video gemacht hat.[2]

Es geht um Folgendes: Vielleicht bekommen Sie bei dem Gedanken an alte Eisenbahnwaggons kein Herzrasen, und vielleicht empfinden Sie keine leidenschaftliche Begeisterung für Thunfisch – aber genau so werden Sie sich fühlen, wenn Sie *Ihre* Aufgabe finden. Es wird groß, aufregend und vielleicht sogar etwas beängstigend oder überwältigend sein. Tief in Ihrem Inneren werden Sie eine Anziehungskraft spüren, die sich authentisch und nachhaltig anfühlt.

Zurück zu sich selbst

Ihre Berufung verlangt es vielleicht nicht, dass Sie siebzehn Jahre lang schweigend unterwegs sind, und sie führt Sie vielleicht auch nicht nach Tokio auf der Suche nach dem besten Thunfisch der Welt. Vielleicht packen Sie auch nicht Ihre Koffer, um nach Israel oder in ein anderes fernes Land zu reisen.

Dennoch gibt es da draußen eine Mission, die größer als Sie selbst ist. Egal, ob Sie das Ganze aus spiritueller Sicht betrachten oder nicht, eine echte Berufung wird Sie fordern und begeistern.

Eine echte Berufung erfordert auch Kompromisse. Wenn Ihr Traum darin besteht, eine zusätzliche Stunde für die Mittagspause zur Verfügung zu haben und im Park spazieren zu gehen, dann ist das mehr eine schlichte Aufgabe als eine Mission. Ein echter Traum erfordert eine Investition und

---

[2] *Das beliebteste „Excited Train"-Video ist momentan eine Hommage an das weniger bekannte Original. Um beide zu sehen, googeln Sie bitte „excited train guy".*

verlangt oft ein Opfer – aber wenn man von etwas begeistert ist, wird die Reise selbst dann, wenn sie für andere keinen Sinn ergibt, ihre eigenen Früchte tragen.

Vor vielen Jahren wollte die amerikanische Flugpionierin Amelia Earhart hoch hinaus und stellte die Grenzen infrage, die Frauen in einer männerdominierten Welt gesetzt wurden. Sie hat es vielleicht am besten formuliert: „Wenn sich ein großes Abenteuer bietet, lehnt man es nicht ab."

▶▶▶ ZUR ERINNERUNG

▶ Hannah wurde inspiriert, indem sie über die Kundschafter von Kanaan las. Als ihre Inspiration sich schließlich bei ihr festsetzte, ergab sich der nächste Schritt.

▶ „Das Gefühl von Freiheit", das John Francis fand, war verlockend und scheinbar süchtig machend. Sobald er dieses Gefühl hatte, konnte er nicht mehr zu seinem alten Lebensstil zurückkehren.

▶ Wenn Sie nicht von Thunfisch oder Eisenbahnwaggons begeistert sind, was begeistert Sie dann? Achten Sie darauf, was passiert, wenn Sie Ihren Gedanken freien Lauf lassen.

MUT

Als ich zum ersten Mal nach Dubai flog, landete ich spät in der Nacht. Ich kam nach einer langen Reise am Flughafen an, die mich von den Vereinigten Staaten nach Dänemark, dann nach Athen und schließlich hinunter an den Persischen Golf geführt hatte. Ich war zum ersten Mal in der Region, und es war erst die zweite große Reise seit meiner Entscheidung, jedes Land zu besuchen.

Die meisten Flughäfen beschränken sich auf Flüge, die tagsüber oder in den frühen Abendstunden landen oder starten. Sobald es Mitternacht ist, wird der Flughafenbetrieb in den meisten Teilen der Welt eingestellt. In Dubai gilt jedoch das Gegenteil: Um ein Uhr morgens in der Stadt zu landen erschien völlig normal, da zahlreiche Passagiere aus den Philippinen und Bangladesch auf entfernten Flugsteigen aus den Flugzeugen stiegen und per Bus zur Einreisebehörde gefahren wurden.

Ich trat aus dem Terminal in eine Halle mit Mietwagenunternehmen. Ich hatte einen Mietwagen für die folgenden fünf Tage reserviert, aber das Unternehmen, dessen Name auf meiner Reservierungsmail stand, war nirgends zu sehen. Nach einer erfolglosen Suche fand ich einen Typ, der einen anderen Typ kannte, der wiederum einen anderen Typ kannte, der mir ein Auto bei einem anderen Unternehmen vermietete. Es klang wie ein Zufall, aber ich folgte ihm zu einer weiteren Theke auf einem Parkplatz im Freien und umging dabei die Menge der ankommenden Passagiere, die in der Schlange auf Taxis warteten, und der Gastarbeiter, die auf den Bus warteten.

Trotz des Umwegs war der Papierkram, den ich unterschreiben musste, um den Wagen zu bekommen, überraschend schnell erledigt. Mein Betreuer verabschiedete sich und ich atmete tief ein. „Bist du bereit?", fragte ich mich. Ich wollte nach Deira fahren, einen Stadtteil von Dubai, in dem es angeblich zahlreiche günstige Hotels gab. Ich studierte die Karte, die ich auf dem Flughafen erhalten hatte, und drehte den Schlüssel im Schloss. Es war nun fast drei Uhr morgens und es regnete, aber die Straße wimmelte von Fahrzeugen. Zum Glück fand ich mein Ziel – oder zumindest fand ich einen Parkplatz in einer Straße mit Hotels – und dann fand ich nach einer Reihe von Fehlschlägen ein Zimmer für 40 Dollar pro Nacht. Erfolg!

Spät am nächsten Morgen checkte ich aus und bereitete mich auf eine lange Fahrt vor. Ich fuhr aus Dubai hinaus und in die Wüste. Ausgestattet mit der Karte und einer Tüte Samosas fuhr ich aus der Stadt hinaus und auf die Autobahn. In den nächsten drei Tagen fuhr ich durch das Land und besuchte alle sieben Emirate, bevor ich nach Dubai zurückkehrte. Ich verbrachte die Nacht in einem Matrosenhotel in Fudschaira und fuhr durch einen Teil von Oman, ein Nachbarland, in dem sich auch eine kleine Enklave der Vereinigten Arabischen Emirate befindet.

Der Mietwagen war mit einem störenden „Ding!"-Ton ausgestattet, der immer dann erklang, wenn ich die zugelassene Höchstgeschwindigkeit überschritt. Sobald ich außerhalb der Stadt war, verlief die sechsspurige Autobahn jedoch flach und in weit offenem Gelände. Die Autos rasten an mir sogar dann vorbei, wenn ich die Höchstgeschwindigkeit erreichte. Schließlich gab ich es auf und fuhr ebenso schnell, indem ich mich entschloss, das „Ding!" zu ignorieren. Ich hatte da draußen in der Wüste ein Gefühl von Freiheit. Das passiert wirklich, dachte ich. Alles läuft so, wie ich mir es vorgestellt habe.

Am dritten Tag der Reise hatte ich mich bei Sonnenuntergang verirrt. Ich fragte mich, ob mir das Benzin ausgehen und ich den Rückweg finden würde.

Doch anstatt mir Sorgen zu machen, empfand ich einen überraschenden Frieden. Ich war auf der Straße unterwegs, wie ich es geplant hatte. Ich hatte herausgefunden, wie man sich in einer neuen Umgebung zurechtfindet, und dieses Erfolgserlebnis gab mir den nötigen Mut für die nächsten Schritte. Alles würde gut werden.

Jahre später traf ich eine Frau, die sich auf ihre erste große Reise vorberei-
tete. „Im Vergleich zu dem, was Sie gemacht haben, ist es keine große Sache",
sagte sie.

Dann hörte ich von jemandem, der mir schrieb, er sei „nur" in 20 Ländern gewesen. Was? 20 Länder sind großartig. Viele Leute gehen überhaupt
nie irgendwohin.

Wenn man sich auf etwas Neues einlassen will, ist es oft unumgänglich,
sich seinen eigenen Ängsten zu stellen, wie unbedeutend diese auch immer
scheinen mögen. Man besiegt die Furcht nicht dadurch, dass man sie ver-
leugnet, sondern dadurch, dass man sich weigert, seine Entscheidungen von
ihr bestimmen zu lassen. Wenn Sie sich zum ersten Mal auf neues Terrain
wagen, ist das eine große Sache.

Kapitel 4

Entscheidende
Momente

Er hatte beschlossen, ewig zu leben
oder bei dem Versuch zu sterben.

JOSEPH HELLER

LEKTION: JEDER TAG ZÄHLT: DAS EMOTIONALE BEWUSSTSEIN DER STERBLICKEIT KANN UNS HELFEN, EIN ZIEL ZU VERFOLGEN.

Beim Improvisationstheater gilt die Regel, dass man die Story immer am Laufen halten muss. Man beendet seinen Part und fragt: „Und dann?" Die Idee dahinter ist, dass jede Story ausgedehnt werden kann, manchmal mit unerwarteten Ergebnissen.

Aber wenn Sie eine Lebensgeschichte verstehen wollen, schauen Sie nicht vorwärts, sondern zurück. Anstatt zu fragen „Und dann?", fragen Sie: „Aber warum?"

In dem Buch *The $100 Startup* habe ich einige Geschichten von Menschen erzählt, die erfolgreich Unternehmen gegründet hatten, nachdem ihnen gekündigt worden waren. Diese Geschichten waren inspirierend, aber ich war noch viel mehr inspiriert von denjenigen, die ohne einen solchen offensichtlichen Anstoß ihre eigene Freiheit geschaffen hatten. Wenn alles rundläuft und jemand dennoch die Notwendigkeit empfindet, etwas zu ändern, dann weiß man, dass es ernst gemeint ist.

Jeder beliebige Moment kann Ihr Leben verändern. Bei einigen Leuten ist es ein Gespräch, das die Tür zu neuen Chancen öffnet: eine neue Geschäftschance vielleicht oder eine neue Beziehung. Für andere ist es der plötzliche Perspektivwechsel: *Ich muss nicht mehr so weiterleben.* Für Tom Allen in England bestand der Wendepunkt darin, dass er von einem guten Jobangebot erfuhr, aber sich seltsam unwohl bei dem Gedanken fühlte, dass sein Leben nun für die absehbare Zukunft festgelegt wäre.

Im Fall von Adam Warner war der entscheidende Moment weitaus ernster.

Adam traf Meghan Baker, als sie beide als Englischlehrer in Südkorea arbeiteten. Sie verliebten sich und fingen an, eine gemeinsame Zukunft zu planen. Adam war Amerikaner und hatte sein Leben jenseits der Routine genossen, die er zu Hause erlebte. Meghan war Kanadierin und plante, eine Fachschule zu besuchen, um Krankenschwester zu werden.

Meghan hatte eine Liste von Lebenszielen, an der sie arbeitete. Vieles auf der Liste war ziemlich typisch. Unter anderem hoffte sie, einen Halbmarathon zu laufen, eine Fremdsprache zu lernen, 30 Länder zu besuchen, eine Zugreise durch Kanada zu machen und „ein kleines Cottage an einem See" zu besitzen. Andere Ziele waren altruistischer, darunter auch der Plan, ehrenamtlich im Ausland zu arbeiten und lokale karitative Organisationen zu unterstützen.

Ein Jahr nachdem sie Adam getroffen hatte, wurde bei Meghan im Alter von 26 Jahren leider Brustkrebs diagnostiziert. Das Paar zog nach Nordamerika zurück, Adam in seine Heimatstadt Washington, D.C., und Meghan nach Ontario, um sich behandeln zu lassen. Wann immer es ihm möglich war, reiste Adam nach Kanada, um ihr nahe zu sein, und schließlich zog er nach Detroit, damit er sie leichter jenseits der Grenze besuchen konnte.

Meghans Krebs breitete sich schnell aus und trotz zahlreicher Behandlungsrunden erhielt sie ein Jahr später eine tödliche Diagnose und wurde in ein Hospiz verlegt. Eines der Ziele, die sie auf ihre Liste geschrieben hatte, lautete: „Heiraten". Dahinter hatte sie in Klammern geschrieben: „Kein Druck, Adam."

Er brauchte nicht überzeugt zu werden. Adam und Meghan heirateten bei einer Hauszeremonie in Ontario am 28. März 2010. Einen Monat später starb Meghan.

Um die Trauer kommt man nicht herum, selbst wenn ein Tod irgendwie vorhersehbar ist. In einem besonders jungen Alter hatte Adam die Liebe seines Lebens verloren. Doch trotz seiner Trauer hatte er nun etwas, auf das er sich konzentrieren konnte. Er würde die Liste von Meghans Zielen übernehmen und sie zu seiner eigenen machen, indem er möglichst viele Aufgaben erfüllen und seine nächsten Schritte basierend auf den Träumen seiner jungen Frau gehen würde.

Das war keine Offenbarung, die ihm nach und nach zuteilwurde; er wusste es sofort. „Die Idee gab mir Trost sofort nach ihrem Tod", sagte er zu mir. „Als ich vom Krankenhaus wegging, wusste ich, dass ich ihre Ziele als meine eigenen annehmen musste. Das wäre mein Projekt und mein Lebensinhalt, wie lange es auch immer dauern würde."

Zwei Wochen nach Meghans Tod schuf Adam eine Facebook-Seite, wo er Meghans Ziele in Verbindung mit seinen eigenen Fortschritten veröffentlichte. Sechs Monate später arbeitete er ehrenamtlich in einer Schule in Indien. Er hatte das Gefühl, dass Meghan bei ihm war, dass sie seine Überraschung angesichts des geordneten Chaos in Delhi teilte und mit ihm zusammen 18 Stunden lange Zugfahrten durch das Land machte. Er trauerte täglich um Meghan, aber er hatte auch das Gefühl, etwas Sinnvolles zu tun, indem er ihrer Liste folgte.

Auf Adams Geschichte wurde ich durch einen Leser meines Blogs aufmerksam, der mir schrieb, dass die Aufgabe nicht von Meghans Tod, sondern von ihrem Leben inspiriert sei. Adams Freunde stimmen zu, dass ihm seine Verwirklichung von Meghans Zielen ein Gefühl der Sinnhaftigkeit gab und sein Leben auf positive Weise beeinflusst hat. Der Blog, der ursprünglich von Meghan gestartet wurde, wird nun von Adam aktualisiert. Er ging zu einem Blue-Jays-Spiel in Toronto, etwas, was Meghan noch tun wollte, was ihr aber dann aufgrund des schnellen Fortschreitens ihrer Krankheit nicht mehr möglich war. Er machte ein intensives Lauftraining und schaffte den Halbmarathon. Zudem lernt er – langsam – nähen und stricken.

Als ich den Blog las, stach eine Geschichte hervor. An einem Tag, bevor Meghan ins Hospiz verlegt wurde, hatte sie gerade eine Bestrahlungsbehandlung hinter sich und wollte ins Freie. Für sie zählte ein kurzer Stadtbummel nicht als Spaziergang im Freien; daher nahm sie Adam zu einem nahen See mit und sie machten eine Fahrt mit dem Kanu. Sie fuhren weiter hinaus, als sie geplant hatten, und als es Zeit war umzukehren, war Meghan müde und Adam musste den Großteil der Ruderarbeit selbst erledigen. Das war typisch Meghan, schrieb er später. Als sie beide ein paar Jahre früher, bevor Meghan krank wurde, mit dem Laufen angefangen hatten, lief Adam drei Kilometer und Meghan fünf. Alles, was sie anpackte, machte sie immer mit vollem Engagement. Sie sparte nichts für später auf. So hatte sie ihr Leben gelebt, und Adam hoffte, diese Botschaft mit dem Rest der Welt zu teilen.

Als ich Kontakt mit Adam hatte und ihn an diese Geschichte erinnerte, lächelte er.

„Wann haben Sie das Gefühl, dass sich die ganze Sache lohnt?", fragte ich.

„Jedes Mal, wenn ich eines ihrer Ziele abhake", sagte er. „Ich denke, dass Meghan unbewusst Ziele gewählt hat, die jeden zu einem besseren Menschen machen. Ich habe das Gefühl, dass ich mich mit jedem Haken persönlich weiterentwickle."

Das emotionale Bewusstsein der Sterblichkeit

Es ist eine Tatsache: Wir alle sterben irgendwann. Doch nicht alle von uns leben so, dass sie sich dieser Realität aktiv bewusst sind. Mit den Worten eines großartigen Bob-Dylan-Songs: „He not busy being born is busy dying." (Wer nicht damit beschäftigt ist, geboren zu werden, ist mit dem Sterben beschäftigt.) Und einige von uns sind vielleicht mehr mit dem Sterben beschäftigt als andere.

Kathleen Taylor hat fast 20 Jahre lang in einem Hospiz gearbeitet. Sie fing als Sterbebegleiterin an, indem sie ihr Möglichstes tat, um Menschen in den letzten Tagen ihres Lebens zu trösten. Das mag deprimierend klingen, ist es aber nicht – Kathleen findet die Arbeit erfüllend und sinnvoll. Wenn die Leute fragen, was ihr daran gefällt, hat sie eine großartige Antwort: „Am Ende ihres Lebens plappern die Leute keinen Blödsinn mehr. Die normalen Ablenkungen fallen weg. Es bleibt einem nichts anderes übrig, als man selbst zu sein."

Viele Leute, mit denen ich für dieses Buch gesprochen habe, schienen schon früh ein Bewusstsein für das Ende des Lebens zu haben. Sie fingen nicht erst kurz vor ihrem Tod an, darüber zu reflektieren, worauf es ankommt. Stattdessen entschlossen sie sich, das Leben so früh wie möglich anzupacken. So banal es auch klingt, wenn es heißt, man solle leben, als würde man sterben oder jeden Tag so leben, als ob es der letzte wäre – genau das ist es, was viele Menschen tun, die sich einer Aufgabe verschrieben haben. Dieser Wechsel von einem *intellektuellen* Bewusstsein, dass wir eines Tages sterben werden, zu einem *emotionalen* Bewusstsein kann ein Leitbild sein, mithilfe dessen wir entdecken, was wirklich zählt.

> *Intellektuelles Bewusstsein der Sterblichkeit:*
> „Ich weiß, dass niemand ewig lebt."
> *Emotionales Bewusstsein der Sterblichkeit:*
> „Ich weiß, dass ich irgendwann sterben werde."

Sobald Sie anfangen, über Ihre eigene Sterblichkeit nachzudenken, spielen Banalitäten einfach keine Rolle mehr. Dieses neue Bewusstsein kann vielleicht als Reaktion auf ein externes Ereignis, wie zum Beispiel den Tod oder die plötzliche Krankheit eines Freundes, entstehen oder daher kommen, dass man es mit einem ernsthaften gesundheitlichen Problem zu tun hat. Oder man ist aus irgendeinem Grund zunehmend emotional aufgewühlt, bis dieses Gefühl so intensiv wird, dass es sich nicht mehr ignorieren lässt. Was es auch immer sein mag, je mehr wir uns unserer eigenen

Sterblichkeit bewusst sind, umso mehr fühlen wir uns gezwungen, unserem Leben einen Sinn zu geben.

John Francis, der später fast 20 Jahre lang unter einem Schweigegelübde lebte, hatte, solange er sich erinnern konnte, eine besondere Beziehung zum Tod. Als Sechsjähriger sah er, wie ein Rotkehlchen von einem Auto überfahren wurde, und der Tod des Vogels beschäftigte ihn wochenlang. Im nächsten Jahr starb seine Tante an Tuberkulose, und er erinnert sich, dass seine Eltern ihn von der Beerdigung nach Hause tragen mussten. Er fühlte sich so von Trauer überwältigt, dass er nicht mehr gehen konnte.

Als John Jahre später mit seiner Aufgabe begann, wurde ihm von seinem Arzt gesagt, dass er geschwollene Lymphknoten am Hals habe. Er musste sich operieren lassen und war erleichtert, als er erfuhr, dass die Knoten gutartig waren, aber die Erfahrung erschütterte ihn. Er schrieb in sein Tagebuch folgendes Zitat aus einem japanischen Film über einen Bürokraten, der genau in dem Moment, da er mit dem bevorstehenden Tod konfrontiert wird, einen Grund zu leben findet: „Es ist doch interessant, dass der Mensch meistens erst dann den wahren Wert des Lebens entdeckt, wenn er mit dem Tod konfrontiert wird."

Juno Kim, die einen Job in einem großen Unternehmen in Südkorea aufgab, um allein in der Welt herumzureisen, erlebte, dass ihre Eltern im selben Jahr eine erfolgreiche Krebsbehandlung hatten. „Als ich miterlebte, wie sie überlebten, fing ich an zu denken: Wir sind nicht ewig jung und gesund." Zusammen mit ihrer Unzufriedenheit mit dem üblichen Karriereweg in Korea führte diese Beobachtung Juno dazu, sich auf eine Odyssee zu begeben, die sie in über 20 Länder führte.

All diese Dinge, die ich noch nicht getan habe

Phoebe Snetsinger führte ein ziemlich normales Leben bis zum Alter von 34 Jahren. Als Tochter des im Mittleren Westen tätigen berühmten Werbetexters Leo Burnett wuchs sie in den 1940er Jahren in einem traditionellen Zuhause auf, zunächst in den Vororten Chicagos und dann auf einer

Farm im Norden von Illinois. Phoebe ging zum Studium in den Osten ans Swarthmore College in Pennsylvania. Nach dem Abschluss lehrte sie Naturwissenschaften und Mathematik an einer Mädchenschule. Dann heiratete sie und bekam Kinder und gab, wie es damals üblich war, ihren Job zugunsten der Familie auf, während ihr Ehemann Dave arbeiten ging.

Als sie Anfang 30 war, zog sie mit Dave und ihren vier Kindern nach Minnesota um. In ihren Memoiren *Birding on Borrowed Time* beschreibt Phoebe den Moment, in dem sie ihre Faszination für Vögel entdeckte, als eine „Erweckung". Ein Nachbar war ein eifriger Vogelbeobachter und als sie eines Tages zusammen draußen waren, reichte er ihr sein Fernglas, zeigte auf ein „leuchtend orangefarbenes Fichten-Waldsänger-Männchen" und beschrieb seine Merkmale. Phoebe hatte sich bis dahin nicht besonders für Vögel interessiert und nie zuvor von Fichten-Waldsängern gehört, aber von diesem Tag an war sie süchtig. Sie fing an, mit ihrer Freundin Exkursionen in die nahe Umgebung zu machen, wo sie lernte, Vögel mit ganz anderen Augen zu sehen.

Phoebe beschreibt diese Anfänge ihrer Begeisterung als „eine magische Zeit des Wunders". Sie wurde von einer aufregenden Euphorie erfasst, als sie einen neuen Lebensinhalt entdeckte, der ihr bisher weitgehend gefehlt hatte. Die Familie zog wegen Daves Job nach St. Louis, Missouri und Phoebe trat einer Gruppe von Vogelbeobachtern bei, die ihr die Gegend zeigte.

Die anfängliche Erweckung ging schließlich in eine eigenständige Betätigung über. In einem Jahr stellte Phoebe im Staat Missouri den Rekord auf, 275 verschiedene Vogelarten gesehen zu haben. Sie fing auch an, über die Grenze nach Illinois zu gehen, um auch dort an ihrem Rekord zu arbeiten. Als ihre Kinder heranwuchsen und weniger Betreuung brauchten, fing sie an auszuschwärmen und machte Ausflüge im ganzen Land.

Als Nächstes kam Mexiko, dann folgten die Galápagos-Inseln und ein kurzer Besuch auf dem Festland von Ecuador. Das waren Reisen mit der Familie, zu denen Vogelbeobachtungen gehörten, aber nach einem ausgedehnten Besuch in Kenia trat Phoebes Obsession in eine neue Phase ein. Dave verbrachte die ersten beiden Wochen mit ihr zusammen („Tage mit einfach verblüffenden Vogelbeobachtungen!", schrieb sie in ihr Tagebuch), aber Phoebe blieb noch zwei weitere Wochen. Jeden Tag zog sie mit einem Exkursionsführer los und kam erst am späten Nachmittag zurück; dabei brachte sie Listen mit neuen Vogelarten mit und gewann immer mehr Selbstvertrauen hinsichtlich ihrer Fertigkeiten bei der Bestimmung.

Am Ende der Reise kehrte sie nur zögerlich nach Hause zurück und empfand das starke Bedürfnis, so schnell wie möglich wieder rauszugehen. Selbst zu Hause wurde die Vogelbeobachtung eine leidenschaftlich betriebene Vollzeit-Beschäftigung für sie. In der Zeit, als Computer noch kaum in Gebrauch waren, entwickelte Phoebe ein ausgedehntes Dokumentationssystem, das sie von Hand auf Karteikarten zusammenstellte. Sie verbrachte Stunde um Stunde damit, die 600 Vögel, die sie in Kenia gesehen hatte, sowie die 600, die sie in Nordamerika aufgelistet hatte, zu katalogisieren.

Als Phoebe ihre Studien immer weiter vertiefte, beklagte ihre Familie sich darüber, dass sie so viel Zeit mit der Dokumentation ihrer auf der Reise gemachten Vogelbeobachtungen verbringe, dass sie auch gleich in Afrika hätte bleiben können. Diese extreme Fixierung sollte später ihre eigenen Probleme mit sich bringen – aber fürs Erste gab es kein Zurück mehr. Phoebe würde den Rest ihres Lebens der Aufgabe widmen, mehr Vögel zu beobachten als jeder andere.

Nach der ersten großen Auslandsreise, die sie einen Monat lang zur Dauer-Vogelbeobachtung nach Afrika führte, war sie süchtig. Neue Reisen wurden schnell geplant, sowohl in den Vereinigten Staaten als auch im Ausland. Dave orientierte sich beruflich neu und die vier Kinder waren fast alle erwachsen. Wie Phoebe es in ihren Erinnerungen formulierte: „Vögel und Reisen wurden zum Lebensinhalt." Doch dann wurden ihre Pläne durch eine Melanom-Diagnose gefährdet, da der Krebs bereits im Endstadium war. Besuche bei drei unterschiedlichen Onkologen führten zum selben Urteil. Sie wäre voraussichtlich innerhalb eines Jahres tot.[1]

Zum Glück war die Todesbotschaft verfrüht. Nachdem sie entschieden hatte, auf ein Behandlungsexperiment zu verzichten, um stattdessen so lange wie möglich ein aktives Leben zu führen, wurde sie unerwartet für geheilt erklärt. Drei Onkologen hatten vorhergesagt, dass auf eine dreimonatige Periode guter Gesundheit eine schnelle Verschlechterung folgen würde, aber nach einem Jahr fühlte Phoebe sich immer noch kräftig und gesund. Es war noch zu früh, um definitiv zu sagen, ob sie den Krebs wirklich überwunden hatte, aber sie würde nicht herumsitzen und darauf warten, dass es sich herausstellte. Als sie die Diagnose bekam, war ihre Reaktion: „Oh nein – es gibt so vieles, was ich noch nicht getan habe, und nun habe ich nie eine Chance, es herauszufinden." Als sie schließlich noch eine Chance bekam, war sie entschlossen, sie zu ergreifen.

Phoebe entschloss sich, noch mehr Reisen einzuplanen, solange sie sich noch gut fühlte. Im Jahr nach ihrer Diagnose buchte sie Reisen nach Peru, Surinam und Nepal. Das waren keine einfachen Exkursionen. Im Gegenteil, sie waren mit einer Reihe von Inlandsflügen sowie mit dreistündigen Kanufahrten und Bergwanderungen in großer Höhe verbunden. Die Inlandsflüge wurden bei unzuverlässigen Fluggesellschaften (den einzig verfügbaren) gebucht und oft in letzter Minute gecancelt oder um lange Zeiträume verschoben. Viele der besten Vogelbeobachtungs-Örtlichkeiten befanden sich in Regenwäldern voller Malariafliegen und anderer Unannehmlichkeiten. Dennoch war Phoebe noch vor dem Ende dieser Reisen so gut gelaunt, dass sie eine weitere Reise nach Brasilien plante.

Bald lief alles nach einem bestimmten Muster. Phoebe flog in weit entfernte Gegenden und wanderte in Wälder oder Moore, um den ganzen Tag über nach Vögeln zu suchen. Am Abend kehrte sie zu einer Hütte oder einem Gasthaus zurück, um, manchmal bei Kerzenlicht, ihren Papierkram zu erledigen. Die Reisen dauerten zehn Tage oder zwei Wochen oder manchmal einen ganzen Monat. Mittlerweile ging es nicht mehr darum,

---

1 *Olivia Gentile bemerkt in ihrer ausführlichen Biografie von Snetsinger, dass die meisten Ärzte heutzutage bei einer solchen Diagnose wohl keine solche dezidierte Aussage über die voraussichtliche Lebensdauer machen würden. Stattdessen würden sie typische Krankheitssymptome erwähnen zusammen mit dem Hinweis, dass es zu unterschiedlichen Auswirkungen kommen kann.*

„jedes Jahre ein paar Reisen zu machen". Die Abenteuer wurden in Australien und in der Antarktis geplant. Zu Hause arbeitete Phoebe dann ihre
detaillierte Klassifizierung der Vögel aus, die sie in der ganzen Welt gesehen hatte. Es war ein Muster, eine Routine und ein Lebensstil.

Nach einigen Jahren, in denen sie die ganze Welt durchstreift hatte, um
alle möglichen Vogelarten zu sehen, war Phoebe Snetsinger eine Großmeis-
terin der Vogelbeobachtung. Die Anzahl der beobachteten Vögel wurde immer größer. In den ersten Jahren der Vogelbeobachtung hatte Phoebe 600
Vogelarten gesehen – aber mittlerweile hatte sie fast 5.000 gesehen. In einem
einzigen Jahr manischen Reisens sah sie über 1.000 neue Arten und erreichte schließlich einen Durchschnitt von 500 Arten pro Jahr. Sie hielt nun
den Frauenweltrekord für die meisten identifizierten Vögel, aber sie war
darauf aus, den allgemeinen Rekord zu erreichen. Sie war richtig besessen.

Ganz plötzlich ging es auch um Wettbewerb. Sie beschreibt die Veränderung in ihren Erinnerungen: „Es schien klar, dass ich im kommenden
Jahr insgesamt 5.000 Beobachtungen erreichen würde. Mehrere männliche
Vogelbeobachter hatten diese Marke mittlerweile überschritten, aber ich
könnte die erste Frau sein, und diese Idee sprach mich an." Nach einem
erneuten Aufflammen der Krebskrankheit musste sie sich wieder Sorgen
um ihre Gesundheit machen, wurde nach einiger Zeit aber wiederum für
geheilt erklärt. Sie spüre immer die Nähe des Todes, erklärte sie einem Re-
porter, der einen Zeitungsartikel über ihre Mission schrieb, aber sie sei entschlossen, trotzdem ein gutes Leben zu führen.

Eine Million Fotos

Thomas Hawk hat neben dem Vollzeitjob, mit dem er gut ausgelastet ist,
eine Frau und vier kleine Kinder. Als jemand, der sein ganzes Leben lang
fotografiert hat, hat er auch das ehrgeizige Ziel, eine Million Fotos zu machen und zu veröffentlichen. Wie er selbst sagt, verbringt er fast jeden Moment seiner Freizeit damit, Fotos zu machen, zu bearbeiten, sie mit anderen
zu teilen und über sie nachzudenken.

Thomas nimmt seine Kamera überallhin mit und er ist viel unterwegs. Die Wochenenden verbringt er damit, zu den 100 größten Städten in den Vereinigten Staaten zu fliegen, ein Projekt, das voraussichtlich mindestens ein Jahrzehnt in Anspruch nehmen wird. Wenn er Menschen auf der Straße begegnet, die ihn um Geld bitten, bietet er ihnen zwei Dollar an und macht dafür ein Foto von ihnen. Auf diese Weise stellt er eine Sammlung authentischer Porträts des Stadtlebens zusammen.

Ich mache viele Schnappschüsse mit meinem Handy, wenn ich in der Welt unterwegs bin, aber das erfordert keine großen Fertigkeiten. Für Thomas lautet das Ziel nicht nur eine Million Schnappschüsse, sondern eine Million *verarbeiteter* und *geposteter* Fotos. Er ist ein Amateurfotograf, der mehr auf Details achtet als mancher Profifotograf. Thomas schätzt, dass er mindestens zehn Mal so oft den Auslöser betätigen muss, um den Meilenstein von einer Million zu erreichen. Die letzten Schritte passieren nicht in einem Vakuum; jedes fertige Foto wird online geteilt und erhält neben vielen Kommentaren von anderen Fotografen Tausende von Klicks.

„Dieses Ziel bedeutet für mich in erster Linie, dass ich einen Großteil meines Lebens dem Schaffen von Kunst widmen werde", schrieb er mir in einer E-Mail von seinem Zuhause in San Francisco. „Es bedeutet, dass mein Leben auf bedeutsame und sinnvolle Weise mit der Fotografie verbunden ist, bis ich sterbe. Es ist eine Disziplin, um sicherzustellen, dass ich mein Leben so lebe, dass die Kunst eine bedeutsame und herausragende Rolle darin spielt."

Wie Martin Luther, der seine berühmten Thesen an die Türe der Schlosskirche von Wittenberg nagelte, veröffentlichte Thomas Hawk sein Manifest so auf einer Website, dass die Welt es sehen kann. Es beginnt folgendermaßen:

Uns allen ist nur eine kurze Zeit auf dieser Erde gegeben. So
langsam die Zeit manchmal vergeht, läuft sie uns andererseits
auch rasend schnell davon, und dann ist es vorbei. Jack Kerouac
ist tot. Andy Warhol ist tot. Garry Winogrand ist tot. Lee

Friedlander, Stephen Shore und William Eggleston sind noch nicht tot, aber werden es vermutlich irgendwann sein. Charles Bukowski sagte einmal, dass Beständigkeit wichtiger sei als Wahrheit. Charles Bukowski ist nun tot. Wenn ich die Fotos nicht gerade aufnehme oder bearbeite, denke ich meistens über sie nach.

Bei meinen Reisen in alle Länder der Welt habe ich gemerkt: Wenn man sich einmal ein großes Ziel gesetzt hat, ist es oft einfacher, darauf hinzuarbeiten, als man zunächst gedacht hat. Im Fall von Thomas heißt das, dass er sich ursprünglich vornahm, 500.000 Fotos aufzunehmen. Als er seinem Ziel näher kam, wurde ihm klar, dass eine Million eine größere Herausforderung wäre, aber immer noch machbar. Thomas hört einfach nicht auf: „Wenn ich müde bin, fotografiere ich trotzdem weiter", sagte er – als würde das alles erklären.

Die Frage, die Thomas von vielen gestellt wird, lautet: „Wie machst du das alles? Wie hast du Zeit für das alles?" Ich fragte mich das auch, da ich selbst ziemlich beschäftigt bin, aber nicht in dem Maße wie Thomas. Hier ist seine Antwort:

Die beste Antwort ist, dass ich nicht genug Zeit für alles habe. Manches kommt zu kurz. Ich schlafe zu wenig. Meine Frau würde Ihnen erzählen, dass ich nicht genug Zeit mit meiner Familie verbringe. Momentan fotografiere ich die 100 größten Städte in Amerika. Davon habe ich 24 oder so durch. ... Ich würde den Rest gern in drei Jahren erledigt haben. Es ist ein ständiges Tauziehen zwischen konkurrierenden Interessen in meinem Leben. Ich versuche, das Beste daraus zu machen und den damit verbundenen Stress möglichst gut zu bewältigen.

Überall rückt die Ein-Mann-Dokumentations-Maschine namens Thomas Hawk dem Ziel etwas näher, Foto um Foto. Die Struktur hilft. Die

Zahlen helfen. Und vor allem hilft das Bewusstsein, dass er einen Moment nach dem anderen leben muss.

HOBBY VERSUS AUFGABE

Was ist der Unterschied zwischen einem Hobby und einer Aufgabe? Über ein Hobby muss man nicht die ganze Zeit nachdenken, aber eine Aufgabe wird zu einer totalen Obsession. Am Wochenende Golf zu spielen ist ein Hobby. Aber auf dem St.-Andrews-Golfplatz, dem bekanntesten Golfplatz der Welt, zu spielen oder sein Handicap zu verbessern ist ein Ziel. Und wenn man vorhat, innerhalb eines bestimmten Zeitraums auf jedem Platz in Schottland zu spielen, ist es eine Aufgabe.

Phoebe Snetsinger ließ das Stadium des Hobbys schnell hinter sich. Das Ziel, möglichst viele Vögel zu sehen und die erste Frau zu werden, die einen neuen Weltrekord setzte, war ein ernsthaftes Unterfangen. Thomas Hawk, der eine Million Fotos aufnimmt, bearbeitet und veröffentlicht, ist im Prinzip ein professioneller Vollzeitfotograf – obwohl er nebenher noch einen arbeitsaufwendigen Brotberuf hat.

Viele Aufgaben haben durchaus einen obsessiven Charakter. Wenn Sie nachts aufwachen und den Kopf voller Ideen haben, dann wissen Sie, dass Sie eine Aufgabe gefunden haben.

Denken Sie an die Worte von Kathleen Taylor, die mit Sterbenden im Hospiz arbeitete. Sobald man dem Ende nahe ist, hat man keine Zeit mehr für Blödsinn. Aber wie wäre es, wenn Sie sich entschließen würden, schon weit *vor* dem Ende keine Zeit für Blödsinn – oder Reue – zu haben? Wie wäre es, wenn Sie geloben würden, Ihr Leben so zu führen, wie Sie es jetzt im Moment für richtig halten, unabhängig davon, in welcher Lebensphase Sie sich gerade befinden?

Seien Sie achtsam, um wirklich ohne Reue zu leben. Stellen Sie sich schwierige Fragen und schauen Sie, wohin diese führen. Will ich diesen Job wirklich? Ist diese Beziehung das Richtige für mich? Wenn ich die Wahl hätte, würde ich dann das tun, was ich heute tue … oder etwas anderes?

Menschen, die ihr Leben damit verbringen, eine Aufgabe zu erfüllen oder Abenteuer zu erleben, wissen, dass sie etwas Relevantes tun müssen. Adam bemüht sich täglich, das Andenken seiner jungen Frau Meghan zu ehren, indem er die Liste der Ziele abarbeitet, die sie vor ihrem Tod aufgestellt hat. Thomas Hawk arbeitet täglich an seinen Fotos, wann immer er ein paar freie Minuten hat.

Im Improvisationstheater muss man die Story immer am Laufen halten. Man darf keine Zeit schinden und nicht aussteigen. Wie sieht es bei Ihnen aus? Was ist das nächste Kapitel Ihrer Geschichte?

▷▷▷▷ **ZUR ERINNERUNG**

▶ Meghan ging immer aus Ganze, sogar als sie krank war. Sie wollte sich nichts für später aufheben.

▶ Das Bewusstsein unserer Sterblichkeit kann dazu führen, dass wir achtsamer werden. Den Blick auf das Ziel richten!

▶ Als Phoebe dem Tod von der Schippe sprang, dachte sie an „all die Dinge, die ich noch nicht getan habe". Was steht auf Ihrer Liste?

II.
DIE REISE

Kapitel 5

Selbstvertrauen

*Die mutigste Tat besteht darin, selbst zu
denken, und zwar laut.*

Coco Chanel

LEKTION: NICHT JEDER MUSS AN IHREN TRAUM GLAUBEN, ABER SIE SELBST MÜSSEN ES SCHON.

Was bedeutet es, etwas für sich zu tun? Selbstvertrauen oder Unabhängigkeit zu wählen, eine Angst zu bezwingen oder eine Herausforderung zu bestehen? Fragen Sie Laura Dekker, eine 16-Jährige, die ihren eigenen Staat verklagte, um die Erlaubnis zu bekommen, allein auf dem Meer zu segeln, nachdem das Jugendamt versucht hatte, dies zu unterbinden.

Laura hatte sich schon immer auf dem Wasser wohlgefühlt. Sie wurde auf einer Jacht vor der Küste von Neuseeland geboren und war ihr ganzes Leben lang gesegelt, angefangen mit einem Solo-Trip um den Hafen als Sechsjährige. Seit ihrem zehnten Lebensjahr hatte sie ein klares Ziel: Sie plante, der jüngste Mensch der Welt zu werden, der die Erde umsegelte. Es gab nur ein Problem, und das war nicht die offensichtliche Gefahr, von Piraten überfallen zu werden, Stürmen ausgesetzt zu sein oder sich zu verirren.

Das Problem war eine Unterlassungsverfügung des niederländischen Staates, die es Laura untersagte, ihr Land allein zu verlassen.

Als sie im Alter von dreizehn Jahren nach einem Solo-Trip nach England und zurück Pläne ankündigte, im folgenden Jahr die Weltreise zu unternehmen, wurde sie unter staatliche Vormundschaft gestellt. Laura flüchtete nach St. Martin, wurde aber aufgegriffen und zurück nach Holland geschickt. Schließlich reichte Laura Klage gegen ihren Staat ein und gewann. Die Reise ging weiter.

Nach dem ganzen Drama zu Hause schien die Seereise fast ernüchternd zu sein. Der Prozess und die Aufmerksamkeit der Medien hatten Laura viel abverlangt, aber sobald sie auf See war, hatte sie unbegrenzte Zeit zur Verfügung. Es gab keinen richtigen Plan. Sie hatte zwar viele Aufgaben zu erfüllen und ein großes Schulbuch fürs Selbststudium abzuarbeiten, aber es gibt wohl kaum einen isolierteren Ort als ein kleines Segelboot inmitten des Ozeans. Zweifellos lagen Herausforderungen vor ihr, aber sie hatte nun die Umstände unter Kontrolle. Die Tage lagen vor ihr. Die Zeit gehörte ihr ebenso wie ihre Reise.

Laura wollte nie berühmt sein. Nachdem sie ihre Aufgabe erfüllt hatte, war es nicht einfach, sie für dieses Buch aufzuspüren. Als ich sie schließlich wieder in ihrer Heimat in Neuseeland fand, tauschten wir E-Mails darüber aus, warum sie es getan hatte. „Ich wollte nie im Mittelpunkt der Aufmerksamkeit stehen", schrieb sie. „Ich habe nicht versucht, berühmt zu werden. Ich habe nur das Meer geliebt und wollte das für mich tun."

Ein Leben für den Laufsport

Bryon Powell hatte fast ein Jahrzehnt Extrem-Laufsport betrieben, als er sich entschloss, eine abrupte Veränderung vorzunehmen und den Sport zu seinem Lebensmittelpunkt zu machen. Bevor er seinen Job kündigte, sein Haus verkaufte und umzog (alles auf einmal!), lief er den Marathon des Sables, einen siebentägigen 240-Kilometer-Lauf in sechs Etappen in der Sahara, bei dem die Teilnehmer abgesehen von einem Gruppenzelt und Wasser ihr ganzes Essen und ihre Vorräte mit sich tragen. So groß diese Herausforderung auch war, er überwand eine noch größere Hürde, indem er eine Community, ein Unternehmen sowie eine Karriere als Autor um das Laufen herum aufbaute, das vorher nur eine Leidenschaft dargestellt hatte.

Bryons Motivation für Veränderung ähnelte denen vieler anderer unzufriedener Angestellter. Als Anwalt, der sein Jurastudium mit Prädikatsexamen abgeschlossen hatte, während er für 80-Kilometer-Läufe trainierte, beschrieb Bryon seine Arbeit so, dass er „fachliche Ratschläge zu sinnlosen Projekten gab und dann nie wusste, ob der Rat jemals befolgt wurde". Er war ein hochbezahlter Bürokrat mit dem Bedürfnis, draußen zu sein, und dem Verlangen, an etwas Wesentlicherem teilzuhaben.

Als er draußen unterwegs war, hatte er sich mit vielen anderen Sportlern angefreundet. Diese Beziehungen drehten sich natürlich um Wettläufe – wer wohin ging, was der Trainingsplan für eine bestimmte Strecke war und so weiter. Außerhalb der tatsächlichen Wettläufe gab es keinen einzigen Ort, wo alle sich treffen und ihre Geschichten austauschen konnten. Extremläufer waren von Natur aus Einzelgänger, aber wie die meisten Leute sehnten sie sich nach Gemeinschaft. Selbst diejenigen, die von ihren Familien unterstützt wurden, sehnten sich nach mehr Kontakten mit Gleichgesinnten, die die besonderen Herausforderungen und Vorteile verstanden, die das stundenlange Training am Wochenende mit sich brachte. Bryon hatte die Vision, diese Leute in einer virtuellen Community zusammenzubringen, die in jeder Zeitzone in Betrieb und immer verfügbar wäre, egal wo ihre Mitglieder zufällig lebten. Ihm war klar, dass zu diesem Zweck ein uneingeschränktes Engagement nötig wäre, das für einen längeren Zeitraum alle seine Ressourcen binden würde.

Auf dem Rückflug von Marokko traf er die Entscheidung: Es war Zeit, mit dem Plan fortzufahren, entweder jetzt oder nie. Am ersten Tag nach seiner Rückkehr beauftragte er einen Immobilienmakler mit dem Verkauf seines Hauses. Das Ziel war, sein Leben gesundzuschrumpfen und sich gleichzeitig beruflich zu verändern. Es sei beängstigend, sagte er, aber er konzentriere sich auf das Worst-Case-Szenario: „Vielleicht misslingt es, aber ich würde es mir nie verzeihen, wenn ich es nicht versucht hätte."

Bryon wollte nicht scheitern. In dem neuen Projekt arbeitete er über ein Jahr lang zehn bis vierzehn Stunden täglich an sieben Tagen in der Woche. Er erzählt den Leuten, dass man sich voll engagieren müsse, wenn man etwas gefunden habe, an das man glaubt. „Wenn Sie einmal den Sprung gewagt haben, seien Sie geduldig … sehr geduldig und ausdauernd. Reißen Sie sich ein paar Jahre lang den Arsch auf, wenn es so lange dauert, bis Sie am Ziel sind. Einfache Projekte sind keine Aufgaben, sondern Ferien vom wahren Leben. Jede echte Prüfung wird Sie bis ins Mark herausfordern. Akzeptieren Sie das und kämpfen Sie mit allen Mitteln darum, sich erfolgreich hindurchzuarbeiten!"

„Mit allen Mitteln kämpfen" war eine gute Haltung, die hervorragend den Charakter eines Mannes repräsentierte, der über 160 Kilometer pro Tag lief, aber es war auch hart, sich in seiner neuen Rolle zu bewähren. Als er eines Tages zu einem Wettlauf unterwegs war, merkte er, dass er zu Hause ein Stativ vergessen hatte. Im Grunde war das keine große Sache – er war erst eine halbe Stunde von Zuhause entfernt, als es ihm auffiel -, aber er hatte fast einen Nervenzusammenbruch. „In diesem Moment wollte ich aufgeben", sagt er, und erinnert sich daran, wie die Last des vergangenen Jahres ihn an der Tankstelle einholte, als er gerade sein Auto betankte. Als er seine heftige Reaktion überdachte, begriff er, dass er einfach mit seinen Kräften besser haushalten musste. Er konnte zwar hart arbeiten, aber er musste lernen, dies auf eine klügere Weise zu tun.

Bryon erholte sich, machte eine Pause, um wieder zu Kräften zu kommen, und konzentrierte sich erneut auf die weltweite Community, der er mindestens fünf Jahre lang zur Verfügung stellen wollte.

Ablehnung aushalten

Wenn Sie versuchen, etwas Neues zu tun, fühlen Sie sich vielleicht unwohl mit der Idee, damit anzufangen, oder Sie machen sich Sorgen, dass

Ihre Idee nicht von jedem akzeptiert werden könnte. Eine Methode, „darüber wegzukommen", besteht darin, dass man lernt, das Scheitern anzunehmen. Jason Comely schuf ein Rollenspiel namens Ablehnungs-Therapie, das die Spieler ermutigt, an sozialen Experimenten teilzunehmen. Das Ziel des Spiels liegt darin, um etwas zu bitten und zu erleben, dass die Bitte abgelehnt wird. Auf diese Weise soll die eigene Komfortzone erweitert werden.[1] Wenn Sie um etwas bitten und es bekommen, dann ist das ein Bonus – aber die tägliche Runde der Ablehnungs-Therapie ist deshalb nicht vorbei, weil Sie erst einmal eine Ablehnung erleben müssen, bevor es weitergeht. Seit Beginn des Spiels hat Jason erlebt, dass die Fans und Anhänger, die es praktizieren, sich eher zutrauen, um etwas zu bitten.

Das vielleicht ambitionierteste Ablehnungsprojekt war vielleicht das der 30-jährigen Jia Jiang in Austin, Texas, gewesen. Vor Beginn des Projekts war Jia beim Einwerben von Geldern für eine von ihm geplante Existenzgründung abgelehnt worden. Die Ablehnung tat weh und er wollte sich gegen einen ähnlichen Schmerz in der Zukunft abhärten. Da er von Jasons Konzept der Ablehnungs-Therapie gehört hatte, beschloss er, es etwas abgewandelt zu übernehmen. Er startete ein Projekt mit dem Titel „100 Tage öffentlicher Ablehnung", bei dem er mit einer Reihe kühner Bitten an Fremde herantrat und die Ergebnisse dokumentierte.

Jia dokumentierte seine Bitten auf einem Fotohandy, lud sie auf YouTube hoch und schuf auf diese Weise einen laufenden Rechenschaftsbericht. Sobald er einmal angefangen hatte, konnte er nicht mehr aufhören – er wusste, dass er Leute enttäuschen würde. Er fing mit relativ einfachen Aufgaben an: Zum Beispiel fragte er, ob er für Domino's Pizza ausliefern dürfe oder er bat in einer Schnellrestaurantkette um einen „Burger-Nachschlag".

Eine seiner ersten Bitten wurde zu einem beliebten Internet-Video. Jia besuchte einen Krispy-Kreme-Donut-Shop und bat um eine Schachtel

---

[1] Jason: „Ihre Komfortzone gleicht vielleicht mehr einem Käfig, aus dem Sie nicht herauskommen, als einem sicheren Rückzugsort."

Donuts in Form der olympischen Ringe. Zu seiner Überraschung nahm die Kassiererin seine Bitte ernst. „Wie sind sie miteinander verbunden?", fragte sie. „Ich habe dieses Jahr auf die Olympischen Spiele nicht besonders geachtet."

Jackie, die Kassiererin, holte ein Blatt vom Quittungsblock hervor und fing an, eine Idee zu skizzieren. „Wie wäre es mit Rot, Gelb, Blau, Grün und Weiß? Meinen Sie, dass das richtig aussieht?"

In diesem Moment fragte Jia sich, ob er nicht besser ein anderes Experiment hätte auswählen sollen, aber er setzte sich brav hin und wartete darauf, dass Jackie mit der Schachtel zurückkommen würde. Und als sie dann mit den Donuts in Form der olympischen Ringe zurückkam, hatte sie eine weitere Überraschung. „Wie viel kostet das?", fragte Jia.

„Machen Sie sich darüber keine Gedanken", sagte Jackie. „Das geht aufs Haus."[2]

Jias Bitten wurden mit der Zeit immer verrückter und ausgereifter. Er besuchte den Tierschutzverein in Austin und bat darum, einen Hund für einen Ausflug leihen zu dürfen. „Ich will ihn einen Tag lang zum glücklichsten Hund der Welt machen", sagte er zu dem Vertreter des Tierschutzvereins, der zwar höflich war, aber ihm keinesfalls einen Hund für ein nachmittägliches Herumtollen im Park überlassen wollte. Er ging zu einer Feuerwache und fragte, ob er eine Rutschstange runterrutschen dürfe, und er fragte einen Polizisten, ob er in seinem Polizeiauto sitzen dürfe. Auch nach zwei Wochen machte Jia immer weiter mit seinem Ablehnungsprojekt, indem er Vorschläge von Leuten aufnahm, die seine Videos anschauten, und von Fremden, denen er bei seinen Ablehnungsübungen begegnete.

Ob seine Bitte nun erfolgreich war oder abgelehnt wurde, Jia zog aus jeder Erfahrung eine Lehre. Er bat einen Fremden darum, sich für den Kauf eines Lottoscheins mit ihm „zusammenzutun", und bei der Analyse

---

[2] *„Mein Glaube an die Menschheit ist wiederhergestellt!", schrieb ein Kommentator, der das Video sah. „Ich hoffe, dass sie eine Beförderung bekam", meinte jemand anderes.*

97

der Interaktion stellte er fest, dass es bei einem solchen Austausch viele versteckte Kosten gibt. An einem anderen Tag besuchte er ein Barbecue-Restaurant in Austin und bat darum, sein eigenes Fleisch grillen zu dürfen. Der Angestellte fand es höchst amüsant, aber der Chef sagte Nein – was zu der Lektion führte, dass es wichtig ist, seine Bitte an den richtigen Ansprechpartner zu richten. (Merke: „I fight authority, authority always wins." – Ich bekämpfe die Autorität, aber sie gewinnt immer.)

Jia lernte, dass Ablehnung, ebenso wie Erfahrung, zu Selbstvertrauen führt. Die Tatsache, dass er immer weitermachte und trotz einer Reihe von Fehlschlägen seine Anfragen fortsetzte, stärkte sein Selbstvertrauen.

WAS BEDEUTET SELBSTVERTRAUEN FÜR SIE?

Ich stellte diese ergebnisoffene Frage an Leser aus mehreren verschiedenen Ländern. Hier sind einige ihrer Antworten:

Zu wissen, dass ich mich auf mich selbst verlassen kann, wenn es darum geht, sich um Dinge zu kümmern.
–@AvalonMel

Der Glaube, dass ich für meine Erfolge und Fehlschläge selbst verantwortlich bin, dass ich Lösungen für Probleme zuerst bei mir selbst suche. *–@JackPenner*

Die Fähigkeit, sich selbst zu lieben und zu wissen, dass man, egal was passiert, klarkommen wird. Die Fähigkeit, gut mit sich allein zurechtzukommen.
–@QCTravelWriter

Es ist mein Weg, nicht eurer.   *-@BSoist*

Sich selbst kennen und ein Ziel im Leben haben.
                                   -@MichelleDavella

Dass ich die meisten Situationen bewältigen und mein Leben nach meinen eigenen Vorstellungen gestalten kann.   *-@CC_Chapman*

Die Kombination von Selbstständigkeit und Unabhängigkeit gibt mir Autonomie. Was ich tun muss, bestimme ich selbst, es wird mir nicht von einem anderen gesagt.   *-@SethGetz*

Selbstständigkeit: Lernen, wenn man auf dem Schlauch steht. Unabhängigkeit: Nach eigenem Belieben lernen.   *-@ParthPareek*

Sich selbst vertrauen, dass man das, was man angekündigt hat, auch tun wird. Wenn man sich nicht auf sich selbst verlassen kann, dann kann niemand sich auf einen verlassen.   *-@PhotoMktMentor*

„Wenn ich es nicht tun würde, würde ich mich immer fragen, wie es gewesen wäre"

Wie ist es, blind zu sein? Laut Julie Johnson hat ein Sehender im Allgemeinen keine Ahnung davon. Vielleicht haben Sie schon mal ein Spiel gespielt, bei dem Sie versucht haben, mit geschlossenen Augen zum

Badezimmer am Ende des Flurs zu finden. Vielleicht sind Sie an eine Wand gestoßen oder Sie bekamen Angst und haben aufgehört mit dem Gedanken, dass Sie ohne die Fähigkeit des Sehens nie zurechtkommen könnten. Wie Julie es formuliert hat: „Blinde sind im Blindsein sehr geübt." Am Anfang ist es hart – man muss jede Menge lernen: Zunächst einmal muss man lernen, die Braille-Schrift zu lesen, festzustellen, wann das Essen fertiggekocht ist, und unzählige andere Dinge. Es dauert seine Zeit, bis man diese Fertigkeiten erworben hat, viel länger als das kurze Experiment, bei dem man versucht, den Flur entlang zum Badezimmer zu gehen. Aber weil man viel Praxis im Blindsein bekommt, lernt man auch. Man wird immer besser und meistens können Blinde weitgehend selbstständig leben.

Julie wurde mit einem Glaukom geboren, einer degenerativen Augenkrankheit, die oft zu Blindheit führt. Als sie einen Blindenführhund brauchte, informierte sie sich zuerst über die vielen verschiedenen Programme, die Diensthunde ausbilden – aber dann entschied sie sich, ihr eigenes Ding zu machen. Bei einigen der Führhundeschulen bleibt der Hund Eigentum der Schule und wird mit Methoden ausgebildet, die auf Korrektur basieren. Aufgrund ihrer ganzen Arbeit mit Tieren bevorzugte Julie eine weniger korrekturbasierende Methode. Also entschloss sie sich, es selbst zu machen. Teilweise kam ihre Motivation gerade daher, dass so viele Leute die Idee schon im Voraus als nicht realisierbar abtaten.

„Es gab viele Leute, die zu mir sagten, dass man das nicht machen könne", sagte sie. „Sie erzählten mir, es sei gefährlich, ich sei verrückt, es sei überflüssig, da es ja gemeinnützige Einrichtungen gäbe, die mir einen ausgebildeten Führhund zur Verfügung stellen würden. Je mehr die Leute mich davon abhalten wollten, umso mehr faszinierte mich die Idee. Ich dachte immer: *Warum eigentlich nicht?* Ich wusste, dass es hart werden und Rückschläge geben würde, aber ich hatte wirklich das Gefühl, es schaffen zu können."

Julie erblindete erst völlig im Alter von 20 Jahren und sie hatte als junge Erwachsene mit Hunden gearbeitet. Selbst wenn es tatsächlich hart war, musste sie es tun. „Ich musste diese große Sache tun", sagte sie. „Damals wusste ich nicht, dass es eine große Sache war. Ich hatte nur das Gefühl, dass ich diesen Weg gehen musste. Ich wusste, dass ich es für mich selbst tun musste. Wenn ich es nicht tun würde, würde ich mich immer fragen, wie es gewesen wäre."

Diese letzte Äußerung „Wenn ich es nicht tun würde, würde ich mich immer fragen, wie es gewesen wäre" wurde auf ganz verschiedene Weise immer wieder wiederholt von den Leuten, mit denen ich sprach. Ich verstand es gut, denn genauso habe ich mich gefühlt, als ich erstmals anfing, über das Ziel nachzudenken, in jedes Land zu reisen. Ich musste es einfach tun! Es war eine so absurde Idee, dass ich wusste, ich würde es immer bereuen, wenn ich es nicht versuchen würde.

Für jemanden, der alle Länder der Welt bereist hat, habe ich einen schrecklichen Orientierungssinn. Ich bin zwar nicht offiziell blind wie Julie, aber fast überall, wo ich bin, verirre ich mich mindestens einmal – und das gilt auch für meine eigene Stadt, die praktischerweise auf einem Raster angelegt ist. Aber obwohl ich es ständig schaffe zu vergessen, in welche Richtung ich abgebogen bin, mache ich in einem neuen Land gerne einen langen Lauf ohne Stadtplan oder Handy. Es ist aufregend, etwas Neues und Verwirrendes zu tun; und wenn man, wie ich es früher tat, nur auf dem Laufband in einem Hotel-Fitnessraum oder einfach nur auf einer Straße in Sichtweite des Gästehauses hin und her läuft, ist das nun einmal nicht dasselbe. Es geht um das Gefühl, ganz bewusst allein da draußen zu sein, sich darauf verlassen zu können, dass man in der Lage ist, 16 Kilometer in einer unbekannten Stadt zu laufen und es trotzdem zur Happy Hour wieder ins Hotel zurück zu schaffen.[3]

---

[3] *Kostenloser Trainingstipp: Wenn Sie versuchen, zunehmend größere Entfernungen zu laufen, müssen Sie nur in einer Richtung den halben Weg laufen. Auf die eine oder andere Art müssen Sie wieder zurück.*

Sie müssen glauben

Als ich mit der jungen Seglerin Laura und vielen anderen sprach, fiel mir ein wichtiges Prinzip auf: Sie müssen glauben, dass Sie Ihre Aufgabe erfolgreich bewältigen können, selbst wenn sonst keiner daran glaubt. Sie können mit Rückschlägen, Missgeschicken und sogar Katastrophen umgehen, solange Sie glauben, dass Sie die schwierigen Umstände bewältigen und erfolgreich Ihr Ziel erreichen können.

Wenn sonst niemand daran glaubt, ist es vielleicht schwierig – aber Sie können trotzdem daran glauben.

Auf hoher See kämpfte Laura mit vielen Dingen, sie hatte mit der Einsamkeit und mit den niederländischen Behörden zu kämpfen, aber sie bezweifelte nie ihre Fähigkeit, die Reise zu vollenden. Was auch immer die Aufgabe ist, die Sie sich gestellt haben, Sie müssen ebenso daran glauben.

In Lauras Fall bedeutete der Traum von Unabhängigkeit, dass sie 518 Tage auf See verbrachte. Für Bryon bedeutete es, eine sichere Karriere aufzugeben, um eine Community um seine Leidenschaft für Extremläufe aufzubauen. Für Julie bedeutete es, ihren eigenen Führhund auszubilden.

Ein Wunsch nach Eigenverantwortung und Erfolg, das starke Verlangen nach Kontrolle über das eigene Leben – das sind starke Kräfte. Wenn man Ihnen sagt, dass Sie etwas nicht tun können, ist das in höchstem Maße motivierend. Es macht Spaß, die Geschichten wieder zu erzählen. Irgendwann sprach ich bei meiner Recherche mit jemandem, der in einem Jahr 50 Marathons gelaufen war. „Nach allgemeiner Auffassung", sagte er, „geht es einfach nicht, dass man jede Woche einen Marathon läuft. Aber gerade deshalb ist es so befriedigend!"

In Südkorea war ich in einem Gremium zusammen mit einem Mann, der bereits im Alter von 16 Jahren Unternehmer geworden war. In den nächsten 15 Jahren baute er mehrere Unternehmen mit vielen Angestellten auf. „Die Leute lachten mich aus", ließ er mich durch seinen Dolmetscher wissen. „Aber jetzt lachen sie nicht mehr."

Was auch immer Ihre Aufgabe sein mag, Sie müssen daran glauben!

Das Leben ist riskant

Laura reiste von Ufer zu Ufer und verbrachte schließlich über ein Jahr auf See, bevor sie die Aufgabe wie geplant beendete. Sie und ich tauschten E-Mails aus, während ich durch Asien reiste und sie in ihrem neuen Zuhause in Neuseeland war, wo sie sich auf ihren Tauchschein vorbereitete. Sie sagte zu mir, dass ihre größte Herausforderung darin bestünde, sich gegen die Einwände der Behörden gegen die Fortsetzung ihrer Reise zu behaupten. Zudem war sie überrascht von all den Leuten, die in negative Kommentare einstimmten, nachdem ihr Gerichtsprozess für weltweite Aufmerksamkeit gesorgt hatte. In der Folge von Lauras Reise hörte Guinness World Records auf, die Leistungen der jüngsten Segler der Welt zu veröffentlichen.

Lauras Vater unterstützte sie, aber viele andere Leute nicht. Sie schrieb mir: „Ich kenne mich aus mit Segeln. Ich weiß, was zu tun ist, wenn ein Sturm ausbricht. Aber die Leute sind ein Rätsel, mit dem man viel schwerer zurechtkommt als mit rauer See."

Sie beklagte sich über die aus ihrer Sicht anmaßende Haltung des niederländischen Staates, der sie daran hindern wollte, als Teenager die Welt zu umsegeln. Zur Verteidigung sagte ein Sprecher des niederländischen Jugendamts jedoch, dass im Fall des Scheiterns ihrer Reise – insbesondere wenn sie unterwegs verletzt worden oder umgekommen wäre – die Leute sich darüber beklagt hätten, dass man ihr die Reise ohne Einlegung eines Rechtsbehelfs erlaubt hätte. „Wenn Laura ertrunken wäre", sagte er, „hätte man uns dafür angeklagt, zu ihrem Schutz nicht genug getan zu haben. Gott sei Dank geht es ihr gut und ich denke, dass das teilweise den Sicherheitsmaßnahmen zu verdanken ist, die wir unter anderem als Vorbedingung für ihre Reiseerlaubnis durchgesetzt haben."

Ich lebe in Oregon, in der Nähe guter Laufwege und Bergsteigerrouten, an denen sich jedes Jahr Tausende von Menschen versuchen. Einige dieser Bergsteigerrouten sind schwierig, aber fast alle werden begangen, ohne dass jemand zu Schaden kommt.

An einem Wochenende kam es kürzlich jedoch zu einer Tragödie, als drei Bergsteiger bei einem ungewöhnlichen Unfall ums Leben kamen. Obwohl alle Bergsteiger erfahren und bei guten Wetterbedingungen gestartet waren, schrieben einige Beobachter den Unfall „riskantem Verhalten" zu und schlugen verschiedene Neuregelungen vor, die in diesem Fall nichts genützt hätten.

Beide Reaktionen – sowohl auf Lauras Reise als auch auf die Oregon-Tragödie – basieren auf dem Ergebnis der Situation. Die Außenwelt beurteilt unsere Aktionen fast ausschließlich auf Basis der Ergebnisse – auch wenn die Ergebnisse nicht immer in unserer Hand liegen.

Als ich die iranische Insel Kish besuchte, nahm ich einen Flug aus Dubai. Fast alle anderen Passagiere im Flugzeug waren Gastarbeiter, die ihre Arbeitserlaubnis für Dubai erneuern wollten. Ich war der Einzige aus dem Westen und der Aufseher der Einreisebehörde zog mich aus der Schlange der Wartenden in ein kleines Büro. „Warten Sie hier", sagte er und verschwand dann mindestens 20 Minuten lang mit meinem Pass.

Ich fing an, nervös zu werden. Auch wenn die Insel Kish eine visumfreie Zone ist – das heißt, dass jeder sie besuchen kann –, waren zu dieser Zeit die Beziehungen zwischen dem Iran und den Vereinigten Staaten äußerst angespannt. Während ich dort war, wurden drei andere Amerikaner auf dem iranischen Festland verhaftet und des unerlaubten Betretens des Gebiets angeklagt, auch wenn ihre Familien jeden Verstoß abstritten.

Der Aufseher kam mit einem anderen Beamten zurück. „Fingerabdrücke", sagte der neue Beamte nüchtern und legte ein Stempelkissen auf den Tisch. Ich fuhr fort zu lächeln und machte vage Bemerkungen darüber, wie aufregend ich es fände, die Insel Kish zu besuchen. Er stellte mir ein paar Fragen über meinen Beruf, ein anderes heikles Thema, da ich nicht erwähne wollte, dass ich ein Autor bin. (In vielen Ländern ist „Autor" gleichbedeutend mit „Journalist", und Journalisten werden überall dort, wo es keine freie Presse gibt, mit Misstrauen betrachtet.)

Ich sagte ihm, ich sei ein Kleinunternehmer und Verleger, eine wahre Aussage, die auch allgemein genug erschien, um weitere Nachfragen zu vermeiden. Schließlich sagte er die magischen Worte: „O.k., hier ist Ihr Pass. Sie haben die Erlaubnis zur Einreise."

Ich hatte es in den Iran geschafft! Und was ebenso wichtig ist: Ich schaffte es auch wieder sicher hinaus, als die Zeit kam, nach Dubai zurückzukehren. Und wenn ich es nicht geschafft hätte? Was, wenn man mich festgenommen oder sogar inhaftiert hätte wie die drei anderen Amerikaner? Ganz sicher wären einige meiner Freunde und Leser in der ganzen Welt besorgt und betrübt gewesen. Aber ich bin auch ziemlich sicher, dass andere gesagt hätten: „Was hat er sich bloß dabei gedacht? Das war dumm!"

Allein die Welt zu umsegeln, Berge zu besteigen oder den Iran als Bürger eines Landes zu besuchen, das die iranische Regierung „den großen Satan" nennt, birgt Risiken. Letztendlich wird man diese Unternehmungen aufgrund des Ergebnisses beurteilen. Betrachten Sie es folgendermaßen:

WAS DIE LEUTE ÜBER EIN ABENTEUER ODER EINE AUFGABE SAGEN, DIE EIN WAHRGENOMMENES RISIKO BEINHALTET:

Erfolgreiches Ergebnis: tapfer, mutig, selbstbewusst
Misslungenes Ergebnis: dumm, riskant, naiv, arrogant

Urteile darüber, ob eine Aufgabe tapfer oder dumm ist, sind in der Regel relativ. Zwar *können* Behörden eine Rolle spielen, indem sie Bedingungen für eine Aufgabe festlegen, welche die Furchtlosen vor sich selbst schützen, aber letztendlich hängen die Einschätzungen der Anerkennungswürdigkeit einer Aufgabe vom Ergebnis ab. Manchmal ist das Leben selbst riskant. Es gibt wenige lohnende Ziele, die völlig risikolos sind.

Chris McCandless wurde berühmt-berüchtigt für seinen Versuch, in Alaska von der Natur zu leben – ein Versuch, der schließlich zu seinem vorzeitigen Tod führte. Aber McCandless ging es nicht um Ruhm und er hatte auch nicht vor zu sterben. Er suchte in sich selbst nach etwas, was sich nur schwer beschreiben lässt. Vor seinem Tod schrieb er einen Brief, der später von Jon Krakauer in seinem Buch *Into the Wild* (dt.: „In die Wildnis") zitiert wurde. Der folgende Ausschnitt hat viele Leute dazu inspiriert, ihr Leben und ihre Routinen zu überdenken.

Ich möchte aber gern noch einmal auf meinen Ratschlag zurückkommen; ich finde nämlich, dass du dein Leben radikal ändern und ganz mutig Dinge in Angriff nehmen solltest, die dir früher nie in den Sinn gekommen wären oder vor denen du im letzten Moment zurückgeschreckt bist. So viele Leute sind unglücklich mit ihrem Leben und schaffen es trotzdem nicht, etwas an ihrer Situation zu ändern, weil sie total fixiert sind auf ein angepasstes Leben in Sicherheit, in dem möglichst alles gleichbleibt – alles Dinge, die einem scheinbar inneren Frieden garantieren. In Wirklichkeit wird die Abenteuerlust im Menschen jedoch am meisten durch eine gesicherte Zukunft gebremst. Leidenschaftliche Abenteuerlust ist die Quelle, aus der der Mensch Kraft schöpft, sich dem Leben zu stellen. Freude empfinden wir, wenn wir neue Erfahrungen machen, und von daher gibt es kein größeres Glück, als in einen immer wieder wechselnden Horizont blicken zu dürfen, an dem jeder Tag mit einer neuen, ganz anderen Sonne anbricht.[4]

Die Ursache für McCandless' Tod blieb jahrelang danach unbekannt. In *Into the Wild* spekulierte Krakauer darüber, dass er durch eine langsame Vergiftung infolge des Verzehrs giftiger Kartoffelsamen gestorben sein könnte. Diese Theorie wurde mit der Begründung kritisiert, dass die Samen nicht giftig gewesen seien, und aufgrund der allgemeinen Annahme, dass McCandless habe Selbstmord begehen wollen. Krakauer war sich

---

[4] *Zitat aus der deutschen Übersetzung von Stephan Steeger; Jon Krakauer: In die Wildnis, Malik, o. J., S. 88–89 (Anm. d. Übers.).*

ziemlich sicher, dass dies nicht der Fall war – McCandless „wollte sich selbst prüfen, aber sich nicht umbringen", sagte er – aber er hatte für über 15 Jahre lang keinen Beweis.

Der Beweis kam erst in Form neuer Erkenntnisse. Ein anderer Autor, der in einem Labor der Indiana University arbeitete, nahm an, dass die fraglichen Kartoffelsamen nicht grundsätzlich giftig seien, aber durchaus für jemanden, der schwach und ausgezehrt war. Krakauer ließ diese Hypothese von unabhängigen Labors überprüfen, die dieselben Samenarten prüften, die Chris McCandless laut seinem Tagebuch gegessen hatte. Die Hypothese wurde bestätigt und das Rätsel gelöst: McCandless machte einen Fehler, als er die falschen Samen aß, aber er war nicht leichtsinnig und selbstzerstörerisch, wie die Kritiker behauptet hatten.

Es war ein Risiko für Bryon, seinen Job zu kündigen und eine neue Karriere im Extremlauf zu verfolgen – ein Sport, der nicht für seine lukrative Kommerzialisierung bekannt ist. Aber Bryon wusste, dass das wahre Risiko darin bestand, an einem Ort zu bleiben. Er wählte den sicheren Weg, denjenigen, der auf den Laufpfad und zu fast 100 Wettläufen im Jahr führte.

Jia lernte, täglich kleine Risiken auf sich zu nehmen, indem er täglich Restaurantbesitzer fragte, ob er seine eigenen Mahlzeiten bei ihnen kochen könne, und Polizisten, ob er sich in ihre Autos setzen dürfe. Anfangs war es schwierig, sich auch nur zu diesen kleinen Bitten zu überwinden, aber mit der Zeit machte es ihm immer mehr Spaß.

Es war sogar noch ein größeres Risiko für Laura, allein die Welt zu umsegeln und sich im Umgang mit den schwierigen Situationen, die mit ziemlicher Sicherheit auf sie zukommen würden, auf ihre eigene Urteilskraft zu verlassen. Aber sie musste es laut ihrer eigenen Aussage für sich selbst tun. Nachdem die lange und abenteuerliche Reise beendet war, zog sie in ihre Heimat Neuseeland und fing an, sich auf ihren Taucherschein vorzubereiten. Nachdem sie den Großteil ihres bisherigen Lebens auf dem Wasser verbracht hatte, war sie nicht bereit, etwas daran zu ändern.

▶▶▶▶ **ZUR ERINNERUNG**

▶ Sie müssen an Ihre Aufgabe glauben, selbst wenn andere nicht daran glauben.

▶ Wir neigen dazu, Risiko basierend auf dem Ergebnis einzuschätzen – aber das Ergebnis liegt nicht immer in unserer Hand.

▶ Das Leben selbst ist riskant. Wählen Sie Ihr eigenes Risiko-Level.

Kapitel

6

Abenteuer im Alltag

Tue jeden Tag etwas,
wovor du dich fürchtest.

ELEANOR ROOSEVELT

LEKTION: DU KANNST DAS LEBEN FÜHREN, DAS DU WILLST, EGAL, WER DU BIST.

Was, wenn Sie nicht bereit sind, sich 17 Jahre freizunehmen und überallhin zu gehen? Wenn Sie keine Lust haben, Hunderte von Marathons in einem einzigen Jahr zu laufen oder allein über den Ozean zu segeln?

Entspannen Sie sich. Oder entspannen Sie sich besser nicht, denn bei einer Aufgabe kommt es eher nicht darauf an, die Sache auf die leichte Schulter zu nehmen. Es geht darum, sich in jeder Hinsicht selbst herauszufordern, Neues zu lernen und Horizonte außerhalb Ihres direkten Umfelds zu entdecken ... auch wenn Sie Ihr Zuhause nie verlassen.

Sie können das tun, egal, wo Sie leben, und egal, wie alt Sie sind. Wenn Sie jeden Tag ein Abenteuer erleben wollen, müssen Sie nur das Abenteuer oben auf Ihre Prioritätenliste setzen. Es muss wichtiger als die Routine werden.

Jedes Land auf den Teller geholt

Tulsa, Oklahoma, ist nicht gerade als Mekka der Gastronomie bekannt. Als ich auf einer Lesereise dort vorbeikam, hatte ich Probleme, ein Restaurant zu finden, das nicht zu einer großen amerikanischen Kette gehörte. Als ich einen Kaffee im Café des Buchladens bestellte, musste ich der Kellnerin den Unterschied zwischen Vollmilch und Magermilch erklären ... und dann berechnete sie meinen Sonderwunsch extra.

Doch auch wenn Tulsa auf den ersten Blick nur aus Outback Steakhouse, Taco Bell und den vielen anderen Hamburger-Restaurants an der Autobahnausfahrt zu bestehen scheint, die sich noch nennen ließen, leben viele unterschiedliche Menschen in der Stadt. Wie die meisten Städte in den Vereinigten Staaten wird Tulsa immer vielfältiger. Es leben nun beträchtliche Bevölkerungsanteile aus über 50 Ländern in der Gegend, darunter Einwanderer aus so weit entfernten Regionen wie Burma, China oder den Pazifischen Inseln. Die Ölindustrie, die lange Zeit Tulsas wichtigster Arbeitgeber war, hat mehreren Luft- und Raumfahrtunternehmen sowie Finanzfirmen Platz gemacht, die hier ihren Betrieb eröffnet haben. Das hat zur Folge, dass Arbeiter sehr unterschiedlicher Herkunft aus dem Rest des Landes und aus dem Ausland in die Stadt strömen.

Zur selben Zeit, als die Bevölkerung der Stadt allmählich vielfältiger wurde, änderte die 33-jährige Sasha Martin einige tief verwurzelte Angewohnheiten in ihrer Familie. Drei Jahre zuvor hatte sie wie viele andere einen Fokus in ihrem Leben gesucht, bevor sie anfing, sich eine Aufgabe zu stellen. Ihre Tochter Ava war sechs Monate alt und Sasha fühlte sich im Lebensstil Oklahomas tief verwurzelt – vielleicht etwas zu tief.

Sasha war im Ausland bei einem Pflegevater aufgewachsen, der in Europa als Finanzvorstand tätig war. In ihrer Jugend war es kein Problem gewesen, schnell mal für ein Wochenende nach Griechenland zu fliegen oder in den Ferien Skandinavien zu besuchen. Nun, da sie mit ihrem eigenen Kind in Oklahoma lebte, waren ihre Möglichkeiten, die Welt zu sehen, sehr viel beschränkter.

Die große Idee, der sie sich schließlich verschrieb, bestand darin, sich anderen Kulturen durch die Beschäftigung mit deren Küche zu öffnen. „Herdplatten-Reisen" war Sashas Projekt, mit dem sie Menüs aus der ganzen Welt in ihre Küche brachte. Auch wenn das einfach klingt, sollte man beachten, dass es nicht darum ging, „einen Wok zu kaufen und sich eine Woche lang damit zu beschäftigen, wie man Kurzgebratenes macht". Sasha hatte einen Abschluss in Gastronomiewissenschaft gemacht, nachdem sie als junge Erwachsene in die Vereinigten Staaten zurückgekehrt war, und sie war entschlossen, ihre Ausbildung in die Praxis umzusetzen. Das Kochprojekt sollte fast vier Jahre dauern und wirklich einen globalen Charakter haben. Jedes gute Ziel hat eine Deadline (Beachten Sie: Das ist ein immer wiederkehrendes Thema vieler Geschichten), und Sasha beschloss, jede Woche ein komplettes Menü aus einem Land der Welt zu kochen. Dabei folgte sie insgesamt 195 Wochen lang dem Alphabet von A bis Z.[1]

Sie begann mit Afghanistan, indem sie Basmati-Reis kochte und lernte, wie man *Sabse Borani*, einen Spinat- und Joghurt-Dip macht. Als nächstes Land war Albanien an der Reihe mit Gerichten wie *turli perimesh*, einer Auswahl von gemischtem Gemüse. Für das jeweilige Wochenmenü führte Sasha eine detaillierte Recherche durch, indem sie Kochbücher und Online-Rezepte prüfte und eine wachsende Gruppe von Online-Freunden um Rat fragte, die ihren Fortschritt verfolgten, als sie von Angola zu Brunei überging. Jedes Menü war komplett, mit mindestens einem Hauptgang (manchmal mehreren) und einer großzügigen Auswahl an Vorspeisen und Beilagen. Wann immer es möglich war, ließ Sasha auch Musik aus dem jeweiligen Land laufen und lud Freunde zum Essen ein.

---

[1] *Scharfsinnige Leser werden bemerken, dass Sasha bei ihrem Plan, ein Gericht aus jedem Land der Welt zu kochen, zwei Länder mehr auf ihrer Liste hat, als ich auf meiner Liste hatte, die ich für meine Weltreise verwendete. Der Grund dafür ist, dass sie auch die Republik Taiwan und den Kosovo auf ihrer Liste hat. Beide sind keine UN-Mitgliedsstaaten, aber ich habe sie beide besucht.*

Wie funktionierte das zu Hause? Nun ja, es nahm Zeit in Anspruch. Zunächst war Sashas Ehemann Keith von der Idee nicht begeistert. Als selbsternannter wählerischer Esser wäre Keith damit zufrieden gewesen, für den Rest seines Lebens täglich Hamburger und Pommes Frites zu essen. Bevor er Sasha kennengelernt hatte, hatte er nie eine Aubergine gesehen oder frischen Spinat versucht.

Glücklicherweise war Keith bereit, das Projekt zu unterstützen und half sogar, es zu dokumentieren, indem er Fotos machte. Während ein Wochenmenü auf das andere folgte und Ava unterdessen heranwuchs, machte er regelmäßig ein Video, in dem er ihre Eindrücke von dem Essen des jeweiligen Landes festhielt.

Als Sasha mit den „A"-Ländern fertig war (Afghanistan, Albanien, Algerien, Andorra, Angola und so weiter) und mit B weitermachte, saß sie eines Tages an ihrem Esszimmertisch und blätterte Kochbücher durch auf der Suche nach einem für Bulgarien typischen Gericht. Es klopfte an der Tür und ein junger Mann erschien, der als Sommerferienjob Kinderbücher verkaufte. Der junge Mann hatte einen Akzent und war zufällig aus Bulgarien. Sasha lud ihn ein und fragte ihn über die Rezepte aus, die sie gerade studierte. (Zum Dank kaufte sie ihm ein Buch ab, bevor er ging.)

Etwas Ähnliches geschah bei Finnland. Sasha war bei einer Kinderspielgruppe und traf eine finnische Frau, die schließlich zu ihr nach Hause kam, um mit ihr zusammen *pulla*, ein süßes Brot mit Kardamom und Rosinen, zu machen.

Zu Anfang des Projekts bestand Sashas Motivation darin, die Ernährung der Familie zu verbessern und aus dem Trott herauszukommen. Da sie die Reiseerlebnisse ihrer Jugend vermisste, hoffte sie, durch das Würfeln von Paprika und das Backen von Pasteten eine gefühlsmäßige Verbindung mit dem Ausland zu schaffen. Aber die eigentliche Botschaft ging tiefer. Sasha sehnte sich danach, etwas Friedensstiftendes zu tun, indem sie Leute an einem Tisch zusammenführte und ihnen das Verständnis für andere Kulturen nahebrachte.

Nachdem das Projekt drei Jahre lang gelaufen war, hatte ihre Vision sich erweitert. Sie wurde eingeladen, Vorträge in Schulen und an anderen Orten zu halten. Ihr Projekt wurde durch andere Familien nachgeahmt, denen die Idee gefiel, einen Zugang zu anderen Kulturen durch das Essen zu finden. Tatsächlich bereitete sie ein großes, kollektives Essen namens „Der 60-Meter-Tisch" vor. „Ich rechnete damit, dass das Abenteuer unsere Essgewohnheiten verändern würde", schrieb Sasha mir in einer E-Mail, „aber ich dachte nicht, dass es alle anderen Aspekte meines Lebens so beeinflussen würde, wie es der Fall war."

Unterdessen war Avas erste feste Nahrung afghanisches Hühnchen. Mit drei Jahren konnte sie bereits gut mit Besteck oder Essstäbchen umgehen. Vor ihrem fünften Geburtstag wird sie Speisen aus jedem Land der Welt probiert haben.

Das Rezept für eine Alltagsaufgabe

Mir gefiel Sashas Geschichte, weil sie Abenteuer und Einfallsreichtum illustriert. Sie ließ sich von ihrer Begeisterung für Auslandsreisen inspirieren und verband das mit ihrem Abschluss in Gastronomiewissenschaft. Mehr als das, sie entschloss sich nicht nur, „einen Haufen verschiedener Gerichte" zu kochen – sie machte eine Aufgabe daraus, mit einem klaren Ziel und einer festgelegten Reihe von Meilensteinen.

Was war Besonderes an Sashas Kochprojekt? Warum konnte sie nicht einfach ab und zu „ausländisches Essen" machen, anstatt die Aufgabe auf sich zu nehmen, einzigartige Gerichte aus jedem Land zu kochen?

Sashas Projekt war größer, *weil* es eine Aufgabe war. Sie entschloss sich, über einen längeren Zeitraum hinweg an etwas Bestimmtem zu arbeiten – ein Unterfangen, das Spaß machte, eine Herausforderung darstellte und sinnvoll war. Erinnern Sie sich an die Merkmale von Aufgaben, die wir vorher untersucht haben:

Ein klares Ziel: Im Fall von Sashas Projekt (und im Fall von meinem!) gibt es eine begrenzte Anzahl von Ländern. Ich plante, jedes zu besuchen, und Sasha plante, ein komplettes Menü aus jedem Land zu recherchieren und zuzubereiten. Es würde viel Arbeit sein, aber wir beide wussten, auf welches Ziel wir hinarbeiteten und wie der Erfolg sich definieren würde.

Messbarer Fortschritt: Sasha und ihre Familie konnten jede Woche sehen, wie weit sie gekommen waren. Sie führten nicht nur einen Countdown durch, sondern färbten auch jede Woche ein anderes Land auf einer Landkarte ein, die im Esszimmer hing. Auch wenn sie an die Sache nicht übermäßig eilig herangingen, machte es Spaß zu sehen, wie weit sie gekommen waren. Sie konnten auch auf die „Besuche" der nächsten Länder gespannt sein, was Vorfreude in Bezug auf das jeweilige Wochenmenü weckte.

Das Gefühl einer Berufung oder Mission: Sasha setzte ihre Kochkünste für einen Zweck ein, der über das Zubereiten einer Rotweinsoße oder die Kenntnis des Unterschieds zwischen Süßkartoffeln und Yams hinausging. Der Sinn des Ganzen lag darin, zu der Welt jenseits von Oklahoma zu gehören. Da sie sich nach dem Leben sehnte, das sie als Kind geführt hatte, fand sie einen Weg, es auf den Tisch zu bringen. Später erweiterte sich die Vision: Sie fing an, Vorträge in Klassenzimmern und Gemeindezentren zu halten. Das Ziel war, eine Botschaft des Friedens durch das Verständnis anderer Kulturen zu verbreiten.

Opfer ... oder wenigstens Anstrengung: Verlangte Sashas Aufgabe ein Opfer? Vielleicht nicht – zumindest nicht, wenn man davon absieht, dass Keith seinen Geschmack anpassen und erweitern musste. Aber es gehörte sicher eine konzentrierte Anstrengung über einen größeren Zeitraum dazu. Da Sasha sich entschlossen hatte, die Länder in alphabetischer Reihenfolge abzuarbeiten, konnte sie nicht zu viel durcheinanderbringen. Wenn sie in einen Trott geriet oder es mit einer Reihe von

Ländern zu tun hatte, bei denen es schwierig war, den Plan umzusetzen, dann musste sie irgendwie einen Weg finden. Es gab keine Ausreden!

Andere Alltagsabenteuer

Bei der Recherche für dieses Buch hörte ich von Leuten, die sich ähnliche Aufgaben wie die von Sasha vorgenommen hatten – indem sie entweder im bildlichen oder wörtlichen Sinne eine große Anzahl von Orten besuchten. Marc Ankenbauer, ein selbsternannter „Eis-Erkunder" verbrachte fast zehn Jahre damit, in jeden See im Glacier National Park und im Waterton Lakes National Park zu springen. Zu diesen Parks gehören insgesamt 168 Seen, von denen viele nur zu erreichen sind, wenn man die Wanderwege verlässt und sich durch dichte Vegetation und raues Bergland auf beiden Seiten der Grenze zwischen den USA und Kanada kämpft. Marc hatte die Idee, seine Fitness zu testen und gleichzeitig Geld für Camp Mak-A-Dream zu sammeln, eine Wohltätigkeitsorganisation, die kostenlose Outdoor-Erfahrungen für krebskranke Kinder und Teenager anbietet.

Bei ein paar meiner anderen Lieblingsprojekte in dieser weit gefassten Kategorie ging es darum, bestimmte Gebäude durch eine Reihe von Exkursionen abzuklappern, die mit zunehmender Entwicklung des Projekts größere Entfernungen umfassten.

Fall Nummer eins: Jede Basilika

Als frühere Atheistin konvertierte Allie Terrell im Alter von 23 Jahren zum Katholizismus, nachdem sie ein Buch von C. S. Lewis gelesen hatte. Als Allie nach einer Kirche suchte, wo sie die Messe besuchen konnte, führte eine Google-Suche sie zu einer *Basilika* – ein Wort, das sie schon einmal gehört hatte, aber dessen genau Bedeutung sie nicht kannte. Weitere Recherchen führten zu der Erkenntnis, dass eine Basilika ein besonderes Kirchengebäude ist, und davon gab es zu dieser Zeit 68 in den Vereinigten Staaten.

Allie interessierte sich dafür, warum einige Kirchen einen Sonderstatus hatten. Es gab eine Kirche an jeder Ecke ihres Heimatstaates Wisconsin, aber man musste sich anstrengen, um eine Basilika zu finden. Nachdem Allie eine besucht hatte, waren sie und ihr Freund Jason fasziniert. Die Basiliken hatten in der Regel besondere architektonische Merkmale, die oft im Einklang mit älterer Kirchenarchitektur standen, aber zuweilen auch auf einen zeitgenössischen Stil verwiesen. Einige waren besonders schön und andere waren aus historischen Gründen zu Pilgerstätten geworden.

Allie und Jason entschlossen sich, ein Projekt daraus zu machen: Sie wollten jede Basilika in den Vereinigten Staaten besuchen und ihre Besichtigungen dokumentieren.

Allie arbeitet als Informatikerin und hat eine natürliche Begabung für Informationsmanagement. Über die meisten dieser historischen Gebäude gibt es nur sehr wenige Informationen im Internet. Viele Katholiken wissen nicht einmal, was eine Basilika ist, und die älteren Küster dieser Kirchen verbringen ihre Zeit in der Regel nicht damit, *Wikipedia*-Artikel zu bearbeiten. Als Jason und Allie diese Wissenslücke erkannten, entschlossen sie sich, sie durch die Dokumentation ihrer Erfahrungen in Form von Fotos und Berichten zu füllen.

Die Aufgabe wurde geografisch dahingehend erweitert, dass sie nun anfangen, sich bei ihren Reisen weiter von ihrem Zuhause in Wisconsin zu entfernen. Dabei gab es eine Herausforderung: Die Anzahl der Basiliken nimmt mit der Zeit zu, da die Kirchenführer den Sonderstatus mehr Gebäuden verleihen. Allie und Jason planen, dieses Hindernis insofern zu bewältigen, als sie an einem bestimmten Punkt „den Plan einfrieren" und sich auf die in diesem Moment anerkannten Basiliken konzentrieren wollen.

Fall Nummer zwei: Jedes Baseballstadion

Im Alter von fünf Jahren nahm Josh Jackson an einem Ritual teil, das vielen Kindern vertraut ist. Sein Dad nahm ihn zum ersten Mal in ein großes Sportstadion mit. Im Fall von Josh war es das Houston Astrodome, und es war ein Spiel der Major League Baseball. Vielleicht war es das Gefühl, einen wichtigen Initiationsritus zu erleben, oder vielleicht war es einfach die Schachtel mit Cracker Jacks, die eine Überraschung enthielt – was immer es auch war, John war hellauf begeistert.

Für den Rest seiner Kindheit und während der folgenden 15 Jahre seines Erwachsenenlebens versuchten Josh und sein Dad, jedes Major-League-Stadion in den Vereinigten Staaten und Kanada zu besuchen. Anfangs sparten sie Geld, indem sie zu ihren Ausflügen zu weit entfernten Stadien im Mittleren Westen Erdnussbutter-Marmeladen-Sandwiches als Proviant mitnahmen und im Heck ihres Ford-Econoline-Transporters schliefen.

Josh schrieb mir, dass es ein magischer Moment sei, wenn man zum ersten Mal in ein großes Stadion käme, aus dem Tunnel herausträte und sich sofort in einer Gemeinschaft anderer Sportfans wiederfände: „Ich wollte diesen großartigen Gang in allen anderen Stadien erleben. Es ist einfach nichts vergleichbar mit diesem Gang durch den Tunnel - wenn man dann heraustritt und zum ersten Mal in ein neues Stadion kommt und sieht, wie die Spieler Laufübungen machen und die Tribünen sich mit Zuschauern füllen."

Nach diesem ersten Besuch fingen Josh und sein Vater an, regelmäßige Ausflüge zu machen. In einem Sommer hatte sein Dad eine Überraschung: „Wie wäre es …, wenn wir nach New York City gingen?", fragte er lächelnd. Josh war begeistert, aber das war nicht die Überraschung.

„Was meinst du, wie wir hinkommen?", fuhr sein Dad fort.

Josh war verwirrt. „Hmm, im Auto, oder?"

Das war der Moment, als sein Dad mit einem weiteren Lächeln die wahre Überraschung rausrückte. „Wie wäre es, wenn wir per Anhalter fahren?"

Josh schrieb mir den Rest der Geschichte in einer E-Mail:

Ein paar Monate später setzten meine Mutter und meine drei Schwestern uns bei einer ein paar Kilometer von unserem Haus entfernten Fernfahrerkneipe ab, und ein paar Stunden später waren wir unterwegs. Letzten Endes haben wir im Lauf von zehn Tagen 2.000 Kilometer per Anhalter zurückgelegt.

Insgesamt wurden wir 22 Mal mitgenommen und unsere Reise führte uns von West-Michigan zu Spielen in Pittsburgh, New York, Baltimore und Philadelphia. Die denkwürdigste Fahrt erfolgte auf der offenen Ladefläche eines Kleintransporters, bei der mein Dad und ich zu beiden Seiten einer Harley Davidson saßen – sie führte von Ost-Pennsylvania direkt nach New York City über die George-Washington-Brücke. Zeit mit meinem Vater zu verbringen, ihn zu beobachten, wie er die Führung übernahm, wie er mit anderen Gespräche in der heißen Sonne und auf Autobahnauffahrten führte und Zeichen machte. Und die Freiheit und die Ängste zu erleben, die mit dem Trampen verbunden sind. Diese Momente ... waren sicher das, was mir am meisten bedeutet hat.

Der Gang in das Astrodome-Stadion hatte die Liebe zum Baseball geweckt, und das Trampen nach New York City hatte die Idee verfestigt, dass es sich um ein lebenslanges Projekt handelte. Als Josh heranwuchs, plante er, ein Spiel in jedem Major-League-Baseball-Stadion zu sehen. Es war für den Großteil seines Lebens ein Projekt, das er immer wieder aufnahm, und es bleiben nur noch einige wenige Stadien übrig.

Das Leben als Experiment in Tapferkeit

Die Idee der *Lebensexperimente* habe ich erstmals von Allan Bacon vor einigen Jahren gelernt. Allan war ein normaler Typ mit einem guten Leben und einer großartigen Familie, aber er hatte ein vages Gefühl der Unzufriedenheit – ähnlich wie viele andere Leute, von denen ich höre. Allan konnte nicht alles hinter sich lassen und anfangen, als Rucksacktourist die Welt zu bereisen, und er hatte auch keine Lust, jeden Sonntag einen Marathon zu laufen. Aber er fing an, seine Alltagsroutine möglichst oft zu ändern, basierend auf der Theorie, dass sogar eine kleine Veränderung wohltuend wäre. Seit er mit seinen Lebensexperimenten anfing – es ging um so einfache

Dinge wie das Kunstmuseum in seiner Mittagspause zu besuchen oder einen Fotografiekurs zu besuchen -, ist er viel glücklicher.

In dem kurzen Buch *The Flinch* schrieb Julien Smith über seine eigene Reihe von Lebensexperimenten, mit denen er die Leser dazu anregte, es auch mal zu probieren. In einer meiner Lieblingspassagen geht es um die bewusste Zerstörung von Hausrat.

> *Gehen Sie in die Küche und nehmen Sie einen Becher, den Sie nicht mögen. Gehen Sie mit dem Becher in der Hand irgendwohin, wo sich ein harter Boden befindet. Halten Sie den Becher vor sich in der ausgestreckten Hand. Sagen Sie Tschüss zu ihm. Lassen Sie den Becher nun fallen. Wenn Sie nun versuchen, dies irgendwie zu rationalisieren, ist das ein Schwachpunkt für Sie. Markieren Sie sich das. Sie werden es wieder und immer wieder sehen. Lassen Sie den verdammten Becher fallen. Haben Sie es getan? Wenn ja, werden Sie eines bemerken: Ihr Programm zu durchbrechen erfordert einen einzigen Moment der Stärke.*

Welche anderen Lebensexperimente könnten - abgesehen vom Zerschlagen der Becher in Ihrer Küche – die Dinge zum Besseren wenden? Hier ist eine kurze Liste von Möglichkeiten:

▶ Versuchen Sie, ein Gespräch mit einem Fremden zu beginnen.
▶ Nehmen Sie eine Woche lang nur kalte Duschen.
▶ Setzen Sie sich an einen öffentlichen Ort und starren Sie zehn Minuten lang reglos in die Gegend.
▶ Machen Sie es sich zur Regel, dass Sie sofort nach Ihrem Trainingsanzug greifen, sobald der Wecker klingelt (keine Schlummertaste!)
▶ Gehen Sie auf einem anderen Weg oder mit einem anderen Verkehrsmittel zur Arbeit.
▶ Ordnen Sie die Möbel in Ihrem Wohnzimmer oder Ihrem Schlafzimmer völlig neu an.

▶ Variieren Sie eine Trainingsreihenfolge, indem Sie Übungen durch Würfeln auswählen.

▶ Werden Sie Mitglied bei einem kostenlosen Fremdsprachentreff (besuchen Sie Meetup.com und suchen Sie die Sprache Ihrer Wahl).

▶ Bieten Sie einen Raum in Ihrem Haus auf Airbnb.com zur Vermietung an.

▶ Bieten Sie einem Reisenden Ihr Sofa auf Couchsurfing.com an.

▶ Suchen Sie sich bei einem regelmäßig stattfindenden Meeting bewusst einen anderen Platz aus.

▶ Wenn Sie normalerweise in Meetings aktiv sind, sprechen Sie einmal weniger. Wenn Sie normalerweise eher still sind, dann reden Sie mehr!

▶ Posten Sie: „Kann ich euch irgendwie helfen?" auf Facebook, Twitter oder wo immer Sie sich mit Freunden online treffen. Reagieren Sie auf möglichst viele Antworten.

▶ Lachen Sie in der Öffentlichkeit laut über etwas, was nicht lustig ist. Schauen Sie, was passiert ist.

▶ Bringen Sie Hundeleckerli in den Park und geben Sie sie Fremden (in erster Linie denjenigen, die Hunde haben).

▶ Nehmen Sie keinen Schirm mit, wenn es regnet. Vielleicht werden Sie nass, aber sehr wahrscheinlich werden Sie nicht gleich schmelzen.

Einige dieser Ideen klingen vielleicht dumm oder irrelevant. Konzentrieren Sie sich auf diejenigen, die interessant sind, und wenn Sie keine solchen finden, denken Sie sich eigene aus.

SOLLTEN SIE IHRE AUFGABE DOKUMENTIEREN?

Ja, wahrscheinlich sollten Sie das in irgendeiner Form tun. Aber wie? Einige Leute, mit denen ich gesprochen habe, sagten, sie hätten sich gewünscht, dass sie ihre Reise aufmerksamer dokumentiert hätten, andere haben fröhlich über *alles* Tagebuch geführt und eine dritte Gruppe hat ihr Projekt gern verfolgt, ohne Aufzeichnungen über alle Details zu machen.

Josh Jackson, der fast jedes Baseballstadion in den Vereinigten Staaten besucht hat, sagt, es sei seine größte Enttäuschung, dass er nicht mehr darauf geachtet habe, die Erfahrung zu dokumentieren. Er wünschte, er hätte mehr Fotos aufgenommen und die Eintrittskartenabrisse behalten, und jetzt gibt es keine Möglichkeit mehr, das zu korrigieren, da diese Stadionbesuche weit in der Vergangenheit liegen. Allie Terrell, die hofft, jede Basilika zu besuchen, erzählte mir, dass sie wünschte, sie hätte ihre Fotografie-Fertigkeiten verbessert, bevor das Projekt zu weit vorangeschritten war. „Ich hätte gern eine komplette Sammlung von Basilika-Fotos, wenn ich fertig bin", sagte sie. „Aber ich muss vielleicht ein paar der Orte noch einmal besuchen, weil meine frühe Arbeit leider zu wünschen übrig lässt."

Zu den Möglichkeiten der Dokumentation gehören:

▶ Foto- oder Videoaufnahmen
▶ Schreiben oder Bloggen
▶ Souvenirs oder Andenken sammeln (wie Joshs Eintrittskartenabrisse)
▶ Ein Einklebebuch führen (entweder ein traditionelles oder ein digitales)
▶ Etwas anderes

Es ist hilfreich zu entscheiden, welche Art der Dokumentation, wenn überhaupt, sich am besten für Ihre Vorlieben eignet. Als ich mit dem Reisen anfing, nahm ich überallhin eine Kamera mit und versuchte brav, Fotos aufzunehmen. Ich war nicht sehr gut im Fotografieren und es machte mir nicht immer Spaß. Tatsächlich fand ich es manchmal sogar stressig – ich merkte, dass ich viel Zeit damit verbrachte, etwas zu suchen, was ein gutes Bild abgeben würde, anstatt tatsächlich meine Umgebung zu genießen. Schließlich machte ich abgesehen von Schnappschüssen auf meinem Handy keine Fotos mehr und fühlte mich erleichtert. Ich fuhr fort mit dem Schreiben, einer Art Dokumentation, die mir sinnvoller erschien.

Lektion: Wählen Sie die Art der Dokumentation, die Ihnen sinnvoll erscheint, nicht diejenige, von der Sie meinen, dass Sie sie wählen sollten. Einige gute Hilfsmittel für die Dokumentation finden Sie auf FindtheQuest.com.

Jeder ist beschäftigt

Sind Sie beschäftigt? Willkommen im Club. Jeder ist beschäftigt, aber uns allen steht gleich viel Zeit zur Verfügung. Wenn Sie wirklich Abenteuer erleben wollen, aber nicht die Zeit dafür finden, dann muss sich etwas ändern.

Sasha Martin fand eine Möglichkeit, die Welt an ihren Esszimmertisch in Tulsa, Oklahoma, zu holen. Andere fanden andere Möglichkeiten, Abenteuer zu erleben, ihre Alltagsroutine zu ändern und größere Herausforderungen in ihr Leben zu bringen.

Es gibt zwei populäre Theorien, wie man am besten Änderungen vollzieht:

1. Machen Sie kleine und schrittweise (aber regelmäßige) Veränderungen. Bringen Sie Abwechslung hinein.
2. Machen Sie alles auf einmal. Hören Sie sofort mit dem Rauchen auf. Nehmen Sie kalte Duschen. Gehen Sie in ein Trainingslager für die Seele – was immer Sie tun müssen, warten Sie nicht.

Jede dieser Möglichkeiten kann funktionieren, aber es gibt keine dritte Theorie, dass die Veränderung einfach an Ihre Tür klopft und ihre Ankunft ankündigt. Sie müssen *etwas tun*. Je früher, umso besser.

▷▷▷▷ **ZUR ERINNERUNG**

▶ Auch wenn Sie nicht bereit sind, 250 Marathons in einem Jahr zu laufen, können Sie eine Aufgabe verfolgen.
▶ Machen Sie nicht einfach nur etwas, das Spaß macht. Finden Sie einen Weg, um eine Struktur für ein Projekt zu schaffen und einen Zeitplan zu erstellen.
▶ Verbinden Sie Ihre Fertigkeiten und Interessen mit einer größeren Herausforderung - wie etwa dem Besuch jeder Basilika oder knapp zweihundert einzigartige Mahlzeiten zu kochen.

Exkurs

ROUTINE

Die Aufgabe half mir dabei, mich zu orientieren. Mir gefiel das Reisen, selbst das ziellose Reisen ohne ein bestimmtes Ziel, aber indem ich es mit etwas von größerer Bedeutung verband, gewann es mehr Gewicht. Die Aufgabe bot ein messbares Ziel und eine Reihe von Fortschritten, denen ich folgen konnte. Auch wenn es letztendlich mehr um die Reise als um das endgültige Ziel ging, bot mir die Tatsache, dass ich ein Ziel im Hinterkopf hatte, einen Anker.

Eine typische zweiwöchige Reise führte mich rund um die Welt oder zu mindestens zwei großen Regionen außerhalb Nordamerikas. Sofort nach meiner Rückkehr plante ich die nächste Reise und schickte meinen Pass zur nächsten Botschaft oder Visaagentur, um die notwendige Genehmigung zu bekommen. Oft benutzte ich mehrere Round-the-World-Tickets gleichzeitig, zwischen denen ich hin und her wechselte, wenn ich in globalen Drehscheiben landete und dann zu weiter entfernten Orten startete. Das klingt vielleicht verwirrend, und so war es auch.

Wenn ich Schwierigkeiten hatte, irgendwohin zu kommen, legte ich spontan eine neue Reiseroute fest. Ich suchte mir ein anderes Land, das ich besuchen konnte, und sparte mir das schwierige für später auf. Viele der Visaanträge erfolgten auf den letzten Drücker, wobei mein Pass gerade noch rechtzeitig verfügbar war, damit die Visaagentur ihn in Washington abholen und ihn mir einen Tag vor meiner Abreise per FedEx liefern lassen konnte. Mehr als einmal flog ich nach Chicago oder New York, wo ich einen Auslandsflug nehmen wollte, und wartete in einem Hotel auf meinen Pass, wobei ich mir selbst die Daumen drückte. Ein Freund taufte dies die

„Guillebeau-Methode für Visaanträge" - normalerweise bekommt man das gewünschte Visum, aber nicht in letzter Minute.

Wohin gehörte ich bei all diesen Reisen? Wo war ich zu Hause? Ich war Amerikaner mit einer Wohnung in Oregon und einem Pass mit einem blauen Stempel, aber ich fühlte mich nicht besonders patriotisch. Bei der Rückkehr hatte ich manchmal das Gefühl, als würde ich schon wieder zu einer anderen Reise aufbrechen. Dennoch wurde ich in vielen Ländern, die ich besuchte, als Fremder betrachtet; normalerweise wurde ich gut behandelt oder man begegnete mir zumindest mit Neugier, aber man sah immer irgendwie den Ausländer in mir.

Mit der Zeit merkte ich, dass die Straße selbst der Ort war, wo ich mich wirklich zu Hause fühlte. Zur nächsten Station zu starten, sich in einem weiteren Bus-Streckennetz zurechtzufinden oder für ein weiteres Zugticket zweiter Klasse für einen Nachtzug Schlange zu stehen - das waren die Aktivitäten, die mir normal erschienen. Die Straße sorgte für Routine, und die Aufgabe wurde zu etwas Tröstlichem.

Ich lernte, für alle Reisen dieselben Dinge zusammenzupacken. Einfache Kleidung, die man in Lagen tragen konnte. Mindestens ein schönes Hemd. Und immer die Laufschuhe, wenn auch nur aus dem Grund, dass sie mich zur Aktion treiben sollten, weil ich sonst ein schlechtes Gewissen gehabt hätte, sie so weit um die Welt mit mir herumzuschleppen.

Sri Lanka war mein 100. Land. Ich hatte mich seit mehreren Monaten auf den Besuch des Landes gefreut, da ich es schon lange hatte kennenlernen wollen und den Aufenthalt als einen symbolischen Sieg betrachtete, insofern als ich mit ihm mein Ziel zu mehr als der Hälfte erreicht hatte. In der Morgendämmerung landete ich per Nachtflug in einem überfüllten Flugzeug aus Katar in der Hauptstadt Colombo. Das Warten in der Einreisebehörde und der starke Verkehr am Morgen nahmen eine gewisse Zeit in Anspruch. Als ich es schließlich um die Mittagszeit in mein Hotel schaffte, war ich froh zu hören, dass sie ein Zimmer für mich hatten. Ich stellte meine Koffer ab und machte einen kurzen Spaziergang in der Stadt. Dann legte ich mich hin und machte ein Nickerchen.

Lektion: Seien Sie vorsichtig mit einem kurzen Nickerchen, nachdem sie sechsmal die Zeitzone gewechselt haben und in der Nacht davor nicht geschlafen haben. Mein Power-Nap entpuppte sich als kompletter Schlafzyklus. Als ich acht Stunden später aufwachte, war mein erster Gedanke: „Mensch, hier wird es aber früh dunkel!" Dann sah ich den Wecker und merkte, was passiert war. Nachdem ich den ganzen Nachmittag und Abend geschlafen hatte, war klar, dass ich für den Rest der Nacht wach sein würde.

Es stellte sich heraus, dass es überraschend viel Spaß machte, in Colombo die ganze Nacht auf zu bleiben. In meinem Zimmer hatte ich einen Balkon mit Aussicht auf den Strand, und dieser befand sich direkt in der Nähe des Stadtzentrums. Zur Zeit meines Besuchs befand sich Sri Lanka in einem lang andauernden Bürgerkrieg. Die Hauptstadt war sicher, aber Ausländern wurde abgeraten, sich weiter hinauszuwagen. Soldaten standen Wache an allen Straßenecken.

Ich ging an den Strand hinaus, wo ich den Soldaten und einer Gruppe von Kindern zuwinkte, die trotz der späten Stunde noch draußen waren und Fußball spielten. Unter einem hoch am Himmel stehenden Mond ging ich im Sand hin und her und beobachtete die Meereswellen. „100 Länder!", rief ich laut. So weit war ich gekommen, so schnell war es gegangen, und doch hatte ich noch so viel vor mir.

Zurück im Hotel machte ich es mir gemütlich und richtete mir für die Nacht ein mobiles Büro ein. Ich arbeitete an einem überfälligen Schreibprojekt und ich kam zu dem Schluss, dass es eine wunderbare Gelegenheit wäre, um damit fertig zu werden. Frühstück würde es frühestens in sechs Stunden geben. Ich kochte mir Wasser für einen Nescafé und richtete mich ein, indem ich meine Seiten skizzierte und stündlich im Raum hin und her ging, um eine Pause zu machen.

Als die Sonne durch die Wolken hindurchlugte, war ich fast fertig. Als Erster in der Schlange im Restaurant bestellte ich zwei Teller mit Essen und noch mehr Kaffee.

Was für ein verrücktes Leben, *dachte ich.* Ich bin hier in Sri Lanka und beobachte den Sonnenaufgang, nachdem ich in meinem 100. Land die ganze Nacht wach geblieben bin. *Doch es fühlte sich alles normal an.*

Ein paar Tage später hatte mein Schlafzyklus sich immer noch nicht normalisiert und ich nahm einen Cathay-Pacific-Flug nach Hongkong. Viele weitere Länder lagen noch vor mir, und ich war begierig darauf, am Ball zu bleiben.

So seltsam es war, dies war meine neue Routine.

Kapitel

7

Zeit und Geld

Alle Künstler sind bereit,
für ihre Arbeit zu leiden.
Aber warum sind so wenige bereit,
Zeichnen zu lernen?

BANKSY

LEKTION: BERECHNEN SIE DIE KOSTEN, BEVOR SIE MIT EINER AUFGABE BEGINNEN.

Den 22-jährigen Nate Damm habe ich erstmals in Portland, Maine, getroffen. Wir saßen in einer Gruppe in einem Straßencafé und Nate war derjenige, der still in einer Ecke saß und zuhörte, aber selbst nicht viel sagte. Nachdem alle anderen eine Zeit lang gesprochen hatten, sprach ein gemeinsamer Freund mich an und deutete auf Nate. „Du solltest hören, was dieser Typ nächstes Jahr vorhat", sagte er.

Nate schien es unangenehm zu sein, im Mittelpunkt der Aufmerksamkeit zu stehen, aber dann erklärte er, dass er plane, die ganzen Vereinigten Staaten, von Maine bis San Francisco, zu Fuß zu durchqueren. Er sprach so leise, dass ich ihn darum bitten musste, sich zu wiederholen. „Was hast du vor?"

In nüchternem Ton sagte er mir noch einmal, dass er plane, Maine im kommenden Frühjahr zu verlassen und in den folgenden sechs bis sieben

Monaten den ganzen Weg an die Westküste zu Fuß zurückzulegen. Jeder am Tisch hatte Fragen und es war klar, dass er sie schon oft gehört hatte.

„Du gehst wirklich zu Fuß durch Amerika?"

„Ja."

„Warum?"

„Ich habe einfach das Gefühl, dass ich es machen sollte. Ich trage die Idee schon seit zwei Jahren mit mir herum und kriege sie nicht aus dem Kopf."

„Wie?"

„Rucksack, Laufschuhe, Schlafsack."

Ich war beeindruckt, fragte mich aber auch, ob er es tatsächlich tun würde. Der Weg, den Nate gewählt hatte, war circa 5.000 Kilometer lang und durchlief mehrere Klimazonen, darunter eine ausgedehnte Strecke durch die Mojave- und die Große-Becken-Wüste in Nevada.

Nate war jedoch leidenschaftlich bei der Sache. Sobald es in Neuengland nach dem kalten Winter wärmer wurde, packte er alles zusammen, was er in einem Rucksack tragen konnte, und zog los. Von Maine marschierte er hinunter durch Pennsylvania hindurch und dann weiter in Richtung der Großen Seen. Der erste Tag war aufregend („Ich bin unterwegs!") und der zweite war ermüdend („Meine Füße sind das nicht gewöhnt.") Nach einer Weile setzte die Routine ein und seine Muskeln gewöhnten sich daran, regelmäßig am Tag sechs Stunden oder mehr zu gehen.

In den ersten Wochen der Reise hatte er jedoch einen schwierigen Moment in West-Virginia nach einem besonders anstrengenden Tag. Nichts hatte so funktioniert, wie er es sich erhofft hatte – er war erschöpft, fühlte sich mutterseelenallein und ein Regenunwetter, das am Morgen begonnen hatte, hörte den ganzen Nachmittag nicht auf. Am Rande eines körperlichen und seelischen Zusammenbruchs zwang er sich, den Rucksack wieder aufzuschnallen und darüber nachzudenken, warum er den Weg überhaupt machte. Die Selbstreflexion half: Er erkannte, dass er die Gesamterfahrung genug schätzte, um weiterzumachen, auch wenn es viele harte Tage wie diesen geben würde. Mit gestärktem Mut und Durchhaltevermögen überquerte er die Staatsgrenze und machte weiter.

Nachdem er sich an das Muster des täglichen Reisefortschritts, wenn auch manchmal im Regen, gewöhnt hatte, richtete Nate sich auf der langsamen, aber sicheren Spur ein. Jeden Tag stand er auf und ging. Manchmal traf er unterwegs Leute. Lastwagenfahrer hielten an, um ihm Wasser zu geben (und hin und wieder auch ein Bier). Fremde luden ihn zum Abendessen in ihr Zuhause ein. An anderen Tagen war er den ganzen Tag allein und legte in seinen Segeltuchwanderstiefeln Kilometer um Kilometer zurück, während er sich durch den Mittleren Westen plagte und weiter in Richtung Kalifornien ging. So oder so war die Aufgabe die gleiche: Er musste buchstäblich einen Fuß vor den anderen setzen.

Besonders gerne habe ich mit Nate nach seiner Reise über die Schwierigkeiten gesprochen, mit denen er zu kämpfen hatte. „Das Land zu Fuß zu durchqueren klingt für die meisten Leute wie eine verrückte und unvorstellbare Idee", sagte er zu mir. „Aber es war einfach, sobald ich unterwegs war. Es ging eigentlich nur darum, aufzuwachen und den ganzen Tag zu gehen."

Nachdem ich meine ersten 50 Länder besucht hatte, fing ich an über meine Aufgabe, in alle Länder zu reisen, zu schreiben, indem ich meine Erfahrungen in einem Blog teilte. Einige Leute folgten mir im Verlauf der Reise und einige schrieben mir alle möglichen Kommentare. Die meisten Kommentare waren positiv, aber es gab auch genug Kritiker. Wenn es ums Reisen geht, hat jeder eine Meinung, wie man es richtig macht und welche Regeln man befolgen sollte. Ein Typ schrieb abwertend: „Das ist einfach. Um jedes Land zu besuchen, braucht man nur genug Zeit und Geld."

Er meinte es als kritischen Kommentar und zunächst war ich empört. „Einfach! Das ist nicht einfach. Versuchen Sie mal, 30 Stunden lang mit dem Bus durch Ostafrika zu fahren oder mit einem Buschtaxi eine Landesgrenze zu überqueren."

Doch dann dachte ich mehr darüber nach, was dieser Kritik zugrunde lag. Ich hatte einmal jemanden sagen gehört, dass Kritik wie eine Nuss ist, die von einer harten Schale umgeben ist. Die harte Schale repräsentiert eine prognostizierte Erfahrung aus einer voreingenommenen Perspektive

– etwas, das Sie verwerfen und ignorieren sollten. Wenn Sie die äußeren Implikationen der Kritik erfolgreich verwerfen können, besteht oft die Möglichkeit, aus ihrem Kern etwas zu lernen, insbesondere dann, wenn Sie etwas Zeit verstreichen lassen.

In dem Fall des „Zeit und Geld"-Kommentars begriff ich, dass es eine Lektion gab, die ich anwenden konnte. Ich bin immer etwas methodisch gewesen im Hinblick auf das Setzen von Zielen. So habe ich jeden Dezember den Großteil einer Woche damit verbracht, auf das gerade vergangene Jahr zurück zu blicken und für das nächste zu planen. Die Aufgabe, alle Länder zu besuchen, kam mir erst dann in den Sinn, nachdem ich viel Zeit damit verbracht hatte, die damit im Zusammenhang stehenden logistischen Fragen zu überdenken. Sich auf diese Details zu konzentrieren – auf das *Wie* der Aufgabe – war tatsächlich ein Vorteil, nicht etwas, was man abwerten oder herunterspielen sollte. Die Aufgabe war erfolgreich, *weil* ich sie durchdacht hatte – nicht trotzdem.

Die Kosten ausrechnen

Es stimmte: Wenn ich das überwältigende Projekt, vor meinem 35. Geburtstag 193 Länder zu besuchen, auf eine lange Reihe kleiner Aufgaben herunterbrach, wurden die meisten Probleme, mit denen ich zu tun hatte, viel leichter lösbar. Es fing alles an, als ich zum ersten Mal die geschätzten Kosten ausrechnete, die die Erweiterung von 50 Ländern auf 100 Länder mit sich bringen würde. Ich schätzte, dass es etwa 30.000 US-Dollar kosten würde und ich ungefähr fünf bis sieben Jahre dafür brauchen würde. Mein erster Gedanke bei dieser Berechnung war: „Wow, ist das alles?"

Ich hatte keine 30.000 US-Dollar einfach so herumliegen, aber ich merkte, dass bei einer sparsamen Lebensweise 100 Länder im Lauf mehrerer Jahre kein unerreichbares Ziel wären. Als ich mich diesem Ziel weiter annäherte, begriff ich, dass es im Rahmen meiner Möglichkeiten lag, tatsächlich *alle* Länder zu besuchen. Überallhin zu reisen wäre teurer und herausfordernder, als nur eine begrenzte Anzahl von Orten zu besuchen (insbesondere da ich mir bei meinem ursprünglichen Ziel den Luxus erlauben konnte, meine Reiseziele auszuwählen), aber ich wusste, dass es möglich wäre, indem ich ein Problem nach dem anderen löste. Der Gedankengang war folgender:

Wie wäre es, wenn ich in alle Länder der Welt reisen würde?
Auf keinen Fall! Das ist unmöglich!

Warum nicht? Was wäre dazu nötig?
Viel Zeit... wahrscheinlich auch viel Geld... und wahrscheinlich muss ich bestimmte Variablen mit einrechnen, die ich nicht berücksichtigt habe.

Wie viel Zeit? Wie viel Geld? Wie könnten diese anderen Variablen aussehen? Finden wir es heraus.

Eine andere Möglichkeit, ein großes Ziel anzugehen, besteht darin, am Ende anzufangen und rückwärts zu planen. Das Ende ist Ihr Endziel – was auch immer Sie leisten oder erreichen wollen. In meinem Fall wäre das Ende das letzte Land, das mit der Nummer 193 benannt ist. Was musste passieren, bevor ich dort ankam? Abhängig davon, welches Geografiesystem Sie in der Schule gelernt haben, gibt es entweder fünf oder sechs dauerhaft bewohnte Kontinente (einige Geografen verbinden Europa und Asien und nur Wissenschaftler und Pinguine nennen die Antarktis ihre Heimat). Ich musste auf allen Kontinenten jedes Land besuchen.

Abgesehen davon, dass ich die Zeit finden und das Geld zusammenkratzen musste, sah ich einige andere große Herausforderungen voraus. Das Nachdenken über diese Hindernisse führte mich dazu, mir Teilziele zu setzen. Einige Beispiele:

▶ Besuche jedes Land in Afrika (den herausforderndsten Kontinent, zu dem über 50 Länder gehören).
▶ Besuche jedes Land in Asien. (Viele asiatische Länder lassen sich leicht erreichen, aber nicht alle.)

▶ Besuche jedes Land im Südpazifik (auch das ist eine Herausforderung, da einige Inseln winzig sind und nur sehr begrenzte Flugpläne haben).

▶ Besuche Länder wie den Irak, Nordkorea, Somalia und andere, die sich in einem Konflikt befinden oder den meisten Besuchern verschlossen sind. (Ich nannte einige dieser Länder „Schurkenstaaten und andere interessante Örtlichkeiten".)

▶ Besuche alle Länder mit der Endung „stan", darunter Turkmenistan, Afghanistan und fünf andere. (Diese Länder sind schön, aber es kann manchmal schwierig sein, eine Einreiseerlaubnis zu bekommen.)

Da die Reise zehn Jahre in Anspruch nehmen würde, konnte ich mich nicht täglich begeistern, indem ich an die Ziellinie dachte. Daher erwiesen sich Teilziele als hilfreich. Als ich es nach Osttimor, meinem letzten asiatischen Land, geschafft hatte, machte ich einen langen Lauf und dachte über alles nach, was geschehen war, um mich dorthin zu bringen. Ein paar Jahre früher hatte ich von Osttimor noch nie gehört. (Und ein paar Jahre davor hatte es noch gar nicht existiert. Bis zur Gründung des Südsudan im Jahr 2011 war Osttimor das jüngste Land der Welt.)

Zu den „stan"-Ländern zu kommen war besonders schwierig. Schließlich kam ich mitten im Winter in Duschanbe, Tadschikistan, mit einem Aeroflot-Flug aus Moskau an. Ich musste als Teil meiner Reise nach Tadschikistan eine Rundfahrt buchen und meine Fremdenführer warteten nach einer langen und verwirrenden Befragung durch den Zoll am Flughafen auf mich. Ich war im Februar in der eiskalten Hauptstadt angekommen, also packte ich mich brav warm ein und nickte anerkennend, während die Fremdenführer mich zu den Museen und staatlichen Gebäuden beförderten.

Als ich einige Tage später das Land verließ – dieses Mal flog ich über Istanbul nach Hause – begriff ich, dass ich nun einen großen und geheimnisvollen Teil der Welt abgeschlossen hatte. Das war's! Zentralasien war auf meiner Liste nun abgehakt.

Logisches Denken

Sie können dasselbe „Zeit und Geld"-Prinzip auf viele Aufgaben und Projekte anwenden. Was ist dazu nötig? Was braucht man? Je bestimmter Sie in Ihren Planungen sein können, selbst wenn Sie nur grobe Schätzungen machen, umso einfacher wird es sein, Ihr Ziel zu verstehen. Was ist *wirklich* das Ziel? Wie sieht der Erfolg aus?

Zu Beginn einer Aufgabe sollten Sie den Tribut einschätzen, den sie fordert. Was brauchen Sie, um Ihr Ziel zu erreichen?

ZIEL: _____

ZEIT: _____

GELD: _____

ANDERE KOSTEN: _____

UNBEKANNT: _____

Während viele Aufgaben sich spontan und aus einer Sehnsucht nach Romantik ergeben, ist eine gesunde Portion logisches Denken erforderlich, wenn Sie hoffen, Ihre Aufgabe auch durchzuziehen.

Matt Krause hatte einen ähnlichen Traum wie Nate: zu Fuß die Türkei zu durchqueren. Matt plante seine Route lange im Voraus. „Ich werde 100 Kilometer pro Woche in insgesamt 22 Wochen gehen", schrieb er in einer detaillierten Planungstabelle. Die Tabelle beinhaltete Daten über die Länge der für jeden Tag geplanten Strecke sowie das Klima und die Durchschnittstemperatur all der verschiedenen Gegenden, die er durchquerte. Hardcore? Vielleicht. Aber Matt sagt, dass die Detailgenauigkeit der Informationen

---

[1] *Lesen Sie mehr über Matts Geschichte in Kapitel 15. Seine detaillierte Tabelle finden Sie auf HeathenPilgrim.com/the-route.*

ihm dabei geholfen habe zu verstehen, worauf er sich einließ. Auf diese Weise konnte er neugierigen Leuten auch besser zeigen, dass er wusste, was er tat.[1] Es war nicht nur ein vorübergehender Gedanke; es war ein *Plan.*

Scott Young, der den vierjährigen Informatik-Studienplan des Massachusetts Institute of Technology in einem Jahr im Selbststudium absolvierte, stürzte sich nicht sofort in das Projekt. „Ich verbrachte fast zwei Monate mit der Vorbereitung des Studiums, bevor ich mit meiner Herausforderung begann", erzählte er mir, „darunter eine einwöchige Pilotstudie mit einem einzigen Kurs."

Die Pilotstudie war in vielerlei Hinsicht hilfreich. Erstens gab sie Scott Selbstvertrauen: Er konnte das schaffen! Es wäre zwar schwierig, aber nicht unmöglich. Zweitens half sie ihm dabei, den Rest der Unternehmung zu strukturieren. Er lernte, zu welchen Tageszeiten er am besten lernen konnte. Er betrachtete den Rest des Studienplans und machte sich ein Bild davon, welche Teile am anspruchsvollsten wären. Am Ende der Pilotstudie hatte er das Gefühl, dass er sich mental ausreichend vorbereitet hatte und bereit war, zu der vollen einjährigen Unternehmung zu starten.

Sie können das „Zeit und Geld"-Prinzip auf viele Projekte anwenden. Wir wollen uns im Folgenden ein paar weitere Beispiele ansehen, indem wir uns auf eine Idee und die erwarteten Einwände gegen sie konzentrieren.

Aufgabe: Den Jakobsweg gehen

Seit dem Mittelalter machen Pilger sich zu einer ausgedehnten Wanderung auf dem Jakobsweg in Spanien auf. Die meisten Pilger gehen mindestens acht Kilometer am Tag und machen jeden Abend Rast in billigen Hotels, bevor sie ihre Reise früh am nächsten Morgen fortsetzen.

Zeit: Etwa sieben Wochen.

Kosten: Unterschiedlich, aber mit einem geringen Betrag von 20 Dollar pro Tag machbar.

Hindernis Nummer 1: Unsicherheit, ob man in der Lage ist, lange Strecken zu gehen. („Schaffe ich wirklich 800 Kilometer?")

Lösung: Versuchen Sie, täglich ein paar Kilometer zu gehen und fügen Sie wöchentlich eine längere Strecke ein. Kaufen Sie sich gute Wanderschuhe mit einem ordentlichen Fußbett.

Hindernis Nummer 2: Unsicherheit, wie es funktioniert. („Wie komme ich nach Spanien? Mache ich das allein oder mit einer Gruppe?")

Lösung: Informieren Sie sich. Gewinnen Sie Selbstvertrauen. Sprechen Sie mit jemandem, der es getan hat.

Aufgabe: Eine neue Sprache in einem kurzen Zeitraum lernen

Die semiprofessionellen Sprachenlerner, mit denen ich für dieses Buch gesprochen habe, haben jeweils unterschiedliche Methoden, aber in Bezug auf das Wesentliche sind sie sich alle einig: Jeder kann neue Sprachen lernen, und man braucht gar nicht so lange dazu, wie die meisten Leute erwarten würden.

Zeit: Sechs Monate (oder ein anderer Zeitraum, den Sie festlegen).

Kosten: Unterschiedlich, aber man kann es sehr günstig und eventuell sogar kostenlos machen.

Hindernis Nummer 1: Mangel an Selbstvertrauen. („Ich habe keine Begabung für Fremdsprachen.")

Lösung: Fangen Sie langsam an. Bitten Sie um Hilfe. Akzeptieren Sie, dass jeder mal anfängt.

Hindernis Nummer 2: Unsicherheit bezüglich der Vorgehensweise. („Mache ich einen Kurs? Finde ich einen Lehrer? Soll ich Podcasts downloaden?")

Lösung: Probieren Sie all diese Dinge aus und sehen Sie, was für Sie am besten funktioniert. Fangen Sie einfach an!

Hindernis Nummer 3: Das Gefühl, nicht genug Zeit zu haben. („Ich bin zu beschäftigt.")

Lösung: Machen Sie es zu einem Teil Ihrer regelmäßigen Routine. Nehmen Sie immer einen Stapel Karteikarten mit neuen Vokabeln mit. Hören

Sie sich Musik in der Sprache an, die Sie lernen wollen. Lernen Sie in zehnminütigen Pausen, wann immer Sie die Zeit aufbringen können.

ABER WIE SIEHT ES MIT SPONTANEITÄT AUS?

Eines meiner Lieblingsgedichte ist „Ithaka". Es wurde 1911 von einem griechischen Dichter namens Konstantinos Kavafis verfasst. Die ihm zugrunde liegende Geschichte ist eine freie Interpretation von Homers *Odyssee*, enthält aber Prinzipien, die für jeden Reisenden oder Besucher eines anderen Landes gelten können. Das 36-zeilige Gedicht ist voller Lektionen dahingehend, wie man eine Aufgabe wählt, sie unbekümmert verfolgt und Kritiker ignoriert. Eine meiner Lieblingspassagen zeigt, wie man sowohl die Reise als auch das Ziel wertschätzt:

Immer halte Ithaka im Sinn.
Dort anzukommen ist dir vorbestimmt.
Doch beeile nur nicht deine Reise.
Besser ist, sie dauere viele Jahre;
Und alt geworden lege auf der Insel an,
reich an dem, was du auf deiner Fahrt ge-
wannst, und hoffe nicht, dass Ithaka dir
Reichtum gäbe.[2]

---

[2] *Konstantinos Kavafis: Gesammelte Werke, Suhrkamp 1953*

– Übertragung v. Helmut von den Steinen (Anm. d. Übers.).

Wenn Sie nach Ithaka segeln, wird es viel Zeit für Spontaneität und Überraschung geben. Das Ziel ist Ihr Antrieb, das, worauf Sie zusteuern. Es bedeutet nicht, dass Sie die Route nicht ändern oder unterwegs nicht etwas Lustiges und von Ihrem Plan Abweichendes tun können.

Ja, es geht in erster Linie um die Reise, aber es ist hilfreich, ein Ziel im Kopf zu haben. Logisch über Ihre Ziele nachzudenken und die Hindernisse niederzureißen, ist gut für Sie. Wenn Sie ein Rennen laufen wollen, sollten Sie planen. Je besser Sie vorbereitet sind, umso spontaner können Sie sein.

Jahresrückblick

Seit 2006 nehme ich mir jedes Jahr im Dezember eine Woche Zeit, um auf das fast beendete Jahr zurückzublicken und mich auf das nächste vorzubereiten. Mehr als alles andere, was ich tue, half mir diese Übung dabei, bei meiner Weltreise-Aufgabe und vielen anderen Projekten am Ball zu bleiben.

Der Rückblick beginnt mit einer Reihe von Dokumentationsübungen, die sich auf zwei Fragen konzentrieren:

Was lief dieses Jahr gut?
Was lief dieses Jahr nicht gut?

Ein Kernprinzip des Rückblicks ist, dass wir das, was wir an einem einzigen Tag schaffen können, überschätzen, während wir unterschätzen, was in einem Jahr passieren kann. Selbst wenn es ein schwieriges Jahr war, bin ich immer überrascht, wenn ich über fertiggestellte Projekte nachdenke, die sechs oder neun Monate zuvor geplant wurden. Es ist auch gut, auf das zu achten, was schiefgelaufen ist, da Sie nächstes Jahr idealerweise einige dieser Dinge vermeiden sollten.

Ich notiere mir mindestens zehn bis zwölf Antworten für jede der beiden Fragen, wobei ich mich auf Erfolge, Kämpfe und Projekte konzentriere – egal, ob sie bereits beendet, noch in Bearbeitung oder vorübergehend auf Eis gelegt sind. Dies führt zu der nächsten, längeren Stufe des Planungsprozesses, wo ich auf das kommende Jahr blicke und darüber nachdenke, welche Projekte ich gern verfolgen würde und welche Maßnahmen ich ergreifen muss, um sicherzustellen, dass sie erfolgreich sind.

Ich setze mir dann eine Reihe Ziele basierend auf spezifischen Kategorien. Ihre eigenen Kategorien sehen vielleicht anders aus, aber zu meinen gehören folgende:

Schreiben
Geschäft
Freunde und Familie
Dienst
Reisen
Spirituelles
Gesundheit
Lernen
Finanzielles (Einnahmen)
Finanzielles (Ausgaben)
Finanzielles (Sparen)

Der Rückblick dauert eine Woche lang, in der ich nicht viel andere Arbeit mache. Indem ich die Kategorien eine nach der anderen abarbeite, setze ich für jede durchschnittlich drei bis fünf messbare Ziele. Ein paar Beispiele dafür:

▶ 25 bis 50 Kilometer pro Woche und mindestens einen Halbmarathon laufen.

▶ Lesereisen in mindestens 25 Städte machen.

▶ Das Einkommen um 20 Prozent oder mehr erhöhen (normalerweise basierend auf einem bestimmten Projekt).

▶ Mindestens 40 Bücher lesen.

▶ Mindestens 100 Blog-Postings veröffentlichen.

Gegen Ende der Woche, nachdem ich mir insgesamt 30 bis 50 Ziele in meinen verschiedenen Kategorien gesetzt habe, definiere ich die allgemeinen Ergebnisse für das bevorstehende Jahr. Was will ich in einem Jahr erreicht haben?

Normalerweise schreibe ich diese Aussage in Form eines kurzen Abschnitts auf.

Ergebnisse: Ende 2009 werde ich das Manuskript für mein erstes Buch beendet und 100 Essays über die Kunst, anders *zu* leben *veröffentlicht haben. Ich werde 20 Länder besucht haben, mich von meiner Verletzung erholt haben, die ich mir beim Laufen zugezogen habe, um einen vierten Marathon (oder zwei Halbmarathons) zu laufen, und werde ein neues kleines Unternehmen aufbauen, das meine vorrangigen schriftstellerischen Ambitionen unterstützt.*

Ich wähle auch ein Wort oder ein übergreifendes Thema für das Jahr. Die vergangenen Jahre wurden folgendermaßen getauft: „Das Jahr des Lernens" (als ich ein Diplom machte), „Das Jahr der Konvergenz" (als ich versuchte, mehrere unabhängige Projekte miteinander zu verbinden) und „Das Jahr der Größenordnung und Reichweite" (wo ich anfing, ausgedehnter zu touren, indem ich 70 Veranstaltungen auf der ganzen Welt moderierte und Vorträge hielt).

Natürlich können Sie den oben stehenden Plan für Ihre eigenen Zwecke anpassen. Ein guter Plan lässt viel Raum für Spontaneität und Änderungen – aber ganz ohne Plan ist es schwierig, im Lauf der Zeit auf etwas

Wesentliches hinzuarbeiten. Wie mehrere Leute in diesem Buch argumentiert haben, ist eine gute Planung und Klarheit in Bezug auf die eigenen Absichten sehr hilfreich beim Vorwärtskommen auf Ihrer Reise.[3]

Zahlen sind Ihre Freunde

Ein Marathon ist 42,2 Kilometer lang. Vor dem Lauf konzentrieren Sie sich auf die Zahlen: „Dieses Wochenende mache ich 29", sagen Sie vielleicht unter Bezugnahme auf Ihren wöchentlichen Langlauf. „Unter der Woche werde ich fünf, zehn, sechs und zehn laufen."

Am Ende zählt jeder Kilometer. Ich lief meinen zweiten Marathon nicht gut und als ich 35 Kilometer erreichte, hatte ich kein Gefühl des Triumphs – ich war erschöpft und es fiel mir schwer, die letzten 7,2 Kilometer zu laufen. Einige Jahre später lief ich einen anderen Marathon in einem viel langsameren Tempo, aber ich fühlte mich am Ende viel besser.

Wenn Sie jeden Berg besteigen wollen, müssen Sie wissen, wie viele es gibt. Wenn Sie jeden Vogel auf der Welt (oder zumindest so viele wie möglich) sehen wollen, müssen Sie die Klassifikation der Vögel verstehen.

Geht es nur darum, Dinge auf einer Liste abzuhaken? Nicht wirklich – zumindest sollte es nicht darum gehen. Aber die Liste dient dazu, dass Sie fokussiert bleiben. Ein messbares Ziel ist ein guter Kamerad, und die Zahlen sind Ihre Freunde.

Alternative: Vergessen Sie das Planen, fangen Sie einfach an

Während es wahrscheinlich am besten ist, die Kosten zu berechnen, bevor Sie sich auf eine lebenslange Unternehmung einlassen, können Sie auch in einer Planungsparalyse stecken bleiben. Wenn Sie dazu neigen,

---

[3] *Auf FindtheQuest.com finden Sie eine umfassende Version dieser Übung mit einem kostenlosen Muster für Ihren eigenen Jahresrückblick.*

zu viel über alles nachzudenken, ist die Antwort simpel: Fangen Sie einfach an.

Tom Allen, der Fahrradfahrer, der England verließ, um ferne Länder zu bereisen, sagt, dass ihm fast jeden Tag Leute schreiben, um ihn zu fragen, wie sie einer ähnlichen Leidenschaft folgen können. Lange Zeit beantwortete er brav ihre Fragen, in denen es oft um Ausrüstung und Gepäck ging. Nach einer Weile begriff er jedoch, dass dies nicht das echte Problem war. „Welche Ausrüstung verwenden Sie?" sei die falsche Frage, sagt er. Die bessere Frage sei: „Worauf warten Sie?"

Er verfasste ein detailliertes Handbuch, das alle technischen Fragen beantwortete und auf seiner Website käuflich zu erwerben war. Aber er sagt auch ohne Umschweife, dass die technischen Probleme sich unterwegs lösen lassen. Sein bester Ratschlag wurde nun vereinfacht: „Wählen Sie einen Starttermin aus. Fangen Sie an zu sparen. Beschaffen Sie sich ein Fahrrad, ein Zelt und einen Schlafsack. Und los geht's!"

Gabriel Wyner, ein Student der Ingenieurswissenschaften, der professioneller Opernsänger wurde, lernte erfolgreich vier Fremdsprachen, indem er in diese Sprachen richtig eintauchte. Er fing mit einem Deutschseminar am Middlebury College in Vermont an, das eine Reihe verschiedener Sommerprogramme anbietet. Eintauchen bedeutet ununterbrochenes Eintauchen: Alle Studenten verpflichten sich, während ihres gesamten Aufenthalts *nur* die neue Sprache zu sprechen, auch an Abenden und Wochenenden. Es gibt keine Ausnahmen!

Totales Eintauchen ist zunächst peinlich und frustrierend ..., aber dann wird es besser. Gabriel fing mit „Hallo" an und machte davon ausgehend weiter. Nach ein paar Tagen beeinflusste das Lernen der Sprache seine Träume. Jede Nacht träumte er in seinem begrenzten Vokabular von denselben Interaktionen. „Hallo. Ich heiße Gabriel. Wie heißen Sie? Ich esse gern Pizza. Mögen Sie Pizza?" („Das waren so ziemlich die langweiligsten Träume, die man sich vorstellen kann", sagt er.)

Im Lauf der Zeit bewirkte das Eintauchen jedoch wahre Wunder. Gabriel spricht nun mit Leichtigkeit fünf Sprachen und lernt gerade seine sechste. Er bietet die gleiche Lektion wie Tom und viele andere: Gehen Sie aufs Ganze. Hören Sie auf, Ausreden zu suchen.

Nachdem ich über 60 Länder besucht hatte, bekam ich eine gewisse Routine. Es war vielleicht eine seltsame Routine, aber es gab sich wiederholende Muster und fortlaufende Aufgaben. Bei der Vorbereitung meiner Reise musste ich oft um die Visa kämpfen und erhielt meinen Pass erst kurz vor der Abreise von der Visaagentur zurück. Die Zeit, die ich zum Kofferpacken brauchte, wurde bei jeder Reise kürzer und ich lernte, dass ich an den meisten Orten dieselbe Kleidung tragen konnte – und wenn ich etwas vergaß, konnte ich es wahrscheinlich unterwegs irgendwo finden.

Dann kehrte ich nach Hause zurück und bereitete meine nächste Reise vor. Es gab noch mehr Länder auf der Liste, mehr Länder, für die ich eine Reise planen musste. Ich erinnerte mich daran, was Nate über seinen Fußweg durch Amerika gesagt hatte: Alles, was er tun musste, war, jeden Morgen aufzustehen und zu gehen. In meinem Fall bestand meine Aufgabe nur darin, in die Zentralafrikanische Republik zu gelangen.

Unterdessen waren die Kämpfe, die Nate auf seinem Weg durch Amerika erlebte, ziemlich genau das, was er erwartet hatte: Einsamkeit, die Angst, nachts keinen Platz zum Schlafen zu haben, und die physische Herausforderung, einen Rucksack zu tragen und den ganzen Tag zu gehen.[4] Dennoch machte er weiter. Jeden Tag stand er auf und ging. Wahrscheinlich passierte irgendwann während des Tages etwas Interessantes, aber selbst wenn nicht, kam er doch dem Pazifik näher, indem er einen Fuß vor den anderen setzte. Die Wanderung dauerte siebeneinhalb Monate, aber nachdem er ausgehend von seinem Zuhause in Maine eine Wegstrecke von 5.150 Kilometern zurückgelegt hatte, erreichte Nate die San Francisco Bay. Die Reise war vorbei.

---

[4] *Nate ist ein gelassener Mann mit einer leisen Stimme. Als wir ihm während eines Faktenchecks Fragen zu den Herausforderungen stellten, die er erlebt hatte, erwähnte er, dass er auch von einem Bären angegriffen worden sei. „Wie konnten Sie das vorher auslassen?", fragte ich.*

„Nun ja, es kam mir einfach nicht wie eine richtige Herausforderung vor", sagte er.

▶▶▶ ZUR ERINNERUNG

▶ Fragen Sie sich, was es kosten wird, Ihrem Traum zu folgen. Werden Sie konkret. Stellen Sie sicher, dass Sie sich genau über den Zeit- und Geldaufwand sowie die anderen Kosten klar sind, bevor Sie beginnen.

▶ Stärken Sie Ihr Selbstvertrauen, indem Sie die Fragen auflisten, die sich im Zusammenhang mit Ihrem Projekt stellen, und auch die Einwände, denen Sie im Voraus begegnen wollen.

▶ Planung ist gut …, aber wenn Sie Ihre ganze Zeit mit Planen verbringen, ohne Fortschritte zu machen, dann versuchen Sie stattdessen besser, etwas zu *tun*.

Kapitel 8

Lebenslisten

Wir mögen Listen,
weil wir nicht sterben wollen
UMBERTO ECO

LEKTION: WIR WERDEN DURCH FORTSCHRITT UND ERFOLGE MOTIVIERT. ES IST EIN GUTES GEFÜHL, DINGE ABZUHAKEN.

2007 hatte der Film *The Bucket List – Das Beste kommt zum Schluss* mit Jack Nicholson und Morgan Freeman in den Hauptrollen seine Premiere. In dem Film ziehen zwei alte Männer mit tödlichen Diagnosen los, um eine „Bucket List" abzuarbeiten – eine Liste von Dingen, die einer der beiden Männer vor seinem Tod noch tun will. Der Film wurde von der Kritik unterschiedlich bewertet, aber findet in mindestens einer Hinsicht seinen Nachhall in der Populärkultur. Der Begriff „Bucket List" wurde schon verwendet, bevor der Film herauskam, aber seither ist er viel üblicher und bekannter geworden.

Eine Reihe von Websites entstand, die den Nutzern die Gelegenheit gaben, ihre eigene Liste mit dem Titel „Dinge, die man vor dem Lebensende noch tun will" zu schaffen. Ein paar Jahre später zog die „Quantified Self"-

Bewegung Anhänger an, die daran interessiert waren, ihr Leben in einem extremen Maße zu dokumentieren. Ich kenne mich nicht besonders gut aus in den Life-Tracking- oder Quantified-Self-Bewegungen, aber ich habe festgestellt, dass selbst die gelegentliche Anwendung hilfreich sein kann. Beispielsweise verwende ich eine App auf meinem Handy, um meine Läufe zu dokumentieren, insbesondere die längeren Läufe, die ich meistens am Sonntagmorgen mache. Bei einem 13-Kilometer-Lauf, den ich kürzlich machte, stellte ich fest, dass mein Tempo permanent bei 5:21 Minuten pro Kilometer lag. Bei 9,5 Kilometern dachte ich, dass es eine gute Idee wäre, ein Durchschnittstempo von 5:19 oder weniger anzustreben. Da mir nur noch 3,5 Kilometer übrig blieben, hätte ich diese restlichen Kilometer viel schneller als die vorherigen laufen müssen. Leider wurde ich jedoch langsamer und musste den elften Kilometer teilweise gehen, wodurch mein Gesamtdurchschnittstempo sich auf 5:22 Minuten pro Kilometer verringerte. Der letzte Kilometer stellte eine noch viel größere Herausforderung für mich dar. Um das Ziel von 5:19 zu erreichen, hätte ich *viel* schneller laufen müssen als in der letzten Stunde.

Schließlich erreichte ich mein Ziel und beendete den Lauf mit einem Durchschnittstempo von 5:18. Infolge des Sprints auf dem letzten Kilometer war ich am Ende erschöpfter als sonst, aber ich empfand auch ein Gefühl der Befriedigung. Wieso? Ohne die Möglichkeit, mein Tempo zu dokumentieren und es für die Nachwelt aufzuzeichnen (das heißt, es für die beiden Freunde zu posten, die meine Laufzeiten über dieselbe App verfolgten), hätte ich mir nicht das Ziel gesetzt, mich am Ende richtig anzustrengen und so ein besseres Trainingsergebnis zu realisieren.

Ihre wesentliche *Lebensliste* – ein Begriff, den wir als Synonym für „Bucket List" verwenden werden – ist kein schlechter Anfang. Aber wie wäre es, wenn Sie weitergehen würden? Wie wäre es, wenn Sie Ihr Leben um einen einzigen Hauptschwerpunkt oder ein Ziel herum organisieren würden?

Sie kennen das, dass Sie Leute treffen und gefragt werden: „Und was machen Sie?" Sie können immer sagen, dass Sie Lehrerin oder Studentin, Steuerberater oder Künstler sind oder was immer Ihr Beruf ist. Aber wenn

Sie eine Aufgabe haben, gibt es auch eine andere Antwort. Ihre Identität ist dann nicht an einen Beruf gebunden; Ihre Identität besteht darin, wer Sie wirklich sind.

▶ Ich versuche, alle Länder der Welt zu besuchen.

▶ Ich habe es mir zum Ziel gesetzt, eine Million bearbeitete Fotos zu veröffentlichen.

▶ Ich werde die größte Sinfonie komponieren, die jemals aufgeführt wurde.

DIE PERSÖNLICHEN JAHRESBERICHTE VON NICHOLAS FELTON

Jedes Jahr seit 2004 hat ein Designer namens Nicholas Felton aus New York City sein Leben in einer Reihe von persönlichen Jahresberichten dokumentiert. Die Berichte sind extrem ausführlich und zu ihnen gehört eine Reihe von Statistiken über seine Aktivitäten im Vorjahr. Felton erfasst die Daten über eine Reihe von Einträgen, die er täglich in beliebigen Zeitabständen von seinem Handy hochlädt. Die Anzahl der Datenkategorien ist erstaunlich: Er erfasst alles, was er isst und trinkt, seinen genauen Standort zu jeder Zeit, die tägliche Dauer seines Schlafs und zahllose andere Fakten.

Bei diesem Projekt geht es mehr um das Erfassen als um die Beeinflussung von Verhalten. Wie Nicholas erklärte, motivierte ihn die jährliche Zusammenstellung der Daten dazu, „Ja zu sagen" zu Aktivitäten, die er normalerweise abgelehnt hätte. Die Berichte sind bezüglich der Präsentation der Daten sehr reglementiert, aber Nicholas glaubt nicht, dass ihn dies dazu bringt, immer dasselbe zu tun. Tatsächlich ist das Gegenteil der Fall: „Ich denke, dass die Berichte mir meine Routinen sehr viel bewusster gemacht haben, sodass ich dankbar bin, wenn ich von ihr abweichen kann", sagte er.

Erfahren Sie mehr auf Feltron.com

Egal, wie sie anfängt, eine Aufgabe bietet einen Schwerpunkt. Sobald Sie eine Aufgabe haben, die Sie verfolgen können, haben Sie auch eine neue Weltsicht und einen neuen Identifikationspunkt. Phoebe Snetsinger, die Vogelbeobachterin, die einen Rekord gesetzt hat, reiste in Dutzende von Ländern. Aber sie reise nicht ans andere Ende der Welt, um sich durch Kriegsgebiete und Dschungel zu kämpfen; sie ging dorthin, wo die Vögel waren. Wie sie es formulierte, gab ihr die Aufgabe „einen Sinn in meinem Mäandern".

Die 20-Jahres-Lebensliste

1994 machte die 16-jährige Kristen Goldberg ihre erste und einzige Lebensliste. Das war Jahre bevor *The Bucket List* in die Kinos kam, und Kristen kannte niemanden, der eine Liste machte. Es schien nur ein Spaßprojekt zu sein.

Zwanzig Jahre später ist Kristen immer noch mit derselben Liste beschäftigt – sie lässt keine Änderungen zu, auch wenn einige Punkte für eine 36-jährige Frau vielleicht nicht mehr so wichtig sind wie für einen 16-jährigen Teenager.

Die ursprüngliche Liste umfasste 23 Lebenserfahrungen, und jedes Jahr nimmt sie sich zwei oder drei davon vor. Einige wurden ganz klar von einem Teenager geschrieben („Besuche einen Nacktbadestrand" erscheint

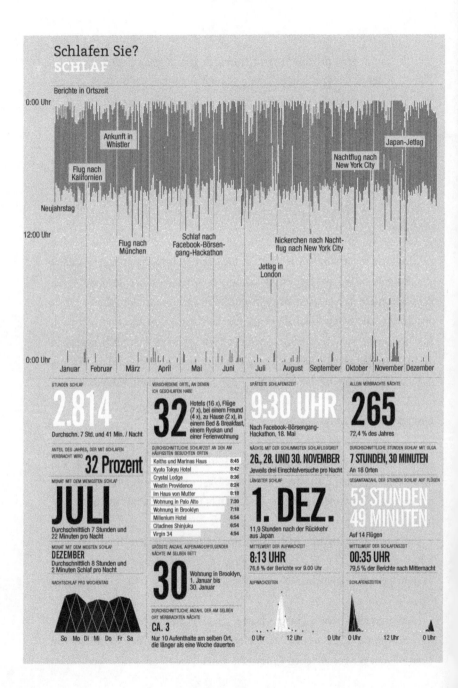

Schlafen Sie?
SCHLAF

Berichte in Ortszeit

0:00 Uhr

Ankunft in Whistler

Japan-Jetlag

Flug nach Kalifornien

Nachtflug nach New York City

Neujahrstag

12:00 Uhr

Flug nach München

Schlaf nach Facebook-Börsengang-Hackathon

Nickerchen nach Nachtflug nach New York City

Jetlag in London

0:00 Uhr

Januar Februar März April Mai Juni Juli August September Oktober November Dezember

STUNDEN SCHLAF
2.814
Durchschn. 7 Std. und 41 Min. / Nacht

ANTEIL DES JAHRES, DER MIT SCHLAFEN VERBRACHT WIRD
32 Prozent

MONAT MIT DEM WENIGSTEN SCHLAF
JULI
Durchschnittlich 7 Stunden und 22 Minuten pro Nacht

MONAT MIT DEM MEISTEN SCHLAF
DEZEMBER
Durchschnittlich 8 Stunden und 2 Minuten Schlaf pro Nacht

NACHTSCHLAF PRO WOCHENTAG

So Mo Di Mi Do Fr Sa

VERSCHIEDENE ORTE, AN DENEN ICH GESCHLAFEN HABE
32 Hotels (16 x), Flüge (7 x), bei einem Freund (4 x), zu Hause (2 x), in einem Bed & Breakfast, einem Ryokan und einer Ferienwohnung

DURCHSCHNITTLICHE SCHLAFZEIT AN DEN AM HÄUFIGSTEN BESUCHTEN ORTEN

Keiths und Marinas Haus	8:45
Kyoto Tokyu Hotel	8:42
Crystal Lodge	8:36
Westin Providence	8:24
Im Haus von Mutter	8:18
Wohnung in Palo Alto	7:30
Wohnung in Brooklyn	7:18
Millenium Hotel	6:54
Citadines Shinjuku	6:54
Virgin 34	4:54

GRÖSSTE ANZAHL AUFEINANDERFOLGENDER NÄCHTE IM SELBEN BETT
30 Wohnung in Brooklyn, 1. Januar bis 30. Januar

DURCHSCHNITTLICHE ANZAHL DER AM SELBEN ORT VERBRACHTEN NÄCHTE
CA. 3 Nur 10 Aufenthalte am selben Ort, die länger als eine Woche dauerten

SPÄTESTE SCHLAFENSZEIT
9:30 UHR
Nach Facebook-Börsengang-Hackathon, 18. Mai

NÄCHTE MIT DER SCHLIMMSTEN SCHLAFLOSIGKEIT
26., 28. UND 30. NOVEMBER
Jeweils drei Einschlafversuche pro Nacht

LÄNGSTER SCHLAF
1. DEZ.
11,9 Stunden nach der Rückkehr aus Japan

MITTELWERT DER AUFWACHZEIT
8:13 UHR
76,6 % der Berichte vor 9.00 Uhr

AUFWACHZEITEN

0 Uhr 12 Uhr 0 Uhr

ALLEIN VERBRACHTE NÄCHTE
265
72,4 % des Jahres

DURCHSCHNITTLICHE STUNDEN SCHLAF MIT OLGA
7 STUNDEN, 30 MINUTEN
An 18 Orten

GESAMTANZAHL DER STUNDEN SCHLAF AUF FLÜGEN
53 STUNDEN 49 MINUTEN
Auf 14 Flügen

MITTELWERT DER SCHLAFENSZEIT
00:35 UHR
79,5 % der Berichte nach Mitternacht

SCHLAFENSZEITEN

0 Uhr 12 Uhr 0 Uhr

beispielsweise auf der Liste, ein Punkt, zu dem Kristen nun sagt: „Vielen Dank an mein 16-jähriges Selbst"), aber andere Punkte blieben lebenslange Ziele. Dazu gehören:

▶ Japanisch lernen
▶ einen Selbstverteidigungskurs machen
▶ Salzburg besuchen
▶ einen großen Gewinn in Las Vegas machen
▶ ein Drive-in-Kino besuchen
▶ an meinem Hochzeitstag einen Baum pflanzen

Auch wenn die Liste Kristen nicht genau sagte, was sie zu tun hatte oder wie sie leben sollte, hatte sie einen beträchtlichen Einfluss auf ihr Leben. Als Teil des ursprünglichen Projekts hoffte Kristen, alle 50 amerikanischen Bundesstaaten zu besuchen. Als ich mit ihr sprach, war sie in 33 Staaten gewesen. Ihr Ehemann hatte den Ort für seinen Heiratsantrag im Hinblick darauf gewählt, dass sie damit einen weiteren Punkt auf ihrer Liste abhaken konnte.

Selbst bei ihrer Arbeit als Lehrerin nutzt Kristen ihre Liste als Wegweiser. Jedes Jahr macht sie einen Einführungskurs mit 15-jährigen Schülern in einer neunten Klasse. Am Ende des Kurses zeigt sie den „Bucket List"-Film, erzählt ihre Geschichte über die Liste, die sie als Teenager gemacht hat, und lädt die Schüler ein, ihre eigenen Listen zu machen. Punkt für Punkt, Jahr für Jahr arbeitet sie weiter ihre 20 Jahre alte Liste ab.

Die Jahresaufgabe

A. J. Jacobs hat ein ganzes Genre moderner kurzfristiger Aufgaben-Literatur populär gemacht. Nachdem sein Buch *Encyclopedia Britannica, The Know-It-All* (dt.: *Britannica & ich. Von einem, der auszog, der klügste Mensch der Welt zu werden*) ein Bestseller geworden war, hatte er ein Muster gefunden, das er bei anderen Projekten wiederholen konnte. Ein anderes Buch mit dem Titel *The Year of Living Biblically* (dt.: *Die Bibel & ich: Von einem, der auszog, das Buch der Bücher wörtlich zu nehmen*) war ebenfalls ein großer Erfolg.

Seit A. J. Jacobs das Thema der kurzfristigen Aufgabe populär gemacht hat, haben unzählige Nachahmer denselben Weg beschritten, und viele haben ihre Erkundungen in Büchern oder Filmen dokumentiert. Die folgende Liste erhebt keinen Anspruch auf Vollständigkeit:

▶ *Julie and Julia: My Year of Cooking Dangerously.* Julie Powell macht sich daran, 524 Rezepte in einem Jahr zu kochen – jedes Rezept aus Julia Childs klassischem französischem Kochbuch.

▶ *A Simple Act of Gratitude: How Learning to Say Thank You Changed My Life.* (dt.: *Einfach Danke sagen: Wie ein kleines Wort in meinem Leben große Wirkung zeigte*) Der Anwalt John Kralik ist völlig erledigt, kämpft mit einer Scheidung und einer scheiternden Karriere. Im nächsten Jahr übt er sich in Dankbarkeit, indem er 365 detaillierte Dankesschreiben an Leute, denen er begegnet, schickt.

▶ *Dream On: One Hack Golfer's Challenge to Break Par in a Year.* John Richardson hat einen Vollzeitjob und eine Familie, tut aber alles, was er kann, um im Lauf eines Jahres sein Golfspiel zu verbessern. Wird er es schaffen? Spoiler: Ja, er schafft es. Aber wie bei allen guten Memoiren besteht das Lesevergnügen in den beschriebenen Kämpfen und Lektionen.

▶ *Not Buying It: My Year Without Shopping.* (dt.: *No Shopping! Ein Selbstversuch*) Judith Levine und ihr Partner Paul kaufen ein Jahr lang überhaupt nichts abgesehen von dem, was absolut lebensnotwendig ist. Dabei lernen sie verschiedene Lektionen und hinterfragen die Gesellschaft.

▶ *Living Oprah: My One-Year Experiment to Walk the Walk of the Queen of Talk.* Robyn Okrant, eine „35-jährige Durchschnittsamerikanerin" verbringt ein Jahr damit, alle Ratschläge von Oprah Winfrey zu befolgen. Was passiert, wenn die Ratschläge miteinander in Widerspruch stehen? Sie müssen nur das Buch lesen.

Sind solche Unternehmungen wirklich Aufgaben? Vielleicht hängt es von Ihrer Motivation ab. Wenn Sie das Projekt in erster Linie für Ihre persönliche Entwicklung oder aus Neugier verfolgen, dann ist es eine Aufgabe. Wenn Ihr Hauptziel darin besteht, ein Buch zu schreiben, einen Dokumentarfilm zu produzieren oder Ihre Unternehmung anderweitig zu publizieren, dann ist es eher ein Karriereschritt. Es ist nicht falsch, etwas für Ihre Karriere zu tun – aber es ist nicht wirklich eine *Aufgabe*, da eine Aufgabe Opfer und Ungewissheit erfordert.

50 Dates in 50 Staaten

Alicia Ostarello hatte vor kurzem erlebt, dass eine vielversprechende Beziehung ein unerwartetes Ende fand, und suchte wieder nach einer neuen Liebe. Da das Online-Dating in San Francisco, wo alle Männer ihr ähnlich vorkamen, sie enttäuschte, dachte sie daran, sich neue Horizonte zu erschließen. Gleichzeitig war sie unzufrieden mit ihrem Job, bei dem sie zwölf Stunden am Tag Texte für ein Start-up-Unternehmen schreiben musste. Die Zeit war reif für eine Veränderung, und sie hoffte, das Reisen mit einem Experiment in Beziehungen verbinden zu können.

Alicia fuhr los und besuchte alle 50 Bundesstaaten, wobei sie pro Staat ein Date hatte und ihre Erfahrungen dokumentierte. Sie sah die Landschaft und traf neue Menschen. „Ich möchte nicht zu sehr pauschalisieren", sagte sie. „Aber ich war ziemlich sicher, dass Farmer in Norddakota anders wären als Technologie-Typen in der Bay Area."

Es war die perfekte kurzfristige Aufgabe mit einem klaren Ziel und Schlusspunkt sowie der Chance auf viel Selbsterfahrung und Spontaneität unterwegs. Zudem konnte sie einen jungen Filmemacher dafür gewinnen, mit ihr zu reisen und aus dem Projekt einen Dokumentarfilm zu machen.

Der Anfang zog sich länger hin als erwartet. „Ich wollte sofort losfahren", sagte Alicia zu mir, „aber die Vorbereitung des Dokumentarfilms und die Reisepläne erforderten es, dass wir unseren ursprünglichen Zeitplan änderten." Sie einigten sich schließlich darauf, zunächst 48 Staaten in einem Honda Fit zu bereisen und dann zur Beendigung der Reise nach Alaska und Hawaii zu fliegen.

Die romantischen Möglichkeiten von 50 Bundesstaaten zu erkunden, war keine lebenslange Aufgabe, aber es war sinnvoll und interessant. Unterwegs trafen Alicia und ihr Filmemacher-Begleiter pflichtbewusst Männer von Alabama bis Wyoming und allen Staaten dazwischen. Täglich postete einer von ihnen einen Blog-Beitrag über die Ereignisse des Tages und ihre Beobachtungen.

Bringen Sie Ihr Leben auf ein höheres Level

Steve Kamb ist ein Clark Kent aus dem wahren Leben, der zu Superman wurde. Er wuchs in Atlanta auf, machte einen Abschluss in Wirtschaftswissenschaften und ihm stand eigentlich ein, wie er es nannte, „normales, langweiliges Leben" bevor. Nichts sei falsch gewesen mit diesem Leben, sagt er heute, aber es sei einfach nicht interessant gewesen.

Bis vor einigen Jahren war Steve nie außerhalb von Nordamerika gewesen. Er aß täglich dasselbe und fühlte sich in Gesellschaft anderer Menschen unwohl. Als er eines Tages aus einer Telefonzelle auftauchte – oder zumindest um 9:00 Uhr morgens aus dem Bett stieg – machte Steve sich daran, eine Reihe echter Veränderungen in seinem Leben vorzunehmen. Da er in seiner Jugend ständig vor dem Fernseher und dem Computerbildschirm gehockt hatte, gestaltete er seine Aufgabe wie ein Videospiel. Steve erklärt es wie folgt:

> Ich bin mit der „Epic Quest of Awesome" beschäftigt, mein Leben in allen Aspekten auf ein höheres Level zu bringen: Reisen, persönliche Gesundheit, Wohlstand, Fremdsprachen lernen und mehr. Die ganze Aufgabe ist wie ein riesiges Videospiel gestaltet, in der ich ein Charakter bin. Ich gewinne jedes Mal, wenn ich einen Punkt auf meiner Liste abhake, „Erfahrungspunkte". Immer wenn ich fünf Punkte abgehakt habe,

erreiche ich ein höheres Level (momentan habe ich Level 10 erreicht!). Jeder Kontinent ist ein anderes „Level", und es gibt „Master-Aufgaben", die schwieriger als die anderen sind.

Die ersten Punkte auf Steves Liste waren einfach. Er musste den Hintern hochkriegen und sich in Form bringen, indem er einen neuen Lebensstil begann, bei dem es darum ging, aktiv zu leben und die Kartoffelchips im Supermarkt liegen zu lassen. Als er Selbstvertrauen und Erfahrungspunkte gewann, wurden die Aufgaben schwieriger – aber sie machten auch mehr Spaß.

Eine der Aufgaben war „ein James-Bond-Wochenende erleben". Dafür nutzte Steve Hotelpunkte, um in einem luxuriösen Casino-Hotel in Monte Carlo einzuchecken. Anstelle seines gewöhnlichen Outfits, zu dem ein T-Shirt und Flip-Flops gehörten, lieh er sich einen Smoking, zu dem er sich elegante Anzugschuhe kaufen musste, und schlenderte in das Casino. Da er sich mit dem Lebensstil der Superreichen an der Côte d'Azur nicht auskannte, wusste er nicht, was er als Nächstes tun sollte – aber er wusste, dass es auf jeden Fall zur Rolle von James Bond gehörte, Selbstbewusstsein zu demonstrieren. Also ging er an den Blackjack-Tisch, knallte 200 Dollar hin und sagte: „Mein Einsatz."[1]

Die Struktur von Steves „Spiel" machte das Ganze lustig und lohnend. „Indem ich Punktestände zuwies und die ganze Liste wie ein Spiel aufbaute", erzählte er mir, „sprach ich den Teil meines Gehirns an, der in Videospielen gerne höhere Levels erreichte. Aber anstatt ein Spiel zu spielen, wurde ich süchtig, mehr Dinge auf meiner Liste abzuhaken und immer auf die nächste Aufgabe hinzuarbeiten."

Steves Aufgabe hat unzählige Nachahmer inspiriert, die ihre eigenen Ziele und Fortschritte in den Foren von NerdFitness.com posten, einer

---

[1] *Nach dem Wochenende schenkte Steve die Schuhe einem Bettler und zog wieder seine Flip-Flops an.*

Website, die er startete nachdem er die Aufgabe eine Zeit lang allein verfolgt hatte. Als seine Taten populär wurden, erhielt Steve Unterstützungsangebote aus der ganzen Welt. Die Angebote waren großartig, stellten ihn aber auch vor ein Dilemma: Es war nicht sein Ziel, zu schmarotzen. Er hatte die Aufgabe als ein Do-it-yourself-Projekt begonnen, und es war wichtig zu zeigen, dass er es allein schaffen konnte. Wenn er Sponsoren gehabt hätte, wäre die Erfahrung aus seiner Sicht wahrscheinlich weniger persönlich gewesen.

Eines Tages merkte er, dass es zwischen den Angeboten, die ihm gemacht wurden, wichtige Unterschiede gab. Er wollte nicht von der Firma Nike gesponsert werden oder die Welt mit der Verpflichtung bereisen, wohlmeinende Artikel über Unternehmen zu schreiben, die seine Reisen bezahlten. Gleichzeitig erschienen Angebote, sich bei Lesern aufzuhalten, sinnvoller.

Sobald er in dieser Weise darüber dachte, war es einfach, den Unterschied zu machen. Wenn ein Leser ihm zur Übernachtung ein Sofa in Singapur anbot, nahm er gerne an. Wenn jedoch ein Tourismusministerium ihm eine zehntägige, völlig kostenlose Reise nach Jordanien bot, lehnte er höflich ab.

Die Aufgabe hat mittlerweile den Punkt erreicht, an dem Steve danach strebt, immer höhere Ziele zu erreichen. Er lernte Portugiesisch und nahm am Karneval in Brasilien teil. Er flog als Pilot ein Kunstflugflugzeug und ging in Afrika auf Safari. Ganz oben auf der Liste steht: „Eine kleine Insel kaufen." Das ist ein großes Ziel, aber Steves Prinzip, immer höhere Levels zu erreichen, sorgt dafür, dass er motiviert und bei der Sache bleibt.

Ihre erste (oder zehnte) Lebensliste

Wie wäre es, wenn wir am Ende unseres Lebens im Rückblick auf eine reiche Geschichte von Erfahrungen, Beziehungen und Erfolgen echte Erfüllung empfinden würden? Wie wäre es, wenn wir entweder im metaphorischen oder wortwörtlichen Sinne auf eine Liste stetig verfolgter Träume verweisen könnten, die sich in erreichte Ziele verwandelt haben?

Eine der Möglichkeiten, dies zu bewerkstelligen, besteht darin, die Aktivitäten herauszufinden, durch die wir uns lebendig fühlen. Eine *Lebensliste* zu schreiben, kann uns helfen zu leben. Wenn Sie noch nie zuvor eine solche Liste gemacht haben, gibt es keine bessere Zeit dafür als jetzt, und es gibt vielfältige Möglichkeiten, dies zu tun. Eine Lebensliste ist einfach eine Liste langfristiger persönlicher Ziele, die oft als „Dinge, die ich tun möchte, bevor ich sterbe" ausgedrückt werden. Sie denken einfach eine Stunde oder wie lange auch immer Sie dafür brauchen, über Ihr Leben nach. Wie möchten Sie es verbringen? Was möchten Sie unterwegs erleben? Dann machen Sie eine Liste mit allem, was Ihnen in den Sinn kommt, ohne sich dabei selbst zu redigieren. Es ist Ihre Liste, also machen Sie es auf Ihre eigene Art und Weise – aber hier sind ein paar Tipps, die hilfreich sein könnten.

Vermeiden Sie unklare Ziele. Setzen Sie klar definierte Punkte auf Ihre Liste! Machen Sie Ihre Liste spezifisch! Viele Ziele sind einfach und nicht messbar: Abzunehmen, Geld zu sparen oder eine bessere Haltung zu haben sind alles gute Dinge, aber auch etwas verschwommen und vage. Viel besser sind Ziele wie „den Dalai Lama treffen" oder „das Nordlicht sehen". Wenn Sie sich klar definierte Ziele setzen, wissen Sie genau, wann Sie diese erreicht haben.

Machen Sie eine bunte Mischung. Nehmen Sie sich nicht einfach vor, den Mount Everest zu besteigen, weil andere Leute es getan haben – denken Sie darüber nach, was Sie *wirklich* tun wollen. Einige Abenteuerziele sind gut, aber stellen Sie sicher, dass Sie auch andere Ziele haben. Wenn Sie herausfinden wollen, was auf Ihre Lebensliste gehört, stellen Sie sich die Fragen: „Wer möchte ich wirklich sein? Was möchte ich wirklich tun und erreichen?" Denken Sie daran, es geht darum, große Träume zu haben und sich nicht einschränken zu lassen. Sie können an der Formel 1 teilnehmen *und* einen Roman schreiben. Je weniger Einschränkungen sie bei Ihrer Liste machen, umso besser wird sie sein.

Seien Sie realistisch. Denken Sie groß. Die Lebensliste ist für Ihr ganzes Leben! Denken Sie beim Zusammenstellen Ihrer Liste daran, dass die Grundregel des Brainstormings lautet: „Beschränken Sie sich nicht selbst." Sie sollten auch nicht über Ihre gegenwärtige Situation nachdenken. Dies ist die Liste für Ihr ganzes Leben; es soll etwas sein, woran Sie lange arbeiten und worauf Sie immer wieder Bezug nehmen. Anders gesagt, lassen Sie die Realität außer Acht... oder genauer gesagt das, was Sie für die Realität halten. Während Ihre Reise fortschreitet, werden Sie sehr wahrscheinlich feststellen, dass die vermeintliche Realität in Wahrheit ziemlich einschränkend war.

Soweit möglich sollten Sie auch Ängste ignorieren, wenn Sie Ihre Lebensliste schreiben. Die Angst vor dem Scheitern und sogar die Angst vor dem Erfolg hält uns davon ab, viele Dinge zu versuchen, die wir uns heimlich wünschen. Wenn das, was Sie im Sinn haben, Ihnen gewagt erscheint, dann sagen Sie sich einfach: „Es ist nur eine Liste."

Eine Struktur bilden

Ich habe Leser gebeten, einige Punkte auf ihren Listen mit mir zu teilen. Viele passten in ein paar offensichtliche Kategorien:

Reisen oder Abenteuer

▶ das Nordlicht sehen
▶ Höhenangst überwinden und Fallschirm springen
▶ alle Stätten des UNESCO-Weltkulturerbes besuchen
▶ Antarktis!
▶ in einem Hubschrauber fliegen

Aktiv

▶ den Mount Rainier besteigen
▶ eine Yogalehrerausbildung machen
▶ mit einem Walhai schwimmen
▶ Surfen lernen

Persönlichkeitsentwicklung
▶ schuldenfrei werden
▶ in die Oper gehen
▶ Barista werden
▶ ein Kind finanziell fördern
▶ sich ein Tattoo machen lassen

Akademisch/Kreativ
▶ einen College-, Universitäts- oder Aufbaustudienabschluss machen
▶ eine Kurzgeschichte veröffentlichen
▶ Französisch (oder Chinesisch oder irgendeine andere Fremdsprache) sprechen lernen

Abschließend erscheinen ein paar unerwartete Antworten erwähnenswert:
▶ einen Flugversuch mit einem Deckstuhl und Ballons machen
▶ eine Parade an sich reißen und einen speziellen Tanz aufführen
▶ eine Eisbearbeitungsmaschine fahren
▶ einen Wassermelonenkerne-Spuckwettbewerb gewinnen
▶ einen Panda umarmen
▶ im Weißen Haus auf der Bühne Ukulele spielen
▶ einen Strauß reiten, während man mit einem Känguru im Tempo von 65 Stundenkilometern um die Wette rennt (Bonuspunkte: das Rennen gewinnen).

Ihre Liste gehört Ihnen. Also nehmen Sie sich die Freiheit, sie ganz allein zusammenzustellen. Wenn Sie jedoch Anregungen suchen, dann können Sie über 300 andere Antworten auf FindtheQuest.com finden.

Jedes gute Ziel hat eine Deadline. Also legen wir für einige dieser Ideen eine Deadline fest.

Ziel:

Deadline:

Nächster Schritt:

Alles, was Sie brauchen, ist ein einziger nächster Schritt. Sie müssen die ganze Sache nicht jetzt schon völlig durchdacht haben.

Als Steve seine „Epic Quest of Awesome" begann, bewirkte die Unternehmung mehr, als ihm nur zu einer besseren Form zu verhelfen. Kristens „Lebensliste ihres 16-jährigen Selbst" hat mehr als 16 Jahre überlebt. Kann eine einfache Liste Ihnen einen Sinn und eine Verankerung geben? Tun Sie es nicht ab, bevor Sie es versucht haben. Wenn es schon sonst nichts bringt, ist es zumindest ein großartiger Ausgangspunkt, um Ihrem Leben eine stärkere Zielrichtung zu geben.

▶▶▶▶ **ZUR ERINNERUNG**

▶ Eine Aufgabe kann einen Schwerpunkt setzen oder Sinn stiften.
▶ Das Erstellen von Listen und das Abhaken von Dingen motiviert uns.
▶ Eine gute Lebensliste sollte Ziele in verschiedenen Kategorien enthalten, nicht nur Reisen oder Abenteuer.

Kapitel

9

Vorwärtsbewegung

*Verdammt, das war eine
saulange Reise!*
Homers Odyssee
in Slang-Version

LEKTION: „AUFGABEN SIND LANGWEILIG. MAN MUSS NUR EINEN FUSS VOR DEN ANDEREN SETZEN.“

In einer Reihe von Geschichten, die schließlich als *Die Odyssee* zusammengefasst wurden, beschrieb der griechische Dichter Homer Dutzende von Abenteuern, sowohl große als auch kleine. Diese Abenteuer fanden im Lauf von mehr als zehn Jahren statt und sind in der westlichen Kultur unsterblich geworden. Die ganze Reise wird zwar nicht chronologisch erzählt, aber eine grobe Chronologie sieht folgendermaßen aus:

Jahr 1: Nach einer langen Schlacht verlassen Odysseus und seine Männer Troja und versuchen, nach Hause zurückzukehren, wobei ihnen sofort verschiedene Schwierigkeiten begegnen.

Jahre 2–8: Odysseus wird gefangen genommen und sieben Jahre lang auf der Insel Ogygia als Gefangener gehalten. Horrortrip. Schließlich gelingt ihm die Flucht von der Insel in richtigem Reality-Show-Stil.

Jahre 9–10: Aber dann! Weitere schlimme Dinge geschehen. Eine Abfolge zunehmend schlechter Entscheidungen verlängert die Reise und verzögert die Heimkehr. Odysseus verliebt sich in das falsche Mädchen. Er lässt sich bezüglich seiner weiteren Reise von einem blinden Seher [Original verbessert, Teiresias war kein Dichter] beraten – weil ein Blinder offensichtlich der beste Ratgeber ist, wenn man sich verirrt hat. Odysseus lernt im Verlauf seiner Reise. Der Held lässt sich von seinen inneren Kräften leiten und erhält gelegentlich Hilfe von den Göttern. („Nutze die Kraft, Odysseus.") Nachdem er verschiedenen gefährlichen Situationen entkommen ist, findet er seinen Rückweg nach Hause.

Etwas später (unsichere Chronologie): Odysseus kehrt nach Hause zurück! In einem klassischen Sommerfilm-Finale tötet er die Freier, die seine lange vernachlässigte Frau Penelope belästigt haben, vereint sich wieder mit ihr und begrüßt den Haushund. Verwandte der toten Freier machen einen kleinen Krawall, aber die Göttin Athene taucht auf und fordert alle auf wegzutreten. Die Ordnung ist wiederhergestellt.[1]

Es ist eine großartige Geschichte (und die ausführliche Version ist noch besser), aber bedenken Sie alles, was schnell übertüncht wird: unzählige Monate, in denen man auf dem Meer segelte, ohne dass es Ungeheuer zu bekämpfen oder verbotene Früchte zu ignorieren gab ... sieben lange Jahre in Gefangenschaft ... ein endloses Hin und Her. Egal aus welcher Perspektive Sie es betrachten, bei der Reise des Odysseus gab es viel Warterei darauf, dass etwas passierte.

„Gebt mir einen Standpunkt und ich werde die Erde bewegen", schrieb Homer in der *Illias*, dem Vorläufer seines Überraschungs-Bestsellers *Die Odyssee*. Aber was er ausließ, war die ganze Zeit, in der der Held in die falsche Richtung segelte oder in Gefangenschaft darauf wartete, dass die Götter sich schließlich blicken ließen und ihm behilflich waren.

---

[1] *Liebe Englischlehrer, bitte richten Sie Beschwerden hinsichtlich der gekürzten Odyssee-Chronologie an Random House, 1745 Broadway, New York, NY 10019.*

Bei heutigen Aufgaben und Abenteuern hat Athene normalerweise keinen Kurzauftritt, aber es gibt wie bei der von Homer beschriebenen Reise viele monotone Details, die oft keine Aufmerksamkeit finden. Nehmen Sie das Laufen eines Marathons als Beispiel. Die Strecke beträgt 42,2 Kilometer, aber viele Läufer – oder zumindest ein Autor, der sich gelegentlich im Laufen von Marathons versucht hat – glauben, dass es erst ab Kilometer 29 richtig ernst wird. Bis dahin läuft man einfach gemütlich in der Gegend herum, reißt einen Kilometer nach dem anderen runter und die Zeit vergeht relativ unspektakulär.

Extremläufer sprechen von der Transformation, die ihre Körper ergreift, nachdem sie immer längere Entfernungen überwunden haben. Wenn sie Glück haben, kommen sie an einem bestimmten Punkt in einen tranceähnlichen Zustand und werden von dem natürlichen, durch Endorphine bewirkten High aufgeputscht, während sie einen Kilometer nach dem anderen laufen. Wenn sie aber auf alle diese langen Trainingsläufe zurückblicken, bei denen sie jedes Wochenende die Strecke immer weiter verlängern, sprechen viele auch von der Monotonie, die die Aufgabe mit sich bringt.

Denken Sie an Nate Damms Erfahrung, Amerika monatelang tagaus, tagein zu Fuß zu durchqueren. „Die Ausführung war einfach", erzählte er mir. „Sobald ich unterwegs war, ging es eigentlich nur noch darum, jeden Tag aufzustehen und den ganzen Tag zu gehen."

Die Lektion, die Nate lernte, ist dieselbe, die Odysseus lernte oder jeder, der jemals einen Berg bestiegen hat: Der Weg zum Gipfel besteht aus sich wiederholenden Bewegungen, aber es ist gerade die Beschwerlichkeit der Aufgabe, welche die Leistung gewaltig macht.

Vorwärts, weiter

Aus der Erfahrung entsteht Selbstvertrauen, und aus Selbstvertrauen entsteht Erfolg. Ich entschloss mich erst, alle Länder zu besuchen, nachdem ich bereits in über 50 gewesen war. Nachdem ich eine Weile gereist war, kam ich mit allen Herausforderungen zurecht, die sich mir auf meinem Weg stellten. In Guinea und Sierra Leone knöpfte man mir Bestechungsgelder ab, aber größtenteils konnte ich der Überredungskunst erfolgreich widerstehen. In Rom und in Rumänien lernte ich die Kunst, auf dem Boden von Flughäfen zu schlafen.

In mancher Hinsicht wurde das Projekt, alle Länder zu besuchen, umso schwieriger, je weiter ich meine Liste bis zu den letzten Ländern abgearbeitet hatte. Fast überall, wohin ich musste, wurde im Voraus ein Visum verlangt oder die Flugstrecke war kompliziert oder beides. Hatte ich zu Anfang meiner Aufgabe noch regelmäßig nicht weniger als fünf Länder in einer einzigen zweiwöchigen Reise besucht, musste ich am Ende um die ganze Welt fliegen, nur um zu einem einzigen neuen Land gelangen.

In anderer Hinsicht wurde die Aufgabe im Lauf der Zeit jedoch *einfacher*. Die Variablen wurden weniger, da ich weniger Länder besuchen musste. Wenn Sie ganz Afrika besuchen wollen, müssen Sie ein riesiges Rätsel lösen. Es gibt 54 unabhängige Länder auf dem Kontinent, deren Grenzen oft anhand politischer Linien anstatt geografischer festgelegt wurden, was eine Vielzahl von Problemen schafft. Mehrere Länder befinden sich in andauernden Konflikten mit ihren Nachbarstaaten, was zur Folge hat, dass man nicht, wie es logisch erscheinen würde, von einem Land in das andere reisen kann, sondern zum Zweck des Transits oft in ein Drittland fliegen muss.

Kurz gesagt, es ist ein Chaos. Aber wenn man nur noch wenige Länder auf der Liste hat, sind die Optionen sehr klar. Es gibt nicht viele Möglichkeiten, nach Gambia zu gelangen. Man kann nach Dakar, Senegal, fliegen und dann auf einer Fähre oder in einem Zubringerflugzeug die restliche Strecke zurücklegen. Oder man kann den Direktflug nehmen, der zweimal wöchentlich von London geht. Das war's.

Dank meiner Begeisterung für das „Travel-Hacking", das günstige Reisen unter Ausnutzung von Bonusmeilen, konnte ich mir Flugpläne so gut merken, dass ich ein lästiger Partygast wurde, der angehende Reisende nach ihrer ganzen Strecke ausfragte und ungefragt seine Ratschläge anbot.

Als ich Selbstvertrauen gewann, hörte ich auf, mir Sorgen zu machen. Ich legte inmitten von Madagaskar eine neue Reiseroute fest. Als Botschaften meine Visaanträge ablehnten, flog ich trotzdem in die Länder in der Hoffnung, das Visum vor Ort zu bekommen. (In den meisten Fällen funktionierte das.) Ich legte es ganz und gar darauf an, die Aufgabe zu vollenden, und merkte, dass ich schnellere Fortschritte machte als erwartet.

Schneller, stärker

Andere Personen, die in diesem Buch vorgestellt werden, erlebten dasselbe Phänomen eines schnellen Fortschritts. Phoebe Snetsinger, die loszog, um möglichst viele Vogelarten zu sehen, plante anfangs, zwei oder drei Auslandsreisen pro Jahr zu machen und einige hundert Vögel im Jahr zu sehen. Dies weitete sich schnell aus, sobald sie einige Auslandsreisen hinter sich hatte und süchtig geworden war. „Die Zahlen wurden immer größer", schrieb sie. „Mein Jahr mit der höchsten Zahl war das vergangene, in dem ich fast 1.000 neue Arten sah, etwa das Maximum dessen, was ich aufnehmen und erfassen konnte."

Robyn Devine, die sich ein langes Projekt vorgenommen hat, bei dem sie 10.000 handgestrickte Mützen herstellen will, begann mit einem viel kleineren Projekt, 100 Mützen in einem Jahr zu stricken. Aber ebenso, wie ich lernte, wozu ich wirklich in der Lage war, sobald ich 50 Länder bereist hatte, merkte sie, dass sie viel mehr machen konnte. „Ich dachte, 100 Mützen seien eine große Herausforderung", schrieb sie. „Aber es war überraschend einfach. Da wurde mir klar, dass ich eine *wirkliche* Herausforderung brauchte." Der nächste logische Schritt von 100 wäre 1.000, aber auch das erschien noch zu einfach. „1.000 waren machbar", fuhr sie fort. „Aber als ich über 10.000 nachdachte, begriff ich, dass es ein enormes Ziel war. Deshalb wollte ich es machen!"[2]

---

[2] *Sie können unter SheMakesHats.com Ihre eigene Mütze bestellen. Es wird etwa 28 Jahre dauern, alle 10.000 herzustellen – stellen Sie sich also darauf ein, eine Weile zu warten.*

Es ist entscheidend, dass Sie eine Möglichkeit haben, Ihr Ziel zu messen. Immer wenn ich in ein neues Land reiste, zog ich eine Evernote-Datei heran, die die Wikipedia-Liste aller 193 Länder enthielt. Ich machte ein fettes X neben jedes bereiste Land und notierte oben die Gesamtanzahl der bereisten Länder. Als die Liste sich von 150/193 zu 175/193 weiterbewegte... und dann den letzten zehn Ländern immer näher kam, hatte ich ein zunehmendes Erfolgserlebnis.[3]

In mancher Hinsicht war die Aufgabe monoton, aber gerade darin bestand die Herausforderung! Ich mochte die Monotonie. Ich mochte die Routine. Ich lernte auch eine wesentliche Fertigkeit, auf die es beim Reisen ankommt. Viel wichtiger als die Fähigkeit, viele Fremdsprachen zu sprechen (nicht meine Stärke) oder das Geschick, alles in eine kleine Reisetasche zu packen (es wird einfach, wenn man jeden Tag ein- und auspackt), ist die Fähigkeit zu warten. Sobald Sie mit dem Warten Ihren Frieden geschlossen haben – manchmal stundenlang am Stück, ohne dass eine klare Lösung in Sicht ist -, wird das Reiseleben viel einfacher.

300 Marathon, Tendenz steigend (Aber warum?)

John „Maddog" Wallace kann man durchaus als obsessiv bezeichnen. In den letzten drei Jahrzehnten ist er gelaufen ... gelaufen ... und gelaufen. Als früherer Raucher konnte John zu Anfang fast gar nicht laufen. Als er in Reno, Nevada, seinen ersten Marathon lief, stieß er auf die berüchtigte „Langstrecken-Wand" und kämpfte sich durch die letzten 6,7 Kilometer. Am Ende sagte er zu jedem, der es hören wollte oder nicht: „Das mache ich nie wieder!" (Erste Lektion: Treffen Sie keine Entscheidungen unmittelbar nachdem Sie Ihren ersten großen Lauf beendet haben.)

---

[3] *Manchmal werde ich gefragt, was ich tun werde, wenn neue Länder entstehen. Zum Glück passiert das nicht sehr oft. In den letzten zehn Jahren wurden nur zwei neue Länder anerkannt (Osttimor und Südsudan).*

Als ich erstmals über Mr. Maddog las, dachte ich, dass der nächste Teil der Geschichte sich etwa so anhören würde: „Ein paar Monate nach seiner ersten Marathonerfahrung fing er wieder an zu laufen, und dieses Mal lernte er, klüger zu laufen. Allmählich gefiel ihm die Idee, einen weiteren Langstreckenlauf zu machen. Schließlich wurde er süchtig."

Aber Leute wie Maddog sind nicht wie Sie oder ich. Der Großteil der Geschichte, die mir vorschwebte, erwies sich als wahr – mit einer kleinen Ausnahme. Anstatt ein paar Monate zu warten, um das Laufen wieder ruhig angehen zu lassen, wartete Maddog *zwei Tage*. Anstatt sich für einen anderen Lauf in ein paar Monaten registrieren zu lassen, schrieb er sich für den Sacramento-Marathon ein... nur zwei Wochen später. Die meisten Ärzte und Lauftrainer würden dies nicht befürworten, aber Maddog machte den Lauf neun Minuten schneller als den ersten.[4]

Bei seinem dritten Marathon hatte Maddog so viel gesunden Menschenverstand, länger zu warten – dieses Mal drei ganze Wochen. Er lief den San-Francisco-Marathon und beobachtete den Hafen von der Golden Bridge aus, während er mit großen Schritten die letzten Kilometer zurücklegte.

Im nächsten Jahr zog er nach Dallas und trat einer Laufgruppe bei, in der ihm erstmals der Spitzname „Maddog" gegeben wurde – wegen seiner Hartnäckigkeit und seines ultraschnellen Laufprogramms. Maddog lief weitere Marathons, bei denen er sich besser behauptete und Selbstvertrauen gewann. Im Lauf der Zeit hatte sich das Ziel herauskristallisiert: Er würde *überall* laufen.

Im Alter von 54 Jahren begann er offiziell eine Aufgabe. Er ist nun über 300 Marathons in über 100 Ländern gelaufen. Obendrein lief er auch einen Marathon in allen 50 US-Bundesstaaten – zwei Mal!

Ein anderer leidenschaftlicher Sportler, Martin Parnell, arbeitete sich sogar noch zu einem größeren Ziel hinauf. Er fing an, indem er von Kairo

---

[4] *Obligatorischer Haftungsausschluss: Wenn Sie kein erfahrener Läufer und nicht verrückt sind, versuchen Sie nicht, Maddogs Laufprogramm nachzuahmen.*

nach Kapstadt mit dem Fahrrad fuhr und unterwegs Zwischenstopps einlegte, um einen Lebensstil zu erfahren, der sich von dem seiner kleinen Heimatstadt in Alberta, Kanada, deutlich unterschied. Der Höhepunkt war ein Tischtennisspiel mit einem zwölfjährigen Jungen in einem afrikanischen Dorf. „Über 100 Kinder schrien und jubelten uns zu, während wir spielten", erzählte Martin mir. „In diesem Moment verstand ich die Kraft von Sport und Spiel."

Martin verlor das Tischtennisspiel, aber er beendete seine Fahrradreise in Kapstadt und begeisterte sich für die Idee, weitere große Reisen zum Zweck der Wohltätigkeit zu unternehmen. Aufgaben faszinierten ihn und er dachte sich eine ganze Reihe davon aus, die teilweise entsprechend den vom Guinness-Buch der Rekorde festgelegten Kriterien angelegt waren.

Martins Ziel war es, mindestens eine Million Dollar für ein Kinderhilfswerk zu sammeln, das er unterstützt. Zu seinen Zielen des Jahres 2013 gehörten die Besteigung des Kilimandscharo in 24 Stunden anstatt in den üblichen fünf Tagen (das wird übrigens stattfinden, *nachdem* er den Kilimandscharo-Marathon gelaufen ist) sowie die Teilnahme an sieben Geländelauf- und Mountainbike-Events.

Während ich sein Blog las, wo er mehrmals die Woche Updates postet, bemerkte ich, dass er sich einer schwierigen Entscheidung gegenübersah: sich entweder für einen bevorstehenden 50-Kilometer-Lauf in Calgary einzuschreiben oder den Guinness-Weltrekord für das Laufen der schnellsten Marathonzeit in einem Lacrosse-Trikot zu setzen.

2010 lief er 250 Marathons in einem einzigen Jahr – vielleicht war das seine beeindruckendste Tat überhaupt.

Hey, schalt mal einen Gang zurück, hätte ich am liebsten zu Martin gesagt. Oder mach es auch nicht, da Leute wie Martin anscheinend nie einen Gang zurückschalten. Aber wie im Fall von Maddog fragte ich mich, warum er all diese Dinge machte. Warum sammelte er nicht auf andere Weise Geld oder war anderweitig aktiv, ohne sich die ganze Zeit zu schinden?

Leider brachte mein E-Mail-Austausch mit Maddog und Martin nicht die präzisen Antworten, die ich wollte. Wie viele andere, die obsessiv einer

Tätigkeit nachgehen, schienen sie beide zu erkennen, dass ihre Projekte ungewöhnlich sind, aber ihre genaue Motivation lässt sich nur schwer auf den Punkt bringen. Es erinnerte mich an die Zeit, als ich erstmals reiste. Ich wollte es einfach tun! Es war ein innerer Drang, den ich nicht ignorieren konnte. Das Ausmaß der Aufgabe erschien mir herausfordernd und aufregend.

Schließlich bat ich Martin, mir zu erzählen, worin die größte Schwierigkeit für ihn bestanden habe, und er erzählte mir Folgendes:

Die schwierigste Zeit war im Sommer 2010. Es war Juli und es hörte gar nicht mehr auf zu regnen. Der Regen, der gegen mein Schlafzimmerfenster prasselte, weckte mich auf und ich wusste, dass ich innerhalb von zehn Minuten nach dem Start völlig durchnässt sein und dies auch weitere fünf Stunden bleiben würde. Ich war steif und wund von den vorhergehenden vier Marathons dieser Woche und wollte nur noch mit einer Tasse Tee und der Zeitung im Bett bleiben.

Was glauben Sie, was er als Nächstes tat? Wenn Sie geraten haben, dass er in den Regen hinausging und seinen fünften Marathon der Woche lief, liegen Sie richtig.

Die einjährige MIT-Herausforderung

Ich traf Scott Young in einer eiskalten Nacht in Winnipeg, Manitoba, der kältesten Hauptstadt Nordamerikas. Es war Januar und das Hotelpersonal warnte mich, mein Gesicht nicht längere Zeit unbedeckt zu lassen, wenn ich ins Freie ging. Scott war jedoch ein Einheimischer: Als wir in ein Restaurant gingen, blieb ich in meinen Mantel, meinen Schal und meine Handschuhe eingemummt, während er nur ein T-Shirt trug.

Scott hatte erst kürzlich seinen College-Abschluss gemacht und hatte schon lang eine Vorliebe für das Selbststudium. Er hatte eine Zeit lang in

SCHUHE AN DER TÜR =
SOFORTIGE RECHENSCHAFTSPFLICHT

Unterwegs bin ich oft müde von langen Flügen, Zeitzonenwechseln und einem gelegentlichen Tequila. Wenn ich in mein Hotel- oder Gästehauszimmer komme, packe ich als Erstes aus - in dem Moment gibt es noch kein Ausruhen oder E-Mail-Checken! Alles, was ich voraussichtlich für meinen weiteren Aufenthalt brauchen werde, platziere ich in ein oder zwei Bereiche, normalerweise an meinen Arbeitsplatz am Schreibtisch und auf eine Seite des Kleiderschranks. Wenn ich weiß, dass ich trainieren sollte, hole ich meine Laufschuhe und stelle sie neben die Tür. So schlage ich zwei Fliegen mit einer Klappe: Erstens muss ich mich um eine Sache weniger kümmern, wenn ich müde aufwache und in den Fitnessraum oder zum nahe gelegenen Strand will. Zweitens bewirkt es eine sofortige Rechenschaftspflicht. Ich könnte mein Training zwar ausfallen lassen, aber dann müsste ich jedes Mal, wenn ich zur Tür hinausgehe, meine Schuhe ansehen und ich müsste sie später wieder einpacken.

Wenn man die Schuhe neben die Tür stellt, ist das eine gute Methode um sicherzustellen, dass man nicht den einfachen Weg wählt. Maddog Wallace hatte sogar eine noch effektivere Methode, um sich selbst rechenschaftspflichtig zu machen: Er erzählte allen, was er machte, und die Leute sahen ihm zu. Noch besser – oder schlimmer, an den harten Tagen -: Sie verließen sich darauf, dass er die Aufgabe erfüllte.

Frankreich studiert und war gerade dabei, einige seiner „Schnelllern-Methoden" für alle Interessierten zu dokumentieren.

Sein großes Experiment führte viel weiter als ein Jahr ins Ausland. Scott hatte angefangen, an einer Unternehmensgründung zu arbeiten, interessierte sich aber ebenso für Informatik. Es ist schwierig, in der letzten Phase des Grundstudiums sein Hauptfach zugunsten eines anspruchsvolleren Fachs zu wechseln (die meisten Leute machen es umgekehrt, indem sie zu einem einfacheren Fach wechseln, wenn ein schwieriges sich als zu hart erweist). Nach seinem Abschluss hatte Scott daher das Gefühl, dass ihm etwas fehlte.

Noch einmal ein vierjähriges Studium anzuhängen, war eine unattraktive und teure Option. Da Scott das Selbststudium mochte, suchte er nach Alternativen. Dabei fand er seine Aufgabe: Er würde das weltberühmte MIT-Informatikstudium selbstständig bewältigen. Alle Vorlesungen und Prüfungen waren online öffentlich verfügbar, aber fast niemand absolvierte das ganze Programm. Stattdessen warfen die Leute normalerweise nur einen Blick auf die Prüfungen, lösten ein paar Musteraufgaben oder machten vielleicht aus Neugier einen einzigen Kurs.[5]

Scott verfolgte ein höheres Ziel. Ohne Ausnahme nahm er den gesamten Studienplan in Angriff und erfüllte alle Anforderungen der Einrichtung. Natürlich war es nicht dasselbe, wie wenn er tatsächlich ins MIT gegangen wäre – ihm fehlte die Begegnung mit Professoren, der Zugang zu Computerräumen und der Austausch mit anderen Studenten -, aber er bearbeitete dasselbe Studienmaterial und die Benotung war völlig objektiv:

---

[5] *Warum stellt das MIT so viele Kurse kostenlos ins Netz? Erstens, weil es viel mehr Nachfrage als Angebot gibt (es gibt mehr als genug Bewerber für das MIT). Zweitens, weil es eine großartige Werbemaßnahme für seine anderen Programme ist. Durch die Online-Verfügbarkeit des Studienmaterials werden Leute wie Scott ermutigt, eine große Herausforderung anzunehmen, und es motiviert auch Autoren von geringerem Format, darüber zu schreiben.*

In den Informatikprüfungen gibt es nur richtige und falsche Antworten. Da jedes gute Ziel eine Deadline hat, entschied Scott sich für ein Jahr. Er zog nach Vancouver, eine viel wärmere und kosmopolitischere Stadt. Fünf Tage die Woche stand er um 6:00 Uhr morgens auf und fing sofort an zu studieren. Er hörte – mit minimalen Pausen – um 18:00 Uhr abends auf. Am sechsten Tag arbeitete er für sein Unternehmen und am siebten Tag ruhte er sich aus.

Scotts Geschäft war mit ziemlich viel Kundenkontakten verbunden, und da er plötzlich nur noch einmal in der Woche erreichbar war, entschloss er sich, Updates zu dem Projekt zu posten – neben den vollständigen Prüfungsergebnissen für alle Interessenten.[6] Diese Entscheidung führte zu gemischten Ergebnissen. Während er einerseits einige Unterstützer gewann, zog er andererseits auch etliche Kritiker an, die ihn bei jedem Posting belästigten. Obwohl Scott seine ganze Arbeit online postete, inklusive seiner Fehler, hörte er dennoch von Leuten, die ihn für arrogant hielten, weil er die Herausforderung annahm. Andere waren mit einigen Details seines methodischen Vorgehens nicht einverstanden oder posteten anonyme Kommentare, in denen sie ihn grundlos angriffen.

Der Umgang mit der Kritik war eine Ablenkung und schwieriger als die Arbeit selbst. Dennoch blieb Scott bei der Sache. Ein Jahr später war die Aufgabe beendet: Er hatte jeden einzelnen Kurs bestanden, und zwar alle mit ordentlichen oder sogar mit ausgezeichneten Noten. Die Kritiker verschwanden – insbesondere diejenigen, die ihm jede Chance auf Erfolg abgesprochen hatten. Scott blickte auf die ganze Arbeit zurück, auf all diese frühen Morgenstunden, auf die Prüfungen, denen er allmählich immer unbekümmerter entgegengetreten war. Er hatte es geschafft! Und dann war er müde. Also ging er nach Paris, um einen Monat Urlaub zu machen.

---

[6] *Sie finden Scotts sämtliche Noten und Prüfungen unter www. ScottHYoung.com/blog/mit-challenge.*

Laut Homers Epos meisterte Odysseus während seiner 20-jährigen Irrfahrten unzählige Herausforderungen - dazu gehörte, dass er beinahe der Verführung durch Sirenen erlag, fast ein schmackhafter Imbiss für die Zyklopen wurde und einen harten Kampf führte, als er es schließlich nach Hause schaffte. Er musste auch viel Monotonie aushalten, da tagaus, tagein dasselbe passierte. Dennoch machte er immer weiter. Er bewegte sich weiter vorwärts.

Einmal nahm ich den Zug zu einem Flughafenhotel vor einem Flug am frühen Morgen des nächsten Tages. Mein Plan war, etwas zu schlafen, bevor ich um 5:00 Uhr morgens den Shuttlebus zur Flughafenhalle bestieg. Allerdings war ich so daran gewöhnt, direkt zum Flughafen zu gehen, dass ich vergaß, an der Station beim Hotel auszusteigen. Stattdessen fuhr ich den ganzen Weg zur Endstation, bevor ich meinen Irrtum bemerkte. Ups.

Es war kein großer Fehler – ich war nur etwa 15 Minuten zu weit gefahren. Aber als ich wieder in den Zug stieg, um zurückzufahren, wurde mir klar, dass ich eine Wahl hatte: Ich konnte entweder eine Station nehmen, die von meinem Hotel weiter entfernt war und die acht Kilometer in der Kälte zurückgehen oder weitere zehn Minuten im Zug auf die logischere Station warten.

Ich wusste sofort, welche Wahl ich treffen würde: Ich würde mich für das Gehen entscheiden. *Es ist besser, die Umstände unter Kontrolle zu haben,* dachte ich. *Es ist besser, eine aktive Wahl zu treffen.*

Das Mantra des Reisenden besteht darin, sich mit dem Warten anzufreunden. Das Mantra desjenigen, der sich Aufgaben stellt, ist, sich vorwärtszubewegen. Welche Mühe es auch immer mit sich bringt, egal ob du dich einer enormen Herausforderung oder einer nervtötenden Langeweile gegenübersiehst, geh einfach weiter voran.

Auch Sie sollten bei Ihrer Aufgabe vorangehen und, wo immer es möglich ist, die Vorwärtsbewegung wählen. Unterwegs werden Sie ein paar Fertigkeiten erwerben. Sie werden lernen, dass nicht alles läuft wie geplant, und Sie werden gleichzeitig lernen, dass trotzdem wahrscheinlich alles gut läuft. Sie werden sich mit der Routine und der Monotonie anfreunden.

▸▸▸▸ **ZUR ERINNERUNG**

▸ Die lange, harte Plackerei ist ein wesentlicher Be-
standteil der meisten Aufgaben.

▸ Wir können die Monotonie nicht abwählen, aber
wir können wählen, welche Form sie annimmt.

▸ Wenn Sie die Wahl zwischen Rückzug und Vorwärtsgehen haben, dann wählen Sie das Vorwärtsgehen.

Kapitel 10

Die Liebe zum Job

Ich möchte als eine Person in Erinne-
rung bleiben, die keine Angst hatte,
Dinge in Angriff zu nehmen.

TINA ROTH EISENBERG

LEKTION: DIE ANSTRENGUNG SELBST KANN DIE BELOHNUNG SEIN.

Einige Menschen werden durch Erfolge motiviert, andere durch den Prozess an sich – und wieder andere werden durch eine bestimmte Kombination von beidem motiviert. Diesen Leuten geht es in erster Linie darum, Dinge zu tun und sie immer wieder mit der Welt zu teilen.

Warum sollten Sie etwas schaffen? Weil Sie es können. Für einige Leute mag die Antwort auch lauten: Weil es das ist, was sie am liebsten tun. Sie mögen den Akt des Schaffens und den Akt des Verteilens. Wenn Sie eine Aufgabe erledigt haben, fragen sie: „Was kommt als Nächstes?"

In einigen Fällen arbeiten sie sogar umsonst.

Kluge Unternehmen verstehen, dass eine finanzielle Vergütung nicht der einzige Grund ist, warum die Leute zur Arbeit gehen. In einer idealen Welt lassen sich die Arbeitnehmer am Arbeitsplatz blicken, weil sie gerne an etwas Sinnvollem arbeiten. Die Chance, etwas aufzubauen oder zu einem

Team zu gehören, das an einem ambitionierten Projekt arbeitet, kann ein starker Anreiz sein.

Im Fall von Ron Avitzur, einem Software-Entwickler, der für Apple arbeitete, ging der Wunsch, ein Projekt zu schaffen, weit über die normale Mitarbeiter-Loyalität hinaus. Bevor sein Arbeitsvertrag vorzeitig gekündigt wurde, hatte Ron in den frühen 1990er-Jahren an einem Programm für einen grafikfähigen Taschenrechner gearbeitet. Er hatte viele Stunden und eine Menge Energie dafür investiert. Als sein Vertrag beendet wurde, war er kein Mitarbeiter mehr ..., dennoch war er nicht bereit, sich einen neuen Job zu suchen.

Nach seiner Kündigung stellte Ron fest, dass sein Ausweis nicht deaktiviert worden war und er immer noch im Gebäude ein- und ausgehen konnte, zu dem Unbefugte eigentlich keinen Zutritt hatten. In diesem Moment traf er die Entscheidung, die Kündigung seines Projekts zu ignorieren und eigenverantwortlich daran weiterzuarbeiten.

Ron stellte einen Kollegen ein, Greg Robbins, dessen Vertrag ebenfalls kurz zuvor gekündigt worden war. Sie hatten folgenden genialen Einfall: Greg erzählte seinem früheren Chef, dass Ron nun sein neuer Vorgesetzter sei, und Ron erzählte allen, die fragten, dass Greg sein neuer Vorgesetzter sei.[1] Das aus Ron und Greg bestehende Wechselmannschafts-Duo arbeitete bis zu 16 Stunden täglich an dem geheimen Projekt, und abgesehen von der Flunkerei, wer wessen Vorgesetzter sei, logen sie nie jemanden an. Wenn die Leute fragten, woran sie arbeiteten, sagten sie die Wahrheit – womit sie sofort den Respekt anderer Entwickler und Software-Tester gewannen, die es zu schätzten wussten, dass sie an dem Projekt aus purer Begeisterung arbeiteten.

Im Lauf der Monate wurde die Anstrengung immer größer. Es stand eine Deadline bevor, zu der die Software fertig sein musste, damit sie mit neuen Computern ausgeliefert werden konnte. Es war eine Sache, eine

---

[1] *Ron sagt: „Da wir auf diese Weise keine Chefs auf dem Laufenden halten mussten, gab es keine Meetings und wir konnten extrem produktiv sein."*

funktionierende Version des Produkts zu schaffen, aber noch etwas ganz anderes, eine „weitgehend fertige" Version zu kreieren, die man den Verbrauchern anbieten konnte. Das Testen durch die Nutzer war eine Herausforderung, da das Projekt offiziell gar nicht existierte. Zudem gab es das kleine Problem, die Software auf das Betriebssystem geladen zu bekommen, das auf die Computer installiert werden sollte. Schließlich sprach sich das Geheimprojekt herum, und nicht alle waren darüber glücklich. Eine andere Gruppe zog in die freien Büros, in denen Ron und Greg bis dahin gearbeitet hatten, und der Hausmeister wurde misstrauisch. Die Mitarbeiterausweise wurden schließlich deaktiviert, und nach ein paar Wochen, in denen die beiden Männer vor dem Gebäude herumgelungert und darauf gewartet hatten, dass sie mit einem Mitarbeiter durch die Tür schleichen konnten, wurden sie gewarnt, dass das Security-Personal sie hinauswerfen würde – dieses Mal vermutlich mit längerfristigerer Wirkung.

Ron, Greg und das wachsende Team von Mitverschwörern begegneten jeder dieser Herausforderungen ohne Umschweife. Andere Software-Entwickler tauchten auf, um bei den notwendigen Qualitätssicherungsprüfungen zu helfen. Der Mitarbeiter, der für die Betriebssystem-Software zuständig war, stand eines Nachts um 2:00 Uhr in Rons neuem Büro und gab ihm Anweisungen, wie er das Programm für den grafikfähigen Taschenrechner in das Betriebssystem integrieren konnte. Greg schaffte es schließlich, das Projekt heimlich als das Werk einer Fremdfirma auszugeben, und bekam so neue Ausweise, die ihnen die Türen öffneten.

Nachdem Ron und Greg ein halbes Jahr lang jeden Tag heimlich in das Gebäude geschlichen waren, das Security-Personal umgangen und Verbündete gewonnen hatten, erlebten sie es, dass ihre Software auf jedem neuen Macintosh-Computer, auf über 20 Millionen Geräten, ausgeliefert wurde. Der grafikfähige Taschenrechner bekam von den Nutzern ein begeistertes Feedback und wurde sogar von Apple-Führungskräften in Präsentationen vorgestellt. Das Geheimprojekt war ein totaler Erfolg. Ron beendet seine Geschichte mit der ironischen Bemerkung: „Wir wollten auch eine Windows-Version machen, aber Microsoft hatte eine bessere Gebäude-Security."

Folgen Sie dem Fluss

Was bringt jemanden dazu, tagtäglich zur Arbeit zu gehen – und zwar nachdem sein Arbeitsvertrag beendet ist, ohne irgendein Gehalt und ohne einen wirklichen Job? Die Antwort ist einfach: Wenn man etwas findet, was man mit Begeisterung tut, dann will man es nicht aufgeben.

In Rons Fall spielte es keine Rolle, dass das Projekt offiziell beendet war. Das Projekt war nicht fertig! Er musste unter allen Umständen weitermachen. Dabei war natürlich von Vorteil, dass er keine Hypothek abzahlen und keine Familie ernähren musste. Und zudem arbeitete er so viele Stunden, dass er gar keine große Gelegenheit zum Geldausgeben hatte. Unentgeltlich als Programmierer zu arbeiten war sicher keine tragfähige Beschäftigung für den Rest seines Lebens, aber er war bereit, sich ein paar Monate lang voll für das Projekt zu engagieren, das ihn begeisterte.

Haben Sie jemals an etwas gearbeitet, das Sie so gefesselt hat, dass Sie einfach nicht damit aufhören wollten? Sie merken gar nicht, wie die Zeit vergeht. Sie gehen ins Bett und denken weiter an das Projekt, und morgens beim Aufwachen ist es das Erste, was Ihnen in den Sinn kommt. Vielleicht würden Sie nicht gerade heimlich in Ihr Büro schleichen, nachdem Ihnen gekündigt wurde, aber wenn Sie etwas gefunden hätten, was Sie begeistert, würden Sie möglichst lange an der Sache dranbleiben wollen.

Wird dieses Gefühl ewig dauern? Wahrscheinlich nicht. Deshalb sollten Sie die Welle reiten, solange Sie können.

Noch besser, wie wäre es, wenn Sie Ihre eigene Welle schaffen könnten, unabhängig von den Launen eines großen Unternehmens oder der Entscheidungsmacht anderer? Genau das ist es, was viele Kreative getan haben. Im Folgenden wollen wir ein paar kennenlernen.

Beispiel A: Aktiv werden und etwas Neues ausprobieren,
365 Tage im Jahr

Seth Godin steht früh auf, macht sich eine Tasse Kräutertee und setzt sich an einen großen Schreibtisch mit Blick auf den Hudson River in New York. Dann fängt er an zu arbeiten und steht lange nicht mehr auf.

Seth hat Hunderttausende von Fans und mindestens ein paar namhafte Kritiker, aber bezüglich einer Sache sind sich alle einig: Der Mann ist produktiv. Eigenen Aussagen zufolge liest, recherchiert und schreibt er durchschnittlich 15 Stunden am Tag. Er veröffentlicht an jedem Tag ohne Ausnahme ein Posting in seinem Blog.[2]

Mindestens einmal im Jahr veröffentlicht er ein Buch – manchmal zwei- oder dreimal im Jahr und manchmal sogar mehr als eines gleichzeitig. Eines Tages fand ich einen riesigen Karton vor meiner Tür. Er enthielt das, was Seth seinen „Behemoth" nannte, eine Monster-Zusammenstellung seiner Postings aus mehreren Jahren in Form von 700 Seiten und 275.000 Wörtern. Neben seinen Schreibprojekten startet Seth regelmäßig neue geschäftliche Unternehmungen und lädt Studenten ein, sich um Praktika zu bewerben, bei denen sie an seinen Projekten arbeiten können, während sie ihre eigenen unternehmerischen Fertigkeiten entwickeln. Irgendwie schafft er es auch noch, jede Nacht ein paar Stunden zu schlafen.

Es ist wichtig zu erwähnen, dass nicht alle von Seths Projekten große Erfolge sind. Tatsächlich hatte er nach eigener Aussage weitaus mehr Fehlschläge. Er erfand das erste auf Video aufgenommene Aquarium sowie das erste auf Video aufgenommene Kaminfeuer. Aus irgendeinem Grund verkaufte es sich nicht besonders gut. In den Anfangstagen des Internets veröffentlichte er ein Buch mit dem Titel „E-Mail-Adressen der Reichen und Berühmten", was zu einer heftigen Gegenreaktion bei den Promis führte.

---

2 *Im Gegenteil, „nur einmal täglich" zu posten wird von Seth als Einschränkung*

empfunden. Er sagt: „Ich habe pro Tag etwa sechs Ideen, die zum Bloggen geeignet sind,

aber die Leute werden nervös, wenn sie viele ungelesene Postings vorfinden."

Die Lektion lautet ihm zufolge: „Wenn ich mehr scheitere als du, werde ich gewinnen. Eng verbunden mit dieser Vorstellung ist die Fähigkeit, im Spiel zu bleiben. Wenn du es schaffst, im Spiel zu bleiben, dann wirst du es früher oder später auch gewinnen. Die Leute, die verlieren, sind diejenigen, die überhaupt nicht scheitern oder diejenigen, die so heftig scheitern, dass sie es nicht mehr ins Spiel schaffen.“

Seth schreibt oft über das Konzept *Liefern*, einen Begriff, den er in dem Sinne verwendet, dass die Arbeit in der Welt verbreitet wird. In Seths Weltsicht existiert die Kunst erst dann, wenn sie umfassend geteilt wird. „Ich habe mein Leben 25 Jahre lang immer als eine weitere Gelegenheit, aktiv zu werden, betrachtet", sagt er. „Eine weitere Gelegenheit, etwas Neues auszuprobieren.“

Beispiel B: Kreativ werden, ein Dutzend Mal am Tag

Im trendigen Wohnviertel Dumbo in Brooklyn folgte ich einer per E-Mail erhaltenen Wegbeschreibung zu einem Gebäude, das wie eine Fabrik aussah. Nachdem ich mit dem quietschenden Aufzug nach oben gefahren war, betrat ich einen hell erleuchteten Co-Working Space, in dem ein paar Dutzend Leute herumwuselten. „Hi, Chris!", sagte eine bekannte Stimme. Sie gehörte Tina Roth Eisenberg, die ihren unzähligen Fans und Anhängern auch unter dem Namen Swiss Miss bekannt ist.

Tina hatte ich erstmals bei einem Seminar getroffen, das ich vor ein paar Monaten abgehalten hatte, und sie lud mich ein, sie an ihrem Firmensitz bei Studiomates zu besuchen, dem Co-Working Space, den sie in Brooklyn gegründet hatte. Als ich mich mit ihr unterhielt, traf ich auch mehrere andere Leute, die sich den Arbeitsraum teilten. Einige waren Kollegen, die direkt an von Tina ins Leben gerufenen Projekten arbeiteten. Andere arbeiteten ganz für sich allein und hatten nur den Arbeitsraum gemietet. Wieder andere schienen nicht ganz eindeutige Rollen zu haben, indem sie teilweise eigene Arbeit machten und teilweise für Tinas Projekte tätig waren.

Mindestens fünfmal täglich und fast an jedem Tag der Woche postete Tina einen kurzen Eintrag auf ihrer Website. Viele der Einträge bezogen sich auf neue Design-Funde aus der ganzen Welt, die ihre Fans ihr per E-Mail geschickt hatten. Tina war als digitale Kuratorin bekannt, eine einflussreiche Person, die durch ihre Unterstützung und ihre Links bei der Verbreitung von Ideen hilft.

Unterdessen standen lauter Kisten mit Klebe-Tattoos im Raum und den ganzen Tag über stopften verschiedene Kollegen Bestellungen in Umschläge.

An einem Freitag in jedem Monat veranstaltet Tina eine beliebte Zusammenzukunft namens Creative Mornings. Die Veranstaltungen, bei denen jedes Mal ein Künstler oder eine andere Person einen Vortrag hält, sind immer gut besucht. Nach dem Start in New York wurden die Vorträge auch in einer Züricher Ortsgruppe gehalten, und dann ging es weiter nach Los Angeles. Schließlich gab es weltweit über 50 zusätzliche Ortsgruppen mit Hunderten von Rednern und Zehntausenden von Teilnehmern. Es ist im Wesentlichen ein globaler Salon von Ideen und eine globale Community, wobei die Veranstaltungskosten von Sponsoren gedeckt werden und keine Eintrittskarten mit Gewinnabsicht verkauft werden.

Merken Sie jetzt, worum es geht? Tina hält sich beschäftigt. Aber sie beschäftigt sich nicht einfach mit irgendetwas Beliebigem, sondern damit, etwas herzustellen und zu verbreiten, an das sie glaubt. Es ist ein gesunder Zwang, eine Sehnsucht nach Arbeitsergebnissen. „Ich möchte als eine Person in Erinnerung bleiben, die keine Angst hatte, Dinge in Angriff zu nehmen", sagt sie.

Viele von Tinas Unternehmungen begannen als Nebenprojekte. Das Geschäft mit den Klebe-Tattoos begann, als ihre Tochter Ella einen Satz Tattoo-Aufkleber von einer anderen Firma mit nach Hause brachte. Sie waren hässlich und ließen sich nicht gut auf der Haut anbringen, was Tinas ausgeprägtes Design-Ethos beleidigte. Auch wenn sie nicht viel über Tattoos wusste, kannte sie sich doch in den Bereichen Kunst und Zusammenarbeit aus – also gründete sie Tattly, das Unternehmen für Klebe-Tattoos, das großartige Designs und eine leichte Applizierbarkeit bietet. Creative Mornings wiederum entstand aus ihrem Wunsch, kreative Menschen zusammenzubringen.

Vor einigen Jahren nahm Tina sich eine längere Auszeit vom Job. Sie wollte Abstand von ihrer Arbeit für die Kunden gewinnen, um sich auf die Entwicklung ihrer Nebenprojekte konzentrieren zu können. Sie kam nie zurück, da sie seither lieber Vollzeit daran arbeitet, Projekte auf die Beine zu stellen.

Beispiel C: Regeln aufstellen!
Struktur in ein kreatives Leben bringen

Von ihrem Zuhause in Südkalifornien aus ist auch Elise Blaha eine zwanghafte Macherin. Täglich ohne Ausnahme teilt sie ihre Kunst mit der Welt durch eine Website und einen Newsletter. Diese Arbeit geht über das Schreiben und das Pflegen ihrer Beiträge weit hinaus; dazu gehören auch Zeichnen, Malen, Nähen, Stricken und handwerkliche Projekte aller Art.

Elise verspürt den inneren Drang, kreativ zu sein. Neue Postings, neue Fotos und neue Projekte werden in einem nicht abreißenden Strom der Kreativität veröffentlicht. Am einen Tag ist es ein neues Briefmarkenset, das sie zum Verkauf anbietet, am nächsten eine Lektion in Gartengestaltung. Sie hat über 60 *verschiedene Arten* von Sammelalben gepostet, von denen jedes sein eigenes Design und Layout hat – sie verwendet dabei keine Vorlagen.

Stattdessen nutzt Elise das Geheimnis, das es „Machern" wie ihr erlaubt, erfolgreich zu sein: Sie definiert klar ihre Projekte, und sie gliedert sie in mehrere Teile auf. Wenn sie mit einem Projekt Erfolg hat, wendet sie dasselbe Format auf die anderen an. Das Medium müsse nicht das gleiche sein, erzählte sie mir, aber der Arbeitsprozess könne durchaus der gleiche sein. Als sie 27 Jahre alt wurde, setzte Elise sich das Ziel, 27 unterschiedliche handwerkliche Projekte zu schaffen und dabei 27 verschiedene Materialarten zu verwenden. In einem Herbst backte sie 40 verschiedene Brotarten.

Die Besonderheiten unterstützen Elises tägliche Kreativität, anstatt sie zu behindern. Über die Routine sagt sie Folgendes:

Es überrascht mich immer wieder, wie viel Kreativität sich aus dem Setzen von Richtlinien und Grenzen ergibt. Man könnte denken, dass das Gegenteil der Fall sei – dass totale Freiheit eher das Gefühl von Möglichkeiten erzeugt –, aber meiner Erfahrung nach stimmt das nicht. Ich sage gern, man müsse sich manchmal Beschränkungen auferlegen und Regeln unterwerfen, um seine Kreativität voll auszuschöpfen – im Gegensatz zu dem althergebrachten Hilfsmittel, über den Tellerrand hinauszusehen.

Ein Jahr im Leben

Ich bin schon lange fasziniert von der Arbeit von Leuten wie Seth, Tina und Elise, aber manchmal komme ich nicht mehr mit. Einmal war ich auf einer Reise und konnte zehn Tage lang keine Blog-Postings lesen. Als ich schließlich wieder online gehen konnte, hatte ich von allen dreien eine Flut von Content. Manchmal ist auch das bloße Sehen ihrer Postings schon eine Motivation, selbst wenn ich nicht jedes einzelne lesen kann.

Da ihre Aktivitäten sich schwer verfolgen lassen, entschloss ich mich, mir ihre ganze Arbeit im Lauf eines Jahres genauer anzusehen – zumindest so viel ich davon finden konnte. Zudem nahm ich auch Thomas Hawk, den manischen Fotografen, in diese Sammlung auf. Im Folgenden sehen Sie das Ergebnis.

Als ich über die Bemühungen von Seth, Tina, Elise und einigen anderen nachdachte, war ich mir nicht sicher, ob diese intensive Konzentration auf eine bestimmte Art von Arbeit als Aufgabe im klassischen Sinne gelten konnte – es gab zwar klare Schlusspunkte für bestimmte Projekte, aber nicht für das Streben als Ganzes. Dennoch fand ich bei diesen Personen Gemeinsamkeiten mit Menschen, die Aufgaben im traditionelleren Sinne verfolgten. Sie entschlossen sich, sich auf eine bestimmte Reihe von Ergebnissen zu konzentrieren, und gewannen Befriedigung sowohl durch den Schaffensprozess als auch dadurch, dass sie ihn mit anderen teilten.

ELISE BLAHA	211 Blog-Postings	11.949 Wörter	Tausende von Fotos (die genaue Anzahl lässt sich kaum feststellen)	52 handwerkliche Aktivitäten (ein neues handwerkliches Projekt pro Woche, das genau dokumentiert wird)
TINA ROTH EISENBERG	972 Blog-Postings	2.209 geteilte Informationsquellen	67 Städte, die an den Creative Mornings teilnehmen	863 Creative-Mornings-Vorträge, die online gepostet wurden
SETH GODIN	365 Blog-Postings (eines pro Tag, keine Pausen oder Ausnahmen)	76.349 Wörter	drei veröffentlichte Bücher (mit dem gleichen Erscheinungstermin!)	Zahlreiche Grundgedanken, Reden, Interviews und Beiträge von Gastautoren
THOMAS HAWK	11.697 Fotos, die auf Flickr veröffentlicht wurden	176 Fotos, die im Blog veröffentlicht wurden	141 Blog-Postings	

Wenn sie eine Arbeit abgeschlossen hatten, machten sie sich an die nächste. Am glücklichsten schienen sie, wenn sie eine Reihe miteinander verbundener Arbeiten schaffen konnten, und sie strukturierten ihr Leben so, dass die Arbeit eine herausragende Stellung einnehmen konnte. Es war, als hätten sie einen besonderen Lebensstil gewählt und andere Umstände dementsprechend angepasst.

Die berufliche Hingabe von Stand-up-Comedians

Erstaunlicherweise konzentrieren sich einige berühmte Comedians, die in der Öffentlichkeit geschätzt werden und Hunderte von Millionen Dollar eingenommen haben, immer noch hartnäckig darauf, ihr Handwerk des Witze-Erzählens auf der Bühne zu beherrschen. Beispielsweise verbrachte

Jay Leno während der letzten Jahre, in denen er die *Tonight Show* moderierte, die Wochenenden damit, sich auf kleinere Vorstellungen vorzubereiten. Anstatt es sich gemütlich zu machen, betrat er jeden Sonntag die Bühne im Comedy and Magic Club in Hermosa Beach, Kalifornien, um eine traditionelle Stand-up-Performance abzuliefern. Warum machte er sich diese Mühe? Leno betrachtet diese Routine als eine Methode zur Selbsteinschätzung. Wenn es im Club funktioniert, hat er ein gutes Gefühl. Wenn nicht, macht er sich Sorgen. „Wenn man beim Fernsehen arbeitet", sagte er in einem Zeitschriften-Interview, „bekommt man diese seltsamen Notizen auf kleinen Papierzetteln, auf denen steht, dass man bei Jungen zwischen 9 und 13 Jahren nicht gut ankomme oder dass man mehr Katzenwitze machen müsse, weil die Leute mit Katzen die Sendung nicht oft genug ansähen. Aber wenn man in ein Theater mit 1.500 Plätzen geht und es voll besetzt ist, dann weiß man, dass man es richtig macht. Wenn es hingegen nur zu zwei Dritteln voll ist, weiß man, dass man sich noch etwas mehr anstrengen muss."

Unterdessen fliegt Jerry Seinfeld, dessen Vermögen auf 800 Millionen Dollar geschätzt wird, regelmäßig mit dem Flugzeug zu Auftritten in kleinen Clubs im ganzen Land. Auch hier kann man sich wieder die Frage stellen, warum er sich die Mühe macht. Ihm geht es nicht darum, einen Erfolg an anderer Stelle zu verstärken. Stattdessen geht es ihm um Verfeinerung. „Wenn ich zwei Wochen lang keinen Auftritt habe, spüre ich es", erzählte Seinfeld der *New York Times*. „Vor ein paar Jahren las ich einen Artikel, in dem es hieß, dass man buchstäblich ein Breitband wird, wenn man einen Sport viel trainiert: Die Nervenbahn im Gehirn enthält dann mehr Informationen. Sobald man aufhört zu trainieren, fängt die Nervenbahn wieder an zu schrumpfen. Diese Lektüre hat mein Leben verändert. Ich hatte mich bis dahin immer gefragt: Warum mache ich diese Auftritte und gehe auf eine Bühne? Weiß ich nicht schon längst, wie das geht? Die Antwort lautet: Nein. Man muss es immer weitermachen. Das Breitband wird schmäler in dem Moment, da man aufhört."

Sowohl Seinfeld als auch Leno glauben, dass ihre ständigen Bühnenaktivitäten ohne Sicherheitsnetz der Schlüssel zu ihrem Erfolg sind. Mehr noch, in mancher Hinsicht ist der Weg das Ziel – Witze zu erzählen und mit dem Publikum zu interagieren, wie klein es auch immer sein mag, ist ein Zweck an sich. Laut Seinfeld liegt das Ziel darin, „ein winziges Ding um seiner selbst willen zu verfeinern", und er hat nicht die Absicht, seine Flüge in kleine Städte und seine unerwarteten Auftritte in winzigen Veranstaltungsorten zu beenden.

Was haben die besten Stand-up-Comedians gemeinsam? Sie werden von einer Obsession getrieben. Die Obsession, kontinuierlich ein kleines Ding zu verfeinern, kann eine Aufgabe für sich sein.

Die richtige Leiter raufsteigen

Stephen Kellogg hat über ein Jahrzehnt als freier Musiker gearbeitet, ein Dutzend Alben herausgebracht und über 1.200 Konzerte gespielt. Ich hörte Stephen bei einem TEDx-Event, wo er vor seinem Auftritt eine Geschichte erzählte. In seiner Kindheit wollte er nur Musik machen. Er wuchs auf, indem er Bon Jovi hörte und Luftgitarre in seinem Zimmer übte. Irgendwann wurde aus der Luftgitarre eine richtige Gitarre und Stephen hatte seinen ersten Auftritt.

Der Anfang war hart, da nur wenige Leute zu den Konzerten kamen, die fast nichts bezahlten, aber Stephen machte sich nichts daraus. Er war Musiker! Er hatte die Chance zu spielen! An diesem Punkt seiner Geschichte sagte er etwas, das mir seither immer in Erinnerung geblieben ist: „Es ist besser, unten an der Leiter zu stehen, die man hinaufsteigen will, als oben auf einer, auf der man nicht sein will." Eine traditionelle Karriere hätte vielleicht mehr Sicherheit gebracht, aber Stephens Kampf, seine eigene Musik zu spielen und seine eigene Fanbasis zu pflegen, machte ihn viel glücklicher.

Später schrieb er mir noch mehr zu dem Thema. Als ich ihn fragte, was sich nach 1.200 Auftritten verändert hätte, sagte er etwas, was mir gefiel: „Ich habe mich gerade aus einem Jungen mit einer Neigung zu einem Mann mit einem Fokus entwickelt. Es fing alles mit einem Traum an, aber dann *folgte* ich diesem Traum. Diesem Traum zu folgen, machte einen riesengroßen Unterschied."

Ich empfand dasselbe, als ich anfing zu schreiben. Die ersten Arbeiten, die ich veröffentlichte, waren nicht besonders gut (und meine unveröffentlichten Arbeiten waren noch schlechter), aber dennoch fühlte ich mich gut mit dem, was ich tat. Wenn ich morgens aufwachte, dachte ich sofort an die Arbeit, die in den nächsten Stunden vor mir liegen würde. Abends ging ich ins Bett und dachte darüber nach, was ich am nächsten Tag besser machen könnte. Als ich anfing, bei Veranstaltungen zu sprechen, war ich furchtbar nervös – aber auf eine motivierende Weise. Als ich die Chance bekam, mein erstes Buch zu schreiben, war ich hellauf begeistert! Auch ich hatte das Gefühl, die richtige Leiter, die ich hochsteigen wollte, gefunden zu haben, auch wenn ich erst unten stand und noch einen weiten Weg vor mir hatte.

Wenn Sie etwas tun, was Sie begeistert, spielt es keine Rolle, dass es eine Herausforderung ist. Sie können lange bei der Sache bleiben, solange Sie motiviert sind - stellen Sie einfach sicher, dass Sie den richtigen Startpunkt wählen. Wenn Sie Glück haben, kann Ihre Neigung sogar wie im Fall von Stephen eine Berufung werden.

▶▶▶ **ZUR ERINNERUNG**

▶ Einige Leute bekommen ihre Motivation vor allem durch das Schaffen und Teilen. Wenn sie ein Projekt beendet haben, suchen sie sofort ein neues.

▶ Die Anstrengung selbst kann eine Belohnung sein, wenn Sie es zulassen.

▶ Stellen Sie Regeln auf, die für Ihre Kreativität förderlich sind. Schaffen Sie Strukturen und Routinen, die Ihnen die Arbeit erleichtern.

Kapitel

11

Mit vereinten
Kräften

In dieser Welt gibt es Dinge, die man
nur allein tun kann, und Dinge, die man
nur mit jemand anderem tun kann.
Es ist wichtig, beides im richtigen
Verhältnis miteinander zu verbinden.

HARUKI MURAKAMI

LEKTION: EINIGE ABENTEUER SOLLTE MAN MIT ANDEREN TEILEN.

Tom Allen passierte in Jerewan, Armenien, etwas Komisches. Der junge britische Radfahrer war seit acht Monaten fast ununterbrochen unterwegs. Seine Freundschaften mit den Leuten, mit denen zusammen er ursprünglich von England aus gestartet war, hatten gelitten, da Tom enttäuscht darüber war, dass sie weniger Begeisterung für die Erkundungen zeigten als er. Der erste Freund war nach zehn Wochen nach Hause zurückgekehrt, da er seine Freundin vermisste, und der andere entschloss sich ein paar Wochen später, in Tiflis, Georgien, zurückzubleiben.

Dies hatte die seltsame, wenn auch vielleicht absehbare Folge, dass Tom seine größte Herausforderung nicht in den vereisten Alpen und auch nicht in den Wüsten des Sudan fand, wo er mit Malaria und Bewusstseinstrübung zu kämpfen hatte. Die *größte* Herausforderung ergab sich durch eine gewöhnlichere Erfahrung: Tom traf ein Mädchen und verliebte sich.

Tenny war anders als alle Mädchen, die er in England gekannt hatte. Auch wenn sie von der Welt noch nicht viel gesehen hatte, teilte sie Toms Neugier und Abenteuerlust. Gleich am Anfang ihrer Liebesbeziehung wusste Tom, dass er jemand Besonderes gefunden hatte. Obwohl er ursprünglich geplant hatte, nur wenige Tage in Armenien zu bleiben und dann in den Iran weiterzureisen, war dies keine Beziehung, die er so einfach aufgeben wollte. Schließlich verlängerte er seinen Aufenthalt noch um ein bis zwei Tage, vordergründig um sich um Proviant und Reparaturen zu kümmern, und dann um eine weitere Woche, weil er so gern mit Tenny zusammen war.

So wunderbar es auch war, verliebt zu sein, Tenny stellte Tom vor einen unvermeidlichen Konflikt. Das Mädchen, das er liebte, war in Armenien, einem Land, das ihm gefiel und wo er eigentlich länger hätte bleiben können. Und doch lockte die weite Welt, angefangen bei der iranischen Grenze, die nur 60 Kilometer entfernt war. Sollte er besser allein bleiben? Was soll man tun, wenn man sich vorgenommen hat, weiterzureisen?

Tom hatte zu diesem Zeitpunkt die schwierige Aufgabe gelöst, ein Visum für den Iran zu bekommen. Die Marke war in seinen Pass geklebt und rückte mit jedem Tag dem Ende der Gültigkeitsdauer näher. Nachdem er England verlassen hatte und immer weiter gefahren war, hatte er in den letzten acht Monaten nichts als die Straße gekannt. Da er keine andere Möglichkeit sah, verabschiedete Tom sich und setzte seine Reise fort in der Hoffnung, irgendwann in der fernen Zukunft wieder mit Tenny vereint zu sein.

Er bedauerte die Entscheidung beinahe sofort. Als er Kilometer für Kilometer die steilen Berge hinaufstrampelte, die Jerewan von der iranischen Grenzstadt trennten, dachte er darüber nach, was er hinter sich ließ. Am Nachmittag hatte er den ganzen Weg zu seinem Zeltplatz geschafft, aber er war von Schuldgefühlen geplagt, weil er einfach weitergefahren war. Schließlich tat er, was er schon vorher hätte tun sollen. Er entschied sich für das Mädchen. „Das ist für die Verbesserung meines Lebens", sagte Tom in die Handkamera, die er auf die Reise mitgenommen hatte. Er blickte auf die vor ihm liegende iranische Grenze und dann zurück auf die 60 Kilometer, die ihn von Tenny trennten. Tom wandte sich ab und fing an, in die

Pedale zu treten, indem er den Rückweg zu dem Mädchen nahm, das er zurückgelassen hatte.

Die verständnislose Familie

Im Lauf all der Interviews, die ich mit Leuten geführt habe, die sich einer Aufgabe widmen, erfuhr ich, dass es im Hinblick auf die Unterstützung durch Freunde und Familie sehr unterschiedlich aussieht. Einige Familienmitglieder waren sehr unterstützend, andere tolerierten das Bestreben nur und in einigen Fällen erwiesen sich Familie und Freunde als ausgesprochene Gegner des Projekts.

John Francis traf zwei große Entscheidungen, die allen anderen nicht sonderlich sinnvoll erschienen. Die Entscheidung, Autos zu meiden und überall zu Fuß hinzugehen war schon seltsam genug, aber dass er auch noch ein Schweigegelübde ablegte, ging einigen Leuten zu weit. Als er an seine Eltern nach Hause schrieb, um seine Entscheidung zu erklären, nahm sein Vater, der eher besorgt als neugierig war, das nächste Flugzeug nach Kalifornien. Ein Freund holte ihn am Flughafen von San Francisco ab und dann trafen sie zufällig auf John, der gerade auf der Straße zu Fuß nach Hause ging. Als sein Vater ihn begrüßte, lächelte John nur und reichte ihm die Hand, aber er sprach kein Wort. „Verdammt, was soll der Blödsinn?", fragte sein Vater aufgebracht.

In den nächsten Tagen gab der ältere Mann sich bei John zu Hause viel Mühe, ihn zu verstehen. Er hatte sein Zu-Fuß-Gehen mittlerweile akzeptiert, aber das Schweigegelübde konnte er beim besten Willen nicht verstehen. Der Besuch verlief gut, aber Johns Vater hatte ganz klar den Eindruck, dass etwas total falsch war. Irgendwann hörte John zufällig ein Telefongespräch mit seiner Mutter mit, in dem sein Dad sagte, er hoffe, dass John nicht in Philadelphia auftauchen werde.

Selbst ein Jahrzehnt später, als John einen Master-Abschluss der University of Montana gemacht hatte und als der erste dauerhaft schweigende Lehrassistent tätig war, konnte sein Vater es immer noch nicht verstehen.

„Du musst sprechen", sagte er zu ihm. „Was willst du mit einem Master-Abschluss anfangen? Welchen Job willst du kriegen? Du musst Auto fahren und du musst sprechen."

John hörte sich zwar an, was sein Vater zu sagen hatte, aber seine Meinung hinsichtlich des Schweigegelübdes änderte er fünf weitere Jahre lang nicht. Nachdem er seinen Abschluss in Missoula gemacht hatte, bereitete er sich auf ein Doktoratsstudium in angewandter Technologie vor. Das Studium fand an der University of Pennsylvania, 3.700 Kilometer östlich, statt. John packte wieder seine Umhängetasche, verabschiedete sich von Freunden und machte sich allein auf einen weiteren langen Weg.

Alicia Ostarello, die in den Vereinigten Staaten herumreiste, um nach dem schmerzlichen Ende einer Beziehung ihr „50 Dates in 50 Staaten"-Projekt durchzuziehen, hatte es schon früh mit einer unerwarteten Herausforderung zu tun: ihren Eltern. Sie waren, gelinde gesagt, nicht begeistert. Nachdem sie von einigen Freunden Unterstützung bekommen hatte, präsentierte Alicia bei ihrer Geburtstagsfeier die Idee ihren Eltern.

> *Wir hatten gerade den Wein eingeschenkt, „Salute!" gesagt (wir sind tatsächlich Italiener) und ein paar Schlucke getrunken, als ich das Thema zur Sprache brachte. Mein Dad dachte tatsächlich, ich würde Spaß machen. Ich beschrieb, wie mein Plan aussah und wie er funktionieren würde, aber anstatt mir zu sagen, dass es eine schreckliche Idee sei, sah er verwirrt aus, lachte und wechselte das Thema. Ich hatte das Vergnügen, es ihm zwei Tage später noch einmal zu erzählen, nachdem meine Mutter mir gesagt hatte, er habe gedacht, dass ich herumgealbert hätte.*

Alicia erzählte mir später, sie sei zwar dankbar gewesen für die ganze Unterstützung durch Freunde, Sponsoren und Fremde, denen sie unterwegs begegnete – und auch durch ihre Eltern, die schließlich einlenkten –, aber letztendlich habe sie sich ihr Durchhaltevermögen und ihr Wohlbefinden durch die Konzentration auf sich selbst bewahrt.

Ich denke, dass ich die beste Unterstützung durch mich selbst hatte. Ich musste wissen, was ich wirklich brauchte und worauf ich verzichten konnte, um alles an einem Tag zu schaffen. Es war eine interessante Erfahrung, ganz auf mich allein gestellt zu sein. In einem Projekt, bei dem alles um Dating (und daher in gewisser Hinsicht um Co-Abhängigkeit und die Idee, dass wir alle Partner wollen) ging, hat der Gedanke etwas Ironisches, dass einer der Gründe, warum ich überlebte, darin bestand, dass ich in der Lage war, allein zurechtzukommen.

Wenn Ihre Familie es nicht versteht, ist es schwierig. Aber Sie müssen auch Leute finden, die es verstehen. Es ihnen zu beweisen, ist langfristig vielleicht das Beste, was Sie tun können. Wenn Sie von dem, was Sie tun, begeistert sind, werden Sie es manchmal auch mit Gegnern zu tun haben, wie es bei Alicia der Fall war.

Juno Kim sagt, sie rechne nicht damit, dass einige Mitglieder ihrer Familie es jemals verstehen würden. „Ist das nicht traurig?", fragte ich. „Nun ja, manchmal schon", sagt sie. Aber andere Leute verstehen es, und sie hat immer noch ihre Familie, wenn sie nach Hause kommt.

Familie auf Fahrrädern

John und Nancy Vogel waren zwei nach eigener Aussage ausgebrannte Lehrer aus Boise, Idaho, die Zwillinge aufzogen und eine Hypothek abzahlten. Die Vogels hatten schon länger große Abenteuer verfolgt. Ihre Jungen waren in Äthiopien geboren, wo John und Nancy unterrichteten, und hatten ihre ersten vier Geburtstage jedes Jahr in einem anderen Land gefeiert. Nach ihrer Rückkehr in die Vereinigten Staaten war Johns und Nancys Erkundungsdrang stärker als ihr Bedürfnis nach Sesshaftigkeit. Als es für die Jungen Zeit war, in die dritte Klasse zu gehen, verbrachte die Familie das Jahr mit Radfahren in Mexiko und 19 US-Staaten. Die vierte Klasse fand zu Hause in Boise statt, aber ein Großteil des Jahres wurde damit verbracht, die bisher größte Familienexkursion zu planen: eine dreijährige und 27.000 Kilometer lange Radreise von Alaska bis zum südlichsten Punkt von Argentinien.

FREUNDE IN DEN FERIEN...
ODER VIELLEICHT AUCH NICHT

Jedes Jahr veranstaltete ein Touristikunternehmen namens „the Adventurists" ein „Rickscha-Rennen" durch Indien. Es ist ein mehrstufiges Rennen, das komplett in Auto-Rikschas stattfindet, mit bis zu 40 verschiedenen Teams, die alle hoffen, Geld für eine Wohltätigkeitsorganisation zu sammeln und unterwegs eine gute Zeit zu haben. Ich hatte von verschiedenen Gruppen gehört, die mit guten Ergebnissen an dem Rickscha-Rennen teilgenommen hatten. Ein Typ beschrieb es als das Abenteuer seines Lebens mit gemeinsamen Erinnerungen und freundschaftlichen Bindungen, von denen er und seine Rikscha-Kollegen glaubten, dass sie das ganze Leben lang andauern würden.

Eine Frau aus einer anderen Gruppe schrieb mich privat an, um mir eine andere Geschichte zu erzählen. „Es war miserabel", meinte sie. „Und nicht nur wegen der Lebensmittelvergiftung." Diese Gruppe bestand aus mehreren Frauen, die sich zwar aus dem Internet kannten, aber sich vorher noch nie persönlich getroffen hatten. Was für eine lustige Geschichte! Allerdings war es das keineswegs. Eine der Frauen hatte aus welchem Grund auch immer keinen richtigen Draht zu den anderen, und das große Abenteuer wurde zu einer großen

> Prüfung, insofern man versuchen musste, mit neuen Bekannten zurechtzukommen, die keine wirklichen Freunde waren.
>
> Lektion: Wenn Sie nicht besonders kühn sind, sollten Sie Ihre Kameraden kennenlernen, bevor Sie sich bereiterklären, ein Rikscha-Rennen in Indien mit ihnen zu machen.

Dreiundreißig Monate als Familie unterwegs zu sein, jede Nacht in Zelten zu schlafen und mit dem Fahrrad durch wechselnde Klimazonen zu fahren klingt wie eine fortlaufende Katastrophe – und es gab sicher viele Herausforderungen. Mindestens dreimal auf der Reise war Nancy so weit, dass sie am liebsten alles zusammengepackt hätte und nach Hause zurückgekehrt wäre. Die erste Krise kam, während sie durch die Dschungel von Mittelamerika fuhren und Tunnel passierten, die von den üppig wuchernden Baumkronen gebildet wurden. Die Landschaft war schön, aber es war heiß, feucht und stickig. Nancy rechnete im Kopf aus, wie viel Dschungel noch vor ihnen lag: mindestens 1.000 Kilometer. Irgendwie machte sie weiter, ermutigt durch die Tatsache, dass John und die Jungen nicht in dem Maße zu kämpfen hatten.

Die zweite Krise kam in Peru, wo Nancy das Gefühl hatte, in einem geistigen Wettstreit mit dem Land selbst zu liegen. „Es geht darum, wer länger ausharren kann", schrieb sie in ihrem Tagebuch, „und ich vermute, dass Peru eine unendliche Geduld hat."

Wieder einmal machte sie weiter, nur um sich einer unerwarteten Herausforderung in Mittelargentinien gegenüberzusehen, als sie immer noch 2.400 Kilometer und 50 Camping-Nächte von ihrem Ziel Ushuaia entfernt waren. Das war der Punkt, an dem sie beinahe alles hingeschmissen hätte. Sie erzählt die Geschichte wie folgt:

Wir fuhren in die kleine Stadt Zapala, als ein starker Wind Sand in unsere Gesichter peitschte. Tränen strömten mir die Wangen hinunter, als mein Körper versuchte, den Sand aus meinen Augen zu waschen. Kommunikation zwischen meinem Mann und mir war unnötig; er wusste irgendwie, dass ich nicht mehr konnte und dass eine weitere Nacht im Zelt mir den Rest gegeben hätte. Wir strampelten von einem Hotel zum anderen und suchten etwas, was auch nur annähernd innerhalb unseres Preisrahmens lag. Nachdem wir ein billiges Hotel gefunden hatten, stellten wir unsere Fahrräder an einem windgeschützten Platz unter, banden alle unsere Taschen los, um sie die Treppe raufzuschleppen, und schlossen unsere Fahrräder mit einem Schloss ab, bevor wir uns auf den Weg zum Schlafraum machten. John und die Jungen holten den Laptop heraus, um Videospiele zu machen, während ich unter die Dusche ging.

Warmes Wasser strömte über meinen Körper und gleichzeitig liefen mir Tränen übers Gesicht. Ich war völlig erledigt. Ich musste mich aufs Äußerste anstrengen, um in der Dusche überhaupt noch zu stehen. Ich dachte darüber nach, was uns noch bevorstand: über all die Geschichten, die ich über die patagonischen Winde gehört hatte. Niemand hatte Nordargentinien auch nur erwähnt, und dennoch war es das Schwierigste gewesen, was ich jemals getan hatte.

War es wichtig genug für mich, Ushuaia auf zwei Rädern zu erreichen, um weiterzumachen? War das Erreichen dieses Ziels, dem ich so viele Jahre meines Lebens gewidmet hatte, den Schmerz wert, den ich auf mich nehmen musste, um dorthin zu gelangen? Wollte ich das wirklich tun?

Am Ende entschloss ich mich, nicht aufzugeben. Mir war absolut klar, dass mir jeder Pedaltritt der verbleibenden 2.400 Kilometer zuwider wäre, aber ich würde es schaffen. Ich würde Ushuaia erreichen, und wenn ich dabei draufgehen würde.

Interessanterweise hatten John und Nancys Zwillinge, Daryl und Davy, sich am schnellsten an die Herausforderung angepasst. Sie waren besonders motiviert durch das Ziel, die jüngsten Reisenden zu werden, die Nord- und Südamerika mit dem Fahrrad durchquerten.[1] Eine improvisierte Regel, dass es pro 30 zurückgelegten Kilometern einen Keks gab, schadete natürlich auch nicht.

Nancy, John und die Jungen schafften es nach Ushuaia, und es ging niemand dabei drauf. 1.018 Tage, nachdem die Vogels Alaska verlassen hatten, war die Reise beendet. Die Jungen hatten den Rekord gesetzt und dabei eine Menge Kekse vertilgt.

Die Familie kehrte schließlich nach Idaho zurück, um sich noch einmal neu zu orientieren. Die Jungen gingen in die „normale Schule" zurück und belegten Kurse in Naturwissenschaften und Mathematik. Aber der Gedanke an ihre Fahrräder und die Erinnerung an ihr Erfolgserlebnis als Belohnung für ihren Einsatz ließen sie nicht los.

Nach zwei Jahren fragten sie: „Wann gehen wir wieder auf die Reise?" Nancys Antwort lautete: „Von mir aus kann es bald losgehen."

Wieder zurück in Armenien

Wiedervereint mit Tenny war Tom überglücklich. Er mietete eine kleine Wohnung und blieb mehrere Monate in Jerewan, wo er anfing, die Sprache zu lernen und sich zurechtzufinden. Die Reise war keineswegs beendet, aber es war eine gute Pause.

---

[1] *Anmerkung für Eltern: Adam Baker, dessen Geschichte ich in meinen vorhergehenden Büchern erzählte, sagt ohne Umschweife, dass Kinder beim Reisen sich oft schneller anpassen als Erwachsene. „Als wir unsere einjährige Tochter ins Ausland mitnahmen", sagt er, „hatte sie überhaupt kein Problem damit. Wir waren diejenigen, die lernen mussten, flexibel zu sein."*

Zu diesem Zeitpunkt änderte er seinen Plan. Vielleicht konnten sie es gemeinsam tun! Tom fragte Tenny, ob sie Lust habe, ein Stück der Reise mit ihm gemeinsam zu machen, und sie sagte Ja. Warum nicht?

Die beiden radelten von Jerewan nach Teheran, die Strecke, die Tom vor ein paar Monaten fast allein gemacht hatte. Dort angekommen entschieden sie, sich wieder für eine gewisse Zeit zu trennen, eine Entscheidung, die ihnen schwerfiel, aber notwendig war. Tennys konservative Eltern waren im Hinblick auf den fremden westlichen Freier, der mit ihrer Tochter in der Welt herumreisen wollte, zunehmend misstrauisch geworden. Da er es sich nicht völlig mit ihnen verderben wollte, schlug Tom vor, allein weiterzureisen und später zu Tenny zurückzukehren – ein Kompromiss, dem sie schnell zustimmte.

Als er Tenny zum ersten Mal verließ, bereute Tom es sofort. Aber dieses Mal war die Entscheidung anders. Tenny war eine wunderbare Person und, wie es schien, sogar die Liebe seines Lebens. Aber Tom begriff, dass er einen anderen Fehler gemacht hatte: Auch wenn die beiden einander liebten, war es doch nicht Tennys Traum, mit dem Fahrrad in der Welt herumzureisen. Tom kam zu dem Schluss, dass jeder nur seinen eigenen Traum leben konnte. Er liebte Tenny, aber seine Reise war noch nicht beendet. Sie verabschiedeten sich in Teheran – vorläufig, wie sie hofften – und Tom schwang sich wieder aufs Fahrrad. Von da an sagte er: „Ich sah nur nach vorn und versuchte, nicht darüber nachzudenken, was alles passieren könnte."

In den nächsten sieben Monaten kehrte Tom zu dem Thema eines neuen Umgangs mit Risiken und Chancen zurück. „Es geht darum, etwas Unsicherheit im Leben zuzulassen", sagte er. „Vielleicht werden viele Leute mir erzählen, dass es dumm sei, das zu tun … Aber ich konnte nicht einfach aufhören, weil jemand mich dazu aufforderte. Ich musste zurück aufs Fahrrad und kämpfen."

Tom reiste weiter durch Ägypten und den Sudan, zog sich Malaria zu und kämpfte sich durch eine extrem herausfordernde Umwelt (in Kairo gibt es keine Fahrradwege). Dieser Teil der Reise war die körperlich schwierigste Erfahrung, die er jemals gemacht hatte, aber dennoch verlor er nie die Hoffnung. Er war unterwegs und erfüllte seine Mission – und außerdem wusste er, dass er in Armenien jemanden hatte, den er liebte. Trotz der sengend heißen Sonne am Tag und der Moskitos in der Nacht war Tom glücklich.

Die nächste Etappe von Toms Reise endete im Jemen, einem Land, das nur wenige Ausländer besuchen. Tom saß an einem schönen abgelegenen Strand und blickte auf das Jahr zurück. „Ist all das wirklich passiert?", fragte er sich. Er dachte daran, wie er naiv, aber abenteuerlustig von England aus aufgebrochen war. Er dachte daran, wie er seine Freunde verloren hatte, als diese andere Entscheidungen trafen und ihre eigenen Wege gingen. Er dachte an den Kampf, den er erlebt hatte, und an die Herausforderungen, die er bestanden hatte.

Vor allem dachte er aber an Tenny. So schön der Strand im Jemen auch war, die Erinnerungen daran, wie Tenny und er sich verliebt hatten, ließen ihn nicht los.

Er wusste, dass die Zeit gekommen war, die Reise zu beenden. Das Abenteuer war noch nicht vorbei, aber ein Teil davon hatte seinen natürlichen Abschluss erreicht. Als er zum ersten Mal zu Tenny zurückgekehrt war, hatte er dabei ein Gefühl starker Unsicherheit empfunden. Er war zerrissen gewesen zwischen dem Anspruch, sein Ziel zu verfolgen, einerseits und seiner tiefen Zuneigung zu Tenny andererseits. Dieses Mal kehrte er zurück in der Überzeugung, dass er einen Punkt erreicht hatte, wo es richtig war, die Liebe zu wählen. Er stellte sich unerschrocken sowohl seinen Unsicherheiten als auch den jemenitischen Grenzposten. Er ging nach Hause... nach Armenien.

Tom und Tenny heirateten in einer kleinen Zeremonie, bei der auch Toms Freunde aus England zugegen waren. Weitere Abenteuer würden auf sie beide warten, aber die Zielrichtung von Toms Leben hatte sich geändert. „Ich bin nicht mehr die wichtigste Person in meinem Leben", sagte er. „Wohin die Richtung auch gehen mag, wir werden den Weg zu zweit gehen."

▶▶▶▶ **ZUR ERINNERUNG**

▶ Wenn Ihre Familie oder Ihre engen Freunde Ihren Traum nicht verstehen, dann müssen Sie Menschen finden, die ihn verstehen.

▶ Kann ein Traum immer nur von einer einzigen Person geträumt werden? Nicht wenn zwei oder mehr Köpfe die Welt aus der gleichen Perspektive sehen.

▶ Selbst mit der Unterstützung von anderen ist es schwer, sich durch harte Umstände hindurchzukämpfen, wenn man nicht genug eigene Motivation hat.

KAMPF

Ich flog nach Italien und mietete ein Auto am Flughafen Fiumicino in Rom. Ich war schon mehrmals in Italien gewesen und wollte am nächsten Tag nach Afrika weiterfliegen, aber zunächst plante ich, für einen Nachmittagsausflug nach San Marino, der kleinsten Republik der Welt, zu fahren. Ich verbringe normalerweise mindestens mehrere Tage in jedem Land, aber San Marino ist eine kleine italienische Stadt, die es schaffte, zu einer Zeit, als andere Staaten sich erst bildeten, diplomatische Unabhängigkeit zu erreichen. Mit einer Bevölkerung von gerade einmal 30.000 Menschen schien es mir ein netter kleiner Ort zu sein, um dort ein paar Stunden vorbeizuschauen.

Wenn es sich nicht als totale Katastrophe herausgestellt hätte, wäre es vermutlich nett gewesen.

Ich war schon müde, als ich an der Theke der Mietwagenfirma ankam, die sich weit entfernt vom Ankunftsbereich befand. Um zu dem Auto selbst zu gelangen, musste ich noch einmal eine längere Strecke zu einem externen Abholort gehen. Als ich mich in den Wagen setzte – ein winziges europäisches Modell, das mir wie ein Gokart vorkam – brach der Plastikmechanismus ab, mit dem man das Fenster auf der Fahrerseite öffnen konnte. Ups. Das Fenster steckte nun in einer permanenten Position der Nutzlosigkeit fest: Es war mindestens zu einem Drittel heruntergekurbelt, ließ sich aber nicht weiterbewegen. Ich entschloss mich, trotzdem loszufahren – was konnte schon passieren?

Ich fuhr los in Richtung San Marino und rechnete mit einer Fahrt von etwa zwei Stunden. Das war zu einer Zeit, als Navigationsgeräte noch nicht üblich waren; alles, was ich hatte, war also eine markierte Straßenkarte von der Autovermietung.

Zwei Stunden müssen die Zeit gewesen sein, die Formel-1-Fahrer brauchten, um nach San Marino zu gelangen. Ich verpasste jedenfalls eine Ausfahrt und verfuhr mich, und als ich dann schließlich die richtige Ausfahrt gefunden hatte, verfuhr ich mich noch einmal. Ich passierte einige Mautstellen, die wahrscheinlich für italienische Reisende einen Sinn ergaben, aber für einen Idioten wie mich nur verwirrend waren. An einer Mautstelle konnte ich die Quittung einer vorhergehenden nicht mehr finden, sodass der ruppige Mautangestellte mir einfach eine Rechnung über 50 Euro ausstellte. Ich täuschte Unwissenheit vor und fuhr weg.

Müdigkeit überkam mich, weil ich auf dem Flug von Atlanta die ganze Nacht wach gewesen war. Irgendwann fielen mir die Augen eine Sekunde lang zu, und als ich aufwachte, schrammte der Wagen an der am Berg vorbeiführenden Leitplanke entlang. Ach du Schande! Mit klopfendem Herzen nahm ich die nächste Ausfahrt und suchte nach einem Platz, wo ich parken und ein Nickerchen machen könnte. Leider funktionierte auch dieser Plan nicht. Es war mitten im Sommer, und es war heiß. Sobald ich die Klimaanlage ausschaltete, fing ich an zu schwitzen. Ich zog mein Hemd aus, dann meine Hose und versuchte auf dem Rücksitz des winzigen Wagens zu schlafen, indem ich meinen Kopf gegen das Gepäck lehnte. Es funktionierte etwa zehn Minuten lang.

Schließlich gab ich auf. Ich stieg aus dem Auto und fing an, mich wieder anzuziehen, als gerade eine junge Frau mit zwei Kindern vorbeifuhr. Die Kinder zeigten auf mich und lachten. („Oh, hi! Sorry. Scusi.") Ich setzte mich wieder ans Steuer und fuhr schnell davon, frustriert von dem Schlafmangel und peinlich berührt durch meinen Kurzauftritt als halbnackter Tourist auf dem Dorfparkplatz.

Irgendwie schaffte ich es schließlich nach San Marino, vier Stunden nachdem ich Rom verlassen hatte.

Ich fuhr zurück zum Flughafen – vier weitere Stunden – und war stolz darauf, dass ich es nach San Marino geschafft hatte und auf dem Rückweg gelernt hatte, die Maut korrekt zu bezahlen. Die Hitzewelle des Tages war einem Unwetter gewichen. Dank meines Fensters, das sich auf der ganzen Wegstrecke nicht hinaufkurbeln ließ, verbrachte ich den Großteil der Reise in durchnässtem Zustand.

50 Kilometer vom Flughafen entfernt wurde das Benzin knapp und ich musste an einer Tankstelle anhalten. Leider war es eine Selbstbedienungstankstelle und das Bezahlsystem akzeptierte meine Kreditkarte nicht. Wieder Mist! Irgendwie schaffte ich es mit Mühe und Not gerade noch, das winzige Auto in den Flughafen zurückzufahren. Mittlerweile war das Auto durch die Berührung mit der Leitplanke seitlich verkratzt, das offene Fenster war immer noch zu einem Drittel heruntergekurbelt, eine Rechnung über 50 Euro wegen der angeblich versäumten Bezahlung der Maut war vermutlich irgendwann fällig und der Benzintank war vollkommen trocken.

Ich schrieb eine Notiz: „Hatte ein paar Probleme mit diesem Wagen."

Ich warf die Schlüssel und die Notiz in den Einwurfkasten und ging in Richtung Flughafenhalle. Mein Flugzeug ging zwar erst am frühen Morgen, aber ich freute mich darauf, auf einer Bank zu liegen und mich so gut wie möglich auszuruhen. Es war ein verrücktes Abenteuer gewesen, und ausnahmsweise einmal war ich froh, dass es vorbei war.

Leider war die Flughafenhalle für die Nacht abgeschlossen worden und sollte erst um 6:00 Uhr morgens wieder öffnen.

12
Kapitel

Rebellieren für einen
guten Zweck

Die subversivsten Leute sind diejenigen,
die Fragen stellen.

JOSTEIN GAARDER

LEKTION: FINDEN SIE HERAUS, WAS SIE AN DER WELT BEUNRUHIGT, UND LÖSEN SIE DANN DAS PROBLEM FÜR UNS ALLE.

Was würden Sie tun, wenn etwas Sie beunruhigen würde? Würden Sie protestieren, wenn Ihr Heimatland bedroht wäre?

In welchem Maße würden Sie protestieren?

Nehmen wir einmal an, Sie wären bereit, etwas zu tun. Würden sie an einen Politiker schreiben oder an einer öffentlichen Versammlung teilnehmen? Würden Sie ein Schild halten und marschieren?

Die meisten von uns haben eine gewisse Grenze für ihren Aktivismus. Wenn etwas uns beunruhigt, fragen wir vielleicht: „Was kann ich tun?", aber wir wollen, dass die Antwort einfach ist. Wir spenden vielleicht eine kleine Summe Geld oder wir helfen dabei, das Problem öffentlich zu machen. Wenn wir *wirklich* beunruhigt sind, versuchen wir vielleicht auch, andere für ein gemeinsames Engagement zu gewinnen.

Einige gehen noch weiter.

Howard Weaver wurde in Alaska geboren, als Sohn rastloser amerikanischer Pioniere, die aus ihrer Schweizer Heimat immer weiter in Richtung Westen gezogen waren. Direkt nach dem College begann er seine Karriere als Journalist für die *Anchorage Daily News*, wo er für den Polizeibericht zuständig war und bekannten Mitgliedern eines Clans des organisierten Verbrechens nachspürte. Leider waren seine Fertigkeiten, die Zielpersonen zu beschatten, begrenzt, und die Gangster konnten ihn leicht mit einer unzweideutigen Botschaft zu Hause aufspüren: „Mach das nicht noch mal!" Als er in eine Bar ging, um sie persönlich zu treffen, lachten sie darüber, wie jung er war, und gaben ihm einen Drink aus.

Howard arbeitete sich weiter ein, wurde besser beim Aufbauen von Beziehungen mit Informanten und vorsichtiger beim Verfolgen der Gangster. Sein erster Versuch, die Stimme des Status quo herauszufordern, erfolgte, als die *Daily News* in eine finanzielle Notlage geriet. Die Zeitung hatte fünf Monate zuvor den ersten Pulitzer-Preis im Bundesstaat gewonnen, aber die Zeiten waren hart und der Zeitung fehlten die finanziellen Ressourcen ihrer Hauptkonkurrentin, der *Anchorage Times*. Während die *News* versuchte, eine ausgewogene redaktionelle Meinung zu präsentieren, war die *Times* bis ins Mark wirtschaftsfreundlich. In den Köpfen vieler junger und fortschrittlich denkender Journalisten, war die *Times* nicht nur eine Konkurrentin. Sie war eine Feindin.

Nachdem Howard zusammen mit drei Freunden seine Stellung bei der *Daily News* verloren hatte, einer guten Zeitung, die nun pleite war, gründete er die *Alaska Advocate*, eine kampflustige Konkurrentin mit aktivistischer Ausrichtung. Die Zeitung, die mit nur 5.000 Dollar gegründet worden war – die Summe von vier mal 1.250 Dollar, welche die Gründer zusammengelegt hatten – wollte eine Alternative zur *Times* bieten, die das Sprachrohr der großen Wirtschaftsunternehmen war.

Da sie keine traditionelle Finanzierung von örtlichen Banken erhielten, schufen Howard und seine Mitgründer eine Crowdfunding-Kampagne, lange bevor Fundraising-Aufrufe im Internet allgemein üblich wurden.

Das junge Team entschloss sich, nicht registrierte Aktien zu verkaufen, obwohl es nicht wusste, wie so etwas funktionierte. Howard ging in den Schreibwarenladen und kaufte die schönsten Blanko-Aktienzertifikate, die er finden konnte; zudem nahm er einen Prägestempel für ein offizielles Siegel mit. Die anderen gingen in Anchorage und anderen Städten von Tür zu Tür, um Zeichnungen der Aktie zu verkaufen.

Jahrzehnte später erscheint ihr Verkaufsgespräch amüsant und weit hergeholt: „Würden Sie gern ein Wertpapier zeichnen, das nicht existiert?" Aber in nur wenigen Monaten hatten sie weitere 10.000 Dollar Gründungskapital und konnten loslegen. Die erste Ausgabe ging mit einer großen Feier des kleinen Teams in die Druckerpresse.

Die *Advocate* hatte wenig Geld, nachdem die Kosten für den Druck bezahlt waren, und das Personal arbeitete für wenig beziehungsweise gar kein Honorar. Aus Geldnot nahmen die Mitarbeiter an öffentlichen Empfängen teil, wo sie am Buffet kostenloses Essen und kostenlose Drinks schnorrten.[1] Trotz der begrenzten finanziellen Mittel war das Team begeistert und arbeitete bis spät in die Nacht. Es ging in erster Linie darum, etwas aufzubauen, einen Beitrag zu leisten beim Bezwingen eines Riesen, während sie nur mit der Wahrheit bewaffnet waren.

Die aufstrebenden Journalisten nahmen sich alle Freiheiten heraus und gingen an die Grenzen, wo immer es möglich war. Als eine Schlagzeile der *Times* lautete, dass die Trans-Alaska-Öl-Pipeline sicher vor Sabotage sei (eine fragwürdige Behauptung, die tatsächlich Propaganda der großen Öl-Konzerne war), fuhren die *Advocate*-Mitarbeiter zu einem zentralen Bereich der Pipeline und lösten eine falsche Explosion aus. Dabei verwendeten sie Nebelkerzen, von denen dunkle Rauchfahnen in den Himmel aufstiegen. Nichts passierte – und genau das hatten sie auch erwartet. Dann behaupteten sie, dass die *Times-Geschichte* falsch sei, da sich niemand die

---

[1] Howard Weaver: *„In Juneau gab es mit ziemlicher Garantie Alkohol bei jeder Veranstaltung, die nach dem Mittagessen begann, und manchmal auch früher."*

Mühe gemacht hatte, zu prüfen, ob die scheinbare Explosion einen Schaden an der Pipeline angerichtet hatte.

Es mangelte ihnen nicht an Energie oder Chuzpe. Allerdings waren diese Eskapaden eher interessant als effektiv. Howard und seine fröhlichen Witzbolde hatten Spaß, aber der „Kampf gegen die Autoritäten" war eine schwierige Geschäftsstrategie. Zudem hatten sie durch ihre Angriffe auf die *Times* und die großen Konzerne unbeabsichtigt die meisten großen Unternehmen Alaskas vor den Kopf gestoßen, die man vielleicht für die Unterstützung der Zeitung durch Anzeigenkäufe hätte gewinnen können. Jede Woche hielt Howard eine Besprechung mit dem Buchhalter ab, um zu entscheiden, welche Rechnungen bezahlt werden konnten und welche aufgeschoben werden sollten. Der Kampf, sich über Wasser zu halten, endete kurz nach dem zweijährigen Jubiläum der *Advocate*. Das wenige Geld, das sie hatten, war aufgebraucht und die Zeitung wurde dichtgemacht.

Gib nie auf!

Zum Glück für Howard war die Geschichte damit nicht beendet. Seine alte Zeitung, die *Daily News*, war an ein kalifornisches Unternehmen verkauft worden, das bereit war, in sie zu investieren mit dem Ziel, eine ernsthaftere Konkurrentin aus ihr zu machen. Die Gelegenheit, einen alternativen Medienkanal für die Einwohner von Alaska zu schaffen, bot sich an, und Howard kehrte zu der neuen *Daily News* zurück, wo er nun für das Schreiben der Leitartikel und den Aufbau eines neuen Teams zuständig ist. Mit 30 Jahren hatte er wieder einmal das Ziel im Auge, die etablierte Zeitung zu bezwingen.

In den nächsten 13 Jahren arbeiteten Howard und die *Daily News* daran, eine Zeitung herzustellen, die eine bessere Berichterstattung als die *Times* bieten und sie diesbezüglich letztendlich übertreffen würde.

Langsam fing das Blatt an sich zu wenden. Die *Daily News* gewann für ihre Berichterstattung über Alkoholmissbrauch und Suizide unter den Ureinwohnern einen Pulitzer-Preis. Als das Team die Qualität und Quantität der Lokalberichterstattung weiter verbesserte, wurde die *Times* kaltschnäuziger – und die Leser merkten es. Bei jedem Ziel gibt es eine Methode, um den Erfolg zu messen, und im Großen Alaskischen Zeitungskrieg gab es eine klare Kennzahl: die täglichen Abonnenten. In der Anfangszeit bewegte sich die Auflage der *Daily News* etwa bei 10.000 Exemplaren. Zu der Zeit, als Howards Team seinen zweiten Versuch machte, hatte die Zeitung über 20.000 Leser. Die *Times* hatte die *News* immer herablassend behandelt, aber nun hatten sie einen guten Grund, sich Sorgen zu machen. Ganz plötzlich war die Zeitungswelt in den kontinentalen Vereinigten Staaten, die sich für Alaska nie sehr interessiert hatte, aufmerksam geworden.

Was war Besonderes an Alaska? Es gab zwei Zeitungen, die darum wetteiferten, die öffentliche Meinung zu reflektieren und zu prägen. Die *Times*, die etablierte Zeitung, war das Sprachrohr der großen Ölkonzerne. Umweltfragen wurden kurz abgehandelt oder völlig ignoriert. Die Misere der Ureinwohner Alaskas, die oft mit Armut und gesundheitlichen Problemen zu kämpfen hatten, wurde auf Charakterfehler zurückgeführt, womit man auf den latenten Rassismus einiger Leute in der Geschäftswelt setzte. Der anderen Zeitung ging es um Respekt für alle Einwohner Alaskas verbunden mit dem Wunsch, die Wahrheit zu sagen – etwas, was man von einer Zeitung eigentlich erwarten würde, was aber bei der *Times* keineswegs immer üblich war. Howard sprach von den Werten seines Teams als „einer andauernden Überzeugung, dass die Dinge sich nur ändern, wenn man die Wahrheit sagt. Die Leute können für sich selbst entscheiden, aber man kann die Leute nicht anlügen."

Als der Supertanker *Exxon Valdez* im Prinz-William-Sund auf Grund lief, wodurch Millionen Barrel Öl ausliefen und eine der schlimmsten Umweltkatastrophen der Welt ausgelöst wurde, unterschied sich die Berichterstattung der beiden Zeitungen deutlich. Die *News* brachte wochenlang ständig Berichte auf der Titelseite über die Katastrophe und die Reinigungsbemühungen. Bei der *Times* hingegen wurden die Umweltschützer weitgehend ignoriert und ein Leitartikel behauptete, dass die Reinigungsarbeiten in ein paar Tagen beendet wären. (Tatsächlich dauerten sie Jahre.)

Eine Woche nachdem der Tanker auf das Riff aufgelaufen war, wandte die *Times* sich wieder anderen Themen zu und fing an, die Berichterstattung in den Innenteil der Zeitung zu verlegen. Als Exxon in einer panischen Bemühung, die Ölpest zu bekämpfen, Tausende von Zeitarbeitern einstellte, nannte die *Times* es einen „Silberstreifen… einen wirtschaftlichen Glücksfall" und „einen positiven Ruck für die Wirtschaft".

Die Reaktion auf die *Valdez*-Ölkatastrophe schweißte das Team bei der *News* weiter zusammen, das zu diesem Zeitpunkt einen souveränen Vorsprung im Zeitungskrieg hatte. (Die Sonntagsausgabe der *News* hatte eine Auflage von 72.000 Exemplaren gegenüber einer Auflage der *Times* von nur 41.000.) Die *Times* verhielt sich unlauter, indem sie Exemplare der eigenen Zeitung kaufte, um die gemeldeten Auflagenzahlen künstlich zu steigern, und marktschreierische Porträts über Manager derjenigen Firmen veröffentlichte, die sich bereiterklärt hatten, in großen Mengen Abonnements für ihre Mitarbeiter abzuschließen.

Es war ein verzweifelter Kampf auf verlorenem Posten für den früheren Giganten, und im Mai 1992 war alles vorbei. Als der Eigentümer der *Times* schließlich kapitulierte, war es ein Schock für das Personal beider Zeitungen. Die Verhandlungen dauerten weniger als eine Woche mit dem Ergebnis, dass der Eigentümer sich bereit erklärte, die *Times* aufzugeben und im Austausch für seinen eigenen redaktionellen Beitrag in der *News* für die nächsten drei Jahre ihre Vermögenswerte an die *News* zu verkaufen.

Der Zeitungskrieg war vorbei. Der Gigant war gefallen. Howard und die *Anchorage Daily News* hatten gewonnen.

Alles selbst machen

So verdienstvoll Howards jahrelanger Kampf für Alaskas Bürger war, er hatte zumindest das Glück, mit einem engagierten Team zu arbeiten. Er zog Kraft aus der engen Zusammenarbeit mit anderen, die dasselbe Ziel verfolgten. Aber was ist, wenn Sie es ganz allein mit mächtigen Gegnern zu tun haben?

Das war der Fall bei Miranda Gibson. Die 30-jährige Australierin von der Insel Tasmanien war beunruhigt über die Ausbreitung der industriellen Holzfällung in den alten Wäldern ihres Heimatlandes. Als Kind war Miranda durch Wälder gegangen, die mit hundert Jahre alten Bäumen dicht bewachsen waren. Nun aber wurden diese in einem alarmierenden Tempo gefällt, obwohl die Gegend zum UNESCO-Welterbe ernannt worden war. Miranda sah ein Machtungleichgewicht zugunsten multinationaler Holzfällungsunternehmen, die sich gegenüber der örtlichen Bevölkerung anscheinend unverantwortlich verhielten. Auch andere Leute machten sich Sorgen, aber nur wenige waren bereit, Opfer zu bringen, um echte Veränderungen zu bewirken.

Anders als die meisten von uns beschränkte Miranda ihre Protestbemühungen nicht darauf, ein paar E-Mails rauszuhauen oder für eine Umweltschutzgruppe zu spenden. Sie entschloss sich, ein lebendiges Beispiel für Aktivismus zu werden, indem sie alles in ihrer Macht Stehende tat, um das Bewusstsein für das Problem zu wecken und die industrielle Holzfällung zu stoppen. Ihr Protestmittel? Sie kletterte in die Krone eines 60 Meter hohen Eukalyptusbaums … Und erzählte der Welt, dass sie dort bleiben würde, bis das Problem gelöst wäre.

Wie ist das Leben in der Krone eines Eukalyptusbaums? Nun ja, die Umwelt ist ziemlich aktiv. Eine errichtete Plattform bietet einen Aussichtspunkt, um das Gewusel zu beobachten. Man kann in die Dämmerung hinausblicken und sehen, wie die tasmanischen Teufel auf dem Boden Unruhe stiften. Eulen wachen auf und sagen Hallo zu ihren Nachbarn. Die meisten Bewohner des Waldes sind nicht daran gewöhnt, ihren Lebensraum mit Menschen zu teilen, aber wenn man monatelang bleibt, gewöhnen sie sich langsam an einen.

Besucher kommen und gehen und gelangen über ein ärmliches Flaschenzugsystem nach oben, um Hallo zu sagen. Dank der Wunder der modernen Technologie kommen Solidaritätsbekundungen aus allen Zeitzonen an.

Aber die Besucher, die Solidaritätsbekundungen und selbst das Kreischen der Eulen sind Echozeichen auf einem ständigen Radar der Monotonie. Die meiste Zeit ist man sehr allein. „Manchmal wird es schon etwas einsam hier oben", erzählte mir Miranda per E-Mail, was mir wie die Untertreibung des Jahrhunderts erschien.

Miranda schlug ihr Lager in dem Baum auf und fing an, die Aktivitäten im Wald für ein weltweites Publikum zu dokumentieren. Ihre Aktionen schafften schnell eine kurzfristige Abhilfe. Da die Holzfäller keinen moralischen Krieg mit einer jungen Frau führen wollten, die in einem Baum lebte und weltweite Aufmerksamkeit erhielt, verließen sie die unmittelbare Umgebung.

Aber wie lange war sie bereit zu bleiben? Ihr Ziel war, nicht nur die Holzfäller zu vertreiben, sondern ihre Rückkehr illegal oder unmöglich zu machen. Anders gesagt, dies war kein kurzfristiges Projekt. Miranda blieb zunächst wochenlang und dann monatelang in dem Baum. Die Jahreszeiten wechselten, und sie war immer noch da. Ein ganzes Jahr verging, und sie hatte sich nicht von der Stelle bewegt.

Miranda korrespondierte mit mir etwa am 400. Tag ihres Protests. Sie hatte vor kurzem ihr zweites Weihnachten hoch über der Erde gefeiert.

Ich wollte mehr erfahren, also fragte ich sie, ob wir telefonieren könnten. „Noch besser", sagte sie. Miranda ist wahrscheinlich mit dem einzigen Wi-Fi-Hot-Spot der Welt in der Krone eines 100 Jahre alten Baumes ausgestattet; also arrangierten wir eine Skype-Sitzung. „Warum tun Sie das?", fragte ich sie in einer überraschend guten Videoverbindung. „Warum gerade Sie?"

„Das war das Einzige, was mir effektiv vorkam", sagte sie. „Alles andere schien keine Beachtung zu finden."

Als Miranda in den Baum kletterte und in der Krone ihr „Lager" aufschlug, fand sie definitiv Beachtung. Noch besser, die Holzfäller blieben weiterhin fort.

Wofür es sich zu leben lohnt

Ein Online-Kommentator wunderte sich über Miranda Gibsons Motivation: „Macht sie das, um einen Mangel in ihrem Privatleben auszugleichen?" Das könnte man allerdings jeden fragen, der sich einer Sache verschreibt.

Wer weiß, warum jemand sich um etwas kümmert? Wenn man bereit ist, ein Jahr lang in einem Baum zu leben, muss man wirklich an etwas glauben.

Als ich ein Kind war, saß ich bei vielen dramatischen spätabendlichen Gottesdiensten in einer hinteren Kirchenbank.

Der Prediger oder Evangelist erzählte oft eine Geschichte über unsere Brüder und Schwestern in Russland, China oder Kuba (die kommunistischen Länder waren anscheinend austauschbar), deren Kirchen von Soldaten umzingelt wurden und die gezwungen wurden, ihren Glauben zu verleugnen, oder es riskierten, hingerichtet zu werden.

Egal wie die Details lauteten, die Geschichte endete immer mit einer Herausforderung: „Wärt ihr bereit, für euren Glauben zu sterben?"

Im Rückblick sieht man leicht, wie beschränkt diese Frage war. Was ist es wirklich wert, dass man dafür stirbt? Diese Frage ist mit Sicherheit schwierig zu beantworten – selten hat jemand ein Mitspracherecht dahingehend, wie er stirbt und ob es irgendeinem Zweck dient. Die meisten von uns sterben, wenn die Zeit gekommen ist, egal ob wir bereit sind, irgendeine Erklärung abzugeben oder nicht.

Und dennoch hat jeder von uns an jedem einzelnen Tag eine weitaus interessantere Frage zu beantworten: Wofür lohnt es sich *zu leben*? Wenn Sie nur eine Sache verfolgen könnten, um welches Zentrum würden Sie Ihr Leben organisieren und was würden Sie jeden Tag tun? Und wenn ein echtes Opfer dafür nötig wäre… – würden Sie dabei bleiben?

Für etwas zu sterben ist heroisch. In dem seltenen Fall, dass es passiert, gehen Sie mit Glanz und Gloria unter, indem Sie an Ihrer Moral oder Ihrer Sache festhalten. Das wäre eine tolle Sache. Jahre später wird Brad oder Angelina Ihre Rolle im Film spielen.

Aber für etwas zu leben kann ziemlich profan sein – und daher mehr Opferbereitschaft erfordern, weil es selten jemand beachtet. Leben Sie einfach weiter und rühren Sie die Werbetrommel für die Sache, der Sie sich verschrieben haben. In aufrichtiger Weise Tag für Tag für etwas zu leben ist viel wertvoller, als am Ende Glanz und Gloria zu suchen.

Also was meinen Sie – wofür lohnt es sich wirklich zu leben?

„VIELLEICHT WISSEN DIE LEUTE ES EINFACH NICHT"

Eine Wildtier-Veterinärin aus Kanada, Helene Van Doninck, befindet sich auf einer Ein-Frau-Kampagne, Jäger davon zu überzeugen, auf nicht bleihaltige Munition umzusteigen. Jedes Jahr sieht sie während der Jagdsaison zahlreiche kahle Adler, die durch das Fressen von Bleimunition in gejagtem Wildfleisch vergiftet wurden. Diese Adler stehen als bedrohte Art unter Naturschutz, aber viele sterben, nachdem sie Blei zu sich genommen haben.

Helene hält dies für absolut vermeidbar. Daher hat sie sich intensiv darum bemüht, Jägergruppen und örtliche Gemeinden dazu zu bringen, dass sie Beschlüsse fassen, welche die Verwendung nicht bleihaltiger Munition zur Pflicht machen. Sie startete die Kampagne nach einer schwierigen Woche, in der sie vier Adler an den Folgen der Vergiftung hatte sterben sehen. Zuerst war sie verärgert, aber dann begriff sie: „Vielleicht wissen die Leute es einfach nicht, dass es eine bessere Methode gibt."

Helenes Haltung ist die, dass es ihre eigene Aufgabe ist und sie von niemandem die Erlaubnis benötigt, diese zu verfolgen. Die größte Herausforderung, mit der sie es zu tun hat, sind Jäger, die denken, dass sie die Abschaffung der Jagd befürwortet, was keineswegs der Fall ist. „Ich will den Leuten nur zeigen, dass es eine Alternative gibt", schrieb sie. „Manchmal treffe ich Leute, die es nicht verstehen, aber nach

> einer Weile entschloss ich mich, mir zu sagen, scheiß drauf, ich mache das ehrenamtlich und niemand kann mich feuern."

365 Wohltätigkeitsorganisationen

Nachdem Stephanie Zito über 15 Jahre für gemeinnützige Organisationen gearbeitet hatte, wozu auch Auslandsaufenthalte im Sudan und in Kambodscha gehörten, fühlte sie sich entmutigt. In ihrer Zeit bei verschiedenen Organisationen hatte sie viel gute Arbeit und hoffnungsvolle Geschichten erlebt, aber es gab auch viel Bürokratie.

Rastlos machte sie sich an eine Mini-Aufgabe als Herausforderung an ihren eigenen Unglauben. Ein ganzes Jahr lang brachte sie täglich etwas in Erfahrung über eine neue Person, ein Projekt oder eine Organisation, welche die Welt zu einem besseren Ort machten. Sie spendete auch jedes Mal zehn Dollar und schrieb, wo immer es möglich war, etwas darüber, was mit dem Geld passierte. Sie nannte das Projekt #Give10.

Die finanziellen Kosten für #Give 10 waren moderat (insgesamt 4.260 Dollar: zehn Dollar für jeden Tag in einem Schaltjahr und 600 Dollar extra für drei Mal im Jahr stattfindende „Leserwahl"-Spenden). Selbst mit dem eher bescheidenen Gehalt als Angestellte in einer gemeinnützigen Organisation war es nicht furchtbar schwierig, das Geld aufzubringen. Arbeitsaufwendig hingegen war es, die Menschen, Projekte oder Organisationen zu finden, die sich für eine Unterstützung eigneten.

Es stellte sich heraus, dass es überraschend schwierig war, täglich einem anderen Empfänger zehn Dollar zu geben. Stephanie arbeitete für einen Großteil des Projekts in ganz Asien, flog jede Woche von ihrem Zuhause in Phnom Penh nach Bangkok und oft noch weiter weg, in die

Mongolei oder sonst wohin. Um sicherzustellen, dass sie nicht hinter ihrem Plan zurückblieb, stellte sie eine Regel auf, dass sie abends nicht zu Bett gehen würde, bevor sie die Spende gemacht hatte. In einigen Nächten war sie in Kambodscha oder Thailand bis Mitternacht auf und kämpfte dagegen, vor dem Computer einzuschlafen. Aber jeden Morgen war sie froh, dass sie jemanden gefunden hatte, und machte weiter. Es Tag für Tag in Angriff zu nehmen, eine Gewohnheit daraus zu machen und der Welt davon zu erzählen – all das half dabei, sicherzustellen, dass sie eisern durchhielt.

Die Reaktion von Freunden und Followern, die Stephanies tägliche Postings lasen, war interessant. Die Freunde unterstützten sie, wie man es erwarten würde. Einige Follower sagten später, sie hätten beim Lesen ihrer Updates ein schlechtes Gewissen gehabt, weil sie selbst nichts gespendet hätten. In positivem Sinne erwähnenswert ist, dass mehrere Leute schrieben, um zu fragen, ob es o. k. wäre, wenn sie ihre eigenen #Give10-Projekte starten und einen Monat oder sogar ein Jahr lang Beiträge leisten würden. Eine Frau rief ein #Give25-Projekt zu ihrem 25. Geburtstag ins Leben. Eine andere Person gab das Rauchen auf und entschloss sich, das gesparte Geld für karitative Zwecke zu spenden. Hin und wieder lernte jemand über Stephanies Postings ein Projekt oder eine Organisation kennen und entschloss sich, sie ebenfalls zu unterstützen.

Bei der Aufgabe ging es nicht nur darum, etwas zu geben; es ging auch um das Entdecken. Indem Stephanie jenseits der großen gemeinnützigen Organisationen suchte, hoffte sie, weniger bekannte Organisationen, Projekte und Menschen zu finden, die Hilfe brauchten. Sie unterstützte ein Projekt namens Liter of Light, das Slum-Dörfern dabei hilft, ihre eigene Solarbeleuchtung durch recycelte Plastikflaschen zu schaffen. Sie spendete einem fünf Jahre alten Jungen in Rochester, New York, der im Internet Bilder verkaufte, um Geld für die medizinische Forschung zu sammeln. Sie half dabei, einen Spielplatz in den Philippinen zu bauen. Jeder Tag bot eine neue Geschichte und eine neue Chance, etwas zu lernen.

Was beunruhigt Sie?

Wenn Sie versuchen, Ihre eigene Aufgabe zu finden, wird es vielleicht hilfreich sein, wenn Sie sich selbst ein paar Fragen stellen. Einige Leute finden ihre Aufgaben, indem sie sich auf *Leidenschaften* und *Interessen* konzentrieren – etwas, was sie gern tun, oder Teile der Welt, die sie entdecken wollen.

Wenn das jedoch nicht funktioniert, versuchen Sie einen anderen Ansatz. Anstatt zu fragen, was Sie begeistert, fragen Sie, was Sie beunruhigt. Es gibt keinen Mangel an Problemen in der Welt, aber welche beunruhigen Sie am meisten sehen? An welchen Problemen können Sie etwas ändern?

Miranda Gibson war beunruhigt durch die industrielle Holzfällung in Tasmanien, also kletterte sie auf einen Baum und erhielt weltweite Aufmerksamkeit für ihr Anliegen. Helene Van Doninck fand ihre Antwort, indem sie sich auf die Jagd in ihrer Heimatregion Nova Scotia konzentrierte.

Was beunruhigt *Sie*?

449 Tage nachdem Miranda auf den Baum geklettert war, musste sie wieder herunterkommen… dringend. Das Problem war nicht mangelndes Engagement oder dass sie ihre Meinung geändert hätte – das Problem war ein Buschfeuer, das sich bis zu einem Kilometer Entfernung von Mirandas Baum ausgebreitet hatte. Fast ein Jahr und drei Monate waren vergangen, seit sie erstmals Anspruch auf die Baumkrone erhoben und einen seltsamen Lebensstil angenommen hatte, indem sie tagsüber mit Journalisten skypte und nachts unter den Sternen schlief. Ganz plötzlich war alles vorbei.

Während der ganzen Zeit, in der Miranda in dem Baum war, trug sie einen Sicherheitsgurt. Als sie herunterkam, trug sie ihn weiter, bis jemand darauf hinwies, dass er nicht mehr nötig sei. Eine Meute von Reportern und Fotografen erwartete ihre Ankunft, und sie saß neben dem Baum und hielt lange Zeit das Seil.

Schließlich kam sie zu dem Schluss, dass sie ihr Anliegen vorgetragen hatte, und ging. Nachdem sie ein Jahr in dem Baum verbracht hatte, war sie zuversichtlich, dass die Holzfällungsunternehmen es nicht wagen würden, zurückzukehren. Wenn sie es täten, wäre sie bereit, es wieder zu tun. Wie das Kind, das einen einzigen Seestern am Strand rettet, hatte Miranda den Wald gerettet.

> ▶▶▶▶ **ZUR ERINNERUNG**
>
> ▶ Einen Feind oder Gegner zu haben (selbst einen imaginären) kann dazu führen, dass Sie fokussiert bleiben.
>
> ▶ Die Frage „Wofür lohnt es sich zu leben?" ist wichtiger als die Frage „Wofür lohnt es sich zu sterben?"
>
> ▶ Zu verstehen, was Sie beunruhigt, ist genauso wichtig wie zu verstehen, was Sie begeistert.

Kapitel 13

Der lange Weg

Ich gehe langsam,
aber ich gehe nie zurück.

ABRAHAM LINCOLN

LEKTION: DER MITTELTEIL EINER AUFGABE KANN DER SCHWIERIGSTE TEIL SEIN. GEBEN SIE NICHT ZU FRÜH AUF.

Es war die größte Sinfonie, die jemals komponiert wurde. Die Liste der Instrumente spiegelte den Ehrgeiz wider, alle Klänge der westlichen Orchestermusik des vergangenen Jahrhunderts zu produzieren. Zusätzlich zu den üblichen Anforderungen – eine große Vielfalt von Holzblasinstrumenten, Blechbläsern, Geigen und Schlagzeug -, hatte der Komponist eine ganze Reihe weniger bekannter Instrumente verlangt. So waren sechs nötig, von denen vier außerhalb der Bühne platziert werden mussten. Fünf

---

[1] *Eine Vogelscheuche ist in vielerlei Gestalt verfügbar, man kann sie bequem im Internet über Amazon.com bestellen oder im örtlichen Vogelgeschäft kaufen. Ebenso lieferbar: ein Vogelwecker, Vogelheuler oder Vogelkreischer „mit über 90 permanent sich ändernden Sounds".*

Chöre sollten sich auf der Bühne versammeln, darunter ein Kinderchor. Eine Reihe ungewöhnlicher Bitten musste erfüllt werden, darunter eine Donnermaschine und eine „Vogelscheuche", die ziemlich genau so funktionierte, wie die Bezeichnung vermuten lässt. Fast 200 Instrumentalisten nahmen an der zweistündigen Aufführung teil.[1]

Das Musikstück wurde die Gothic Symphony genannt. Wegen ihres Umfangs und vielleicht auch deshalb weil ihr Komponist, Havergal Brian, nicht den großen Namen eines Beethoven oder Bach hatte, wurde die Gothic nur ein paar Mal aufgeführt. Tatsächlich war sie in den letzten 30 Jahren überhaupt nicht aufgeführt worden und niemals außerhalb des Vereinigten Königreichs.

Gary Thorpe, der Manager und Moderator eines Klassik-Radiosenders in Brisbane, Australien, hatte 1980 die Aufführung der Gothic in der Royal Albert Hall in London erlebt und war völlig begeistert davon gewesen. „Nur wenige Menschen verstehen klassische Musik des 20. Jahrhunderts", sagte Gary zu mir. „Sie halten sie für unmelodiös und langweilig. Aber das stimmt nicht! Sie gehört zur aufregendsten Musik, die jemals komponiert wurde."

Die Aufführung in London inspirierte einen Traum: die Sinfonie in seiner Heimatstadt aufzuführen. Mit einer Bevölkerung von fast drei Millionen Menschen ist Brisbane nicht klein. Wenn man jedoch an klassische Musik denkt, dürfte man eher an Städte wie Wien, Rom und Berlin denken – nicht an eine Küstenstadt im abgelegenen Australien.

„Ich wollte zeigen, dass Brisbane durchaus in der Lage ist, so etwas auf die Beine zu stellen", fuhr Gary fort. „Ich hatte das Gefühl, dass es die Aufmerksamkeit der ganzen Welt auf sich ziehen würde, wenn wir es gut machen würden."

Das einzige Problem bestand darin, es zu machen.

Die bloße Koordination von Talent und Ressourcen war eine überwältigend große Aufgabe, und er scheiterte immer wieder. Der erste Versuch scheiterte mangels Orchesters, der zweite mangels Finanzierung, der dritte, weil ein geeigneter Veranstaltungsort fehlte. Beim vierten Mal würden sie

Glück haben, dachte Gary – bis klar wurde, dass sie unmöglich genug Chorsänger finden konnten.

Dieses Scheitern zog sich über 20 Jahre hin. Bei jedem Versuch musste die Vision immer wieder angepriesen werden, es musste ein neues Team zusammengestellt werden und versucht werden, skeptische Konzertveranstalter davon zu überzeugen, dass es dieses Mal funktionieren würde. „Ich pries einfach immer weiter die Gothic an, wo immer ich eine Gelegenheit hatte", sagte Gary. „Man sagte mir, sie sei es nicht wert, sie sei kein Meisterwerk, sie sei zu schwierig. Es habe seine Gründe, warum sie in der Vergangenheit nur vier Mal aufgeführt worden sei."

Es hieß, dass die Gothic Symphony verflucht sei – eine Beschreibung, über die Gary sich lachend hinwegsetzte, bis er 20 Jahre mit dem Versuch verbrachte, sie aufzuführen.

„Der schwierigste Aspekt bestand aus meiner Sicht darin, die Überzeugung zu bewahren, dass eine Aufführung der Sinfonie sich lohnte", sagte er.

Derjenige, der führt, braucht ein Team (und das Team braucht im Gegenzug jemanden, der führt)

Gary verweist großzügig auf die Leistungen all derjenigen, die zu dem enormen Aufwand beitrugen, der nötig ist, um Hunderte von Musikern für eine Sinfonie von riesenhaftem Umfang zusammenzubringen. Er ermutigt andere, möglichst früh ein Team zusammenzustellen. „Versuchen Sie, so viele talentierte und fähige Leute an ihrer Aufgabe teilhaben zu lassen, wie Sie können", schrieb er mir. „Wenn man alles selbst macht, kann es schnell passieren, dass man sich einsam fühlt und die Lust verliert."

Das stimmt zweifellos und Gary konnte sicher nicht alles allein machen – schließlich musste jemand die Vogelscheuche betätigen. Aber Gary war der unermüdliche Visionär, der Jahr für Jahr und trotz wiederholter Fehlschläge die Verantwortung übernahm. Ohne das Team wären die Bemühungen vergeblich gewesen. Und ohne seine Führung hätte es keine Bemühungen gegeben.

Bei der langen und langsamen Plackerei, die mit dem Hinarbeiten auf ein Ziel verbunden ist, geht es vor allem darum, den Prozess selbst zu mögen. Wenn man den Prozess nicht mag, ist die Plackerei schwer.

Die Plackerei ist auch eine gefährliche Zeit. Dann fühlt man sich versucht, aufzugeben oder zumindest den kürzesten Weg zu nehmen. Steven Pressfield, der Autor von einem Dutzend Büchern, sagt: „Das Wichtigste bei der kreativen Tätigkeit ist, zu arbeiten. Alles, was zählt, ist, dass man sich jeden Tag hinsetzt und sich bemüht." Dasselbe gilt für eine Aufgabe. Das Wichtigste ist, kontinuierlich Fortschritte zu machen.

Ein weiteres Jahr verging, und Gary bereitete sich auf seinen fünften Versuch vor, die Gothic Symphony aufzuführen. Wieder einmal stellte er ein Team zusammen und fand einen vielversprechenden Dirigenten, der bereit war, sich einzubringen. Als es darum ging, Termine mit einem Festival-Veranstalter zu verhandeln, bemerkte das Team jedoch leider unvereinbare Terminüberschneidungen. Der Fluch hatte wieder einmal zugeschlagen!

Neun Monate später fing Gary an, wieder an dem Projekt zu arbeiten. Dieses Mal entschloss sich eine Dokumentarfilmerin, die Garys Bemühungen, die Gothic nach Brisbane zu bringen, gefilmt hatte, ihre Objektivität aufzugeben. Nachdem sie miterlebt hatte, wie Gary immer wieder scheiterte, trat Veronica Fury auf den Plan und offiziell dem Team bei. Weitere gute Nachrichten trafen ein in Form eines Zuschusses in Höhe von 25.000 Dollar - das reichte zwar nicht, um die enorme Sinfonie aufzuführen, aber es war ein guter Anfang. Ein enthusiastischer Chorleiter aus Sidney entschloss sich ebenfalls, dem Team beizutreten, und alle waren auf vorsichtige Weise optimistisch.

Leider (Sie wussten ja, dass das kommen würde) ging wieder etwas schief. Der großartige Chorleiter aus Sidney stieg aus, wodurch eine entscheidende Komponente fehlte. Ein Schritt vor, ein Schritt zurück. Schließlich wurde die Buchung der Veranstaltungshalle storniert. Alle waren sich darüber einig, dass das Projekt eine Pause brauchte.

Ein Jahr später traten Gary und der Rest des Brisbane-Teams wieder zusammen. Dieses Mal waren sie entschlossen, die Sache durchzuziehen:

„Es ist der Mount Everest der klassischen Musik!", sagte Gary. „Wir sind ein paar Mal bis zum Basislager gekommen, aber mussten uns immer wieder zurückziehen!" (Zur Erinnerung: Sie begeistern sich vielleicht für etwas, auch wenn es für andere Leute nicht interessant ist, und Sie müssen an Ihr Projekt glauben, auch wenn es sonst niemand tut.)

Nach sechs gescheiterten Versuchen in 28 Jahren, schien es, dass der Plan endlich aufgehen würde. Sie hatten den Dirigenten, ein minimales Budget und eine zusammengewürfelte Bande von Chorsängern, die aus dem ganzen Land kamen. Doch dann gab es eine erneute Krise, als die Manager des Veranstaltungsortes die Buchung stornierten. Vielleicht waren ihnen Gerüchte über das wiederholte Scheitern des Projektes zu Ohren gekommen oder vielleicht waren sie auch einfach nicht begeistert von der Aussicht, die Logistik für ein riesiges Orchester und fünf Einzelchöre bewältigen zu müssen. Was auch immer der Grund war, sie bekamen plötzlich kalte Füße.

War es wieder ein Fehlschlag? Nein – in Garys Worten war es ein Ruf zu den Waffen. Die Filmemacherin sah Gary an und sagte: „Du musst da rein gehen und diese Buchung sicherstellen."

Aber Gary konnte das nicht. Nachdem er fast drei Jahrzehnte lang jeden in Brisbane belästigt hatte, wäre man seinen Bitten wahrscheinlich nur mit einem höflichen Lächeln und Bedenken begegnet. Die Gothic, sagte Gary, sei das bekannteste Musikstück in der Stadt…, das nie aufgeführt worden war.

Gary ging mit den anderen Mitgliedern der Gruppe zu dem Veranstaltungsort, aber wartete in der Lobby, während alle anderen nach oben zu dem Meeting gingen. Vierzig Minuten lang ging er hin und her, unfähig, etwas zu tun. Nachdem er 28 Jahre gewartet hatte, nur um jetzt Gefahr zu laufen, den Veranstaltungsort zu verlieren, während alles andere nach Plan lief, fühlte er sich machtlos und hochgradig frustriert.

Schließlich tauchten die anderen Mitglieder der Gruppe auf und machten das Daumen-hoch-Zeichen. Sie hatten die Manager des Veranstaltungsortes überredet, die Buchung beizubehalten!

Alle Hindernisse waren aus dem Weg geräumt. Im Hauptberuf war Gary Moderator bei einem Radiosender für klassische Musik, und er nutzte das Medium, um den Kartenverkauf anzuheizen. „Es ist eine Gelegenheit, die es nur einmal im Leben gibt!", ließ er seine Hörer wissen.

Bei so vielen Musikern, angefangen bei den Hunderten von Instrumentalisten bis zu dem Quintett von Chören, waren die Proben eine Herausforderung. Das Material zu bewältigen, war an sich schwierig genug – es jedoch in geschlossener Form mit jedem Detail an der richtigen Stelle zu präsentieren, war noch viel schwieriger. Doch schließlich kam der große Tag. Es gab keine Zeit mehr, sich vorzubereiten, und es führte kein Weg mehr zurück. Spielstart!

Wie Sie Ihr Abenteuer bezahlen

Die meisten Leute, die dieses Buch lesen, haben einen bestimmten Anteil ihres Einkommens zur freien Verfügung. Sie betrachten sich vielleicht nicht als reich, aber Sie können sich ab und zu etwas kaufen, was Ihnen gefällt. Noch wichtiger, Sie können für *Erfahrungen* zahlen. Bei den meisten Aufgaben geht es eher darum, aktiv zu werden, anstatt „Zeug" zu erwerben – und die meisten Aktivitäten lassen sich in einem „Zeit-und-Geld"-Modell messen, wobei Sie herausfinden, was es genau kostet, und dann kalkulieren, wie Sie dafür bezahlen.

Wenn es ums Reisen geht, habe ich gelernt, dass es nur sehr wenige Orte auf dem Planeten gibt, bei denen man gleich die Bank sprengen muss, um für ein paar Tage dorthin zu reisen. Selbst die teuersten Orte der Welt lassen sich für 2.500 Dollar oder weniger erreichen. Wenn Ihnen diese Summe exorbitant hoch erscheint, dann denken Sie daran, dass es nur zwei Dollar pro Tag in dreieinhalb Jahren sind oder etwas weniger als sieben Dollar pro Tag in einem Jahr. Können Sie so viel sparen? Wenn ja, können Sie überallhin reisen.[2]

---

[2] *Lesen Sie mehr über das 2-Dollar-Experiment auf*

ChrisGuillebeau.com/3x5/your-one-place.

UNTERWEGSSEIN ALS LEBENSSTIL

Das Reisen kann verwirrend und unsicher sein. Sie sind da draußen an einem unbekannten Ort, tun neue Dinge und nehmen andere Verhaltensmuster an. Manchmal kann jedoch das Reisen selbst ein willkommenes Gefühl der Bewegung bieten. Juno Kim, die einen festen Job in Südkorea aufgab, um die Welt zu sehen, sagte, dass das Reisen ihr eine Basis gegeben habe.

Eine meiner Theorien über das Reisen lautet, dass es uns dabei hilft, in einem stabilen Zustand zu sein. Es gibt so viele Gründe, zu reisen: als Urlaub, Flucht, Herausforderung, Abenteuer, Versteck... Und am Ende möchten wir ein paar Antworten haben. Um eine präzise Antwort über mich zu bekommen, muss ich mich in diesem stabilen Zustand befinden; ich muss glücklich sein und ich muss mich selbst kennen. Und die beste Methode, diese beiden Voraussetzungen zu erlangen, ist das Reisen, zumindest war es das für mich.

Gerade so, wie Sie Ihre eigenen Ziele definieren und für sich selbst entscheiden sollten, was Erfolg ausmacht, müssen Sie Ihre eigene Definition von Stabilität finden. Ist es ein sicherer Job und ein gemütliches eigenes Heim, oder ist es etwas anderes? Müssen Sie immer zwischen dem Fremden und dem Vertrauten wählen, oder können Sie beides kombinieren? Juno fand Stabilität, indem sie das zurückließ, was als ein viel stabilerer Lebensstil betrachtet wurde. Sie fand ihren „stabilen Zustand" weit entfernt von ihrem Heimatland.

„Es kostet, was das Leben nun mal kostet": Wie verschiedene Leute ihre Projekte finanzierten

Ich fragte alle, deren Geschichte in diesem Buch erzählt wird, wie viel ihr Projekt oder ihre Aufgabe kostete und wie sie es bezahlen konnten. Die Antworten variierten erheblich.

Juno Kim, die 27-jährige Südkoreanerin, nahm ursprünglich ihre Ersparnisse mit und plante, möglichst lange davon zu leben. Aber nach vier Jahren und 24 Ländern hat sie dank ihrer Arbeit als freie Autorin und Fotografin ihre Ersparnisse tatsächlich *vermehrt*.

Scott Young, der sich das MIT-Informatikstudium in einem Jahr selbst beibrachte, verbrachte fünf Tage pro Woche damit, Vollzeit zu lernen, einen Tag ruhte er aus und einen Tag war er geschäftlich tätig, um seine Rechnungen zu bezahlen. Da ihm nur wenige Stunden zum Geldverdienen zur Verfügung standen, musste er diese Stunden voll nutzen. Glücklicherweise hatte er sein Geschäft als fleißiger Student begonnen; daher war er daran gewöhnt, sich auf die richtigen Aufgaben zu konzentrieren, anstatt den ganzen Tag im Internet zu surfen. Trotz Scotts Tüchtigkeit erforderte das MIT-Projekt einige Kompromisse. „Mein Ziel in diesem Jahr war es nur, das Geschäft am Laufen zu halten. Infolgedessen hatte ich nicht viel Zeit, um das Geschäft weiterzuentwickeln. Ich machte in dieser Zeit keine wesentlichen geschäftlichen Expansionen oder Verbesserungen."

Ron Avitzur arbeitete kostenlos an seinem Projekt „grafikfähiger Taschenrechner", schlich sich früh am Morgen in den Apple-Unternehmenssitz und arbeitete bis in die Nacht. Er lebte spartanisch und aß billige Mahlzeiten.

„Ich habe nicht viel Geld ausgegeben", sagte er zu mir. „Aber es war auch hilfreich, dass wir die ganze Zeit arbeiteten."[3]

Mark Boyle, ein Mann aus Bristol, England, der sich entschloss, über ein Jahr lang ohne Geld zu leben, schrieb mir, um mir zu sagen, dass sein Projekt praktischerweise keinerlei finanzielle Kosten hatte. Dies bedeutete jedoch nicht, dass er allein war. Nach den schwierigen ersten beiden Monaten, in denen er sich langsam an das Leben ohne Geld gewöhnte, wuchs sein Netzwerk der gegenseitigen Unterstützung. „Je mehr Sie anderen Leuten bedingungslos helfen", sagte er, „umso mehr bekommen Sie in gleicher Weise Hilfe zurück, aber ohne die Formalität, die das Geld uns auferlegt."

Die meisten Menschen, die sich einer Aufgabe widmeten, entschlossen sich, ihre großen Reisen selbst zu bezahlen in der Überzeugung, dass es ihr persönlicher Traum war und sie ihn daher selbst finanzieren wollten. Matt Krause, der die Türkei allein zu Fuß durchquerte, hatte jedoch eine andere Idee: „Ich finanzierte die halbe Reise mit Kickstarter und würde es sehr empfehlen, dass Leute, die etwas Seltsames im Leben tun, anderen die Chance geben, daran teilzunehmen. Wenn Sie etwas Seltsames tun, gibt es wahrscheinlich viele Leute, die es auch gern tun würden, aber es aus verschiedenen Gründen nicht wagen."

Vielleicht hat Meghan Hicks, über deren Geschichte in Kapitel 16 mehr erzählt wird, es am besten formuliert, als sie beschrieb, wie sie für einen Lebensstil bezahlt, der sich an der freien Natur orientiert: „Ich denke nicht, dass ich es mit einem Preisschild versehen kann, aber es kostet, was das Leben nun mal kostet. Mein Freund und ich haben uns entschieden, ein einfaches spartanisches Leben zu führen, sodass wir Dinge tun können, die uns leidenschaftlich begeistern."

---

[3] *Nachdem die heimlich entwickelte Software erfolgreich auf allen Apple-Computern ausgeliefert worden war, hielt Ron sich eine Zeit lang als Forschungsstipendiat im Ausland auf und gründete dann sein eigenes Unternehmen. Er entwickelte den grafikfähigen Taschenrechner weiter.*

WIE VIEL KOSTET ES?

Ich fragte und sie antworteten. Hier sind die Kosten verschiedener Aufgaben, die in diesem Buch vorgestellt wurden. Alle Zahlen wurden von den jeweiligen Personen selbst geliefert, und in einigen Fällen handelt es sich um Schätzungen.

NAME	AUFGABE	ZEIT	GELD
Tom Allen	Mit dem Fahrrad von England in den Iran	7 ½ Monate	4.500 $
Nate Damm	Zu Fuß durch Amerika	8 Monate	4.500 $
Travis Eneix	1.000 Tage Tai Chi	1.000 Tage	0 $
Josh Jackson	Ein Baseball-Spiel in jedem MLB-Stadion erleben	28 Jahre	100 $ pro Stadion
Jia Jiang	100 Tage Ablehnungstherapie	100 Tage	0 $
Julie Johnson	Ihren eigenen Blindenführhund trainieren	14 Monate	1.500 $
Steve Kamb	"Epic Quest of Awesome"	3+ Jahre	40.000 $ [1]
Juno Kim	In 20+ Länder reisen	3+ Jahre	27.000 $
Matt Krause	Zu Fuß durch die Türkei gehen	8 Monate	10.000 $
Sasha Martin	Ein Gericht aus jedem Land kochen	3 Jahre	18.000 $ (Monatliches Lebensmittelbudget von 500 $)
Alicia Ostarello	50 Dates in 50 Staaten	9 Monate	25.825 $
Gary Thorpe	Die größte Sinfonie in der Geschichte aufführen	28 Jahre	280.000 $ [2]

---

[1] Inklusive Smokingmiete in Monaco und aller laufenden Ausgaben für das tägliche Leben.

[2] Ohne Vogelscheuche.

NAME	AUFGABE	ZEIT	GELD
Die Familie Vogel	Mit dem Fahrrad von Alaska nach Argentinien fahren	33 Monate	66.000 $
John „Maddog" Wallace	Einen Marathon in über 99 Ländern laufen	10+ Jahre	250.000 $
Scott Young	In einem Jahr das MIT-Studium absolvieren	12 Monate	1.500 $
Stephanie Zito	An 365 Wohltätigkeits-organisationen spenden	12 Monate	4.260 $

Abenteuer-Sparfonds

„Sparen Sie zwei Dollar am Tag, um überallhin zu gehen" – so lautete die Schlagzeile für ein Gruppenprojekt, das ich in meinem Blog präsentierte. Die Idee dahinter ist, dass es keinen Ort in der Welt gibt, den Sie nicht besuchen können, wenn Sie im Lauf der Zeit einen kleinen Geldbetrag sparen.

Sie können dieses Konzept auf jede Aufgabe, jedes Abenteuer oder Projekt (nicht nur eine Reise!) anwenden. Fangen Sie an, indem Sie ein paar Fragen beantworten:

▶ Wie hoch sind die Kosten meiner geplanten Aufgabe oder meines geplanten Projekts?
▶ Wie lang werde ich brauchen, um diesen Geldbetrag zu sparen?
▶ Gibt es eine andere Methode, um an das Geld zu kommen (Crowdfunding, der Verkauf von etwas Zusätzlichem, zusätzliche Arbeit, Bankraub)?
▶ Muss ich mit dem Start warten, bis ich das ganze Geld zusammen habe?
▶ Wenn es schwierig wird, das Geld zu bekommen, gibt es dann eine Methode, die Kosten zu reduzieren?

Beispiel: Die Antarktis besuchen

In die Antarktis zu kommen ist mit etwa 5.000 bis 10.000 Dollar pro Person, abhängig von der jeweiligen Reise, ziemlich teuer. Aber selbst diese ziemlich stattlichen Kosten können radikal gesenkt werden, wenn Sie bereit sind, flexibel zu sein. In der Hauptsaison der Antarktis-Reisen (November bis März) starten jede Woche Schiffe von Südargentinien mit einigen zusätzlichen Schlafkojen. Wenn Sie Ihre Rückkehr nicht genau planen müssen, können Sie die Kosten um 40 Prozent senken.

Lösung Nummer eins:
Sparen Sie viel Geld und zahlen Sie den vollen Fahrpreis.

Lösung Nummer zwei:
Sparen Sie weniger Geld und hängen Sie stattdessen in Argentinien herum, während Sie darauf warten, sich auf eine der Kojen zu stürzen.

AUSGEWÄHLTE SPARRATEN
Wenn Sie noch mehr als zwei Dollar sparen können, dann können Sie wahrscheinlich noch früher an jedes beliebige Ziel gelangen.

25 $/Tag = 9.125 $/Jahr
10 $/Tag = 3.650 $/Jahr
5 $/Tag = 1.825 $/Jahr
2 $/Tag = 730 $/Jahr

Der vorgetäuschte Marathon

Als ich über die Erfahrungen anderer Leute mit Aufgaben und Reisen las, fand ich eine wirklich bizarre Geschichte. Kip Litton, ein Zahnarzt mittleren Alters aus Michigan, war ebenfalls ein begeisterter Marathonläufer, der es sich zum Ziel gesetzt hatte, 50 Marathons zu laufen. Er trainierte jeden Tag, bevor er seine Patienten behandelte, und verbrachte den Großteil seiner Freizeit an den Wochenenden damit, zu Läufen zu fliegen. So weit, so gut, oder?

Abgesehen davon, dass etwas falsch erschien, als andere Läufer anfingen, sich seine Behauptungen näher anzusehen, indem sie seine geposteten Laufzeiten mit öffentlich verfügbaren Fotos und anderen Daten verglichen.

Litton startete immer ein paar Minuten nach allen anderen Läufern und verschwand dann für über eine Stunde von der Laufstrecke. An der Ziellinie tauchte er wieder auf, wo er für gewöhnlich Erster war, aber andere Kleider trug.

Schließlich erhob einer der anderen Läufer eine Anschuldigung: Bestenfalls übertreibe der Zahnarzt mittleren Alters viele seiner Laufzeiten. Schlimmstenfalls sei alles ein Betrug. Es ging nicht nur darum, die Zeit um ein paar Minuten zu manipulieren, so schlimm das auch gewesen wäre. Laut Anschuldigungen, die zunächst in Foren und Blog-Postings gegen ihn erhoben und später im *New Yorker* untersucht und berichtet wurden, hatte Litton eine ganz neue Dimension des Betrugs aufgebracht, indem er sogar einen Lauf in Wyoming erfand, der nie stattgefunden hatte.

Der „West Wyoming Marathon" hatte seine eigene Website mit umfassenden Auflistungen und Laufzeiten fiktiver Läufer. Auf MarathonGuide.com, einer beliebten Website, die Einzelheiten verschiedener Läufe dokumentiert, erschienen mehrere Kommentare. „Großartiger Lauf!", schrieb ein Mitstreiter begeistert. „Der Traum eines jeden Läufers!", meinte ein anderer. Es war ein erstaunlicher Aufwand … für etwas, das es gar nicht gab und in Verfolgung eines Ziels, das nur für die Person, die es geschaffen hatte, eine Rolle spielte.

So seltsam der vorgetäuschte Marathon auch war, Kip Litton hatte sich nicht *alles* ausgedacht. Er war wirklich ein Läufer, er hatte in der Vergangenheit Marathons gelaufen, und auf jeden Fall war er ein netter Kerl, gegen dessen Zahnarztpraxis in Michigan keine Beschwerden erhoben wurden. Irgendwo auf seinem Weg fing er jedoch an, Abkürzungen bei seiner Aufgabe zu suchen. Vielleicht war das Problem das Ziel als solches. Anstatt nur 50 Marathons zu laufen – was schon allein eine beeindruckende Leistung gewesen wäre! – war es Littons Ziel, jeden Marathon mit einer Laufzeit von weniger als 3:00 Stunden zu bewältigen. (Man bezeichnet dies auch als „sehr schnell".)

Niemand weiß genau, wann oder wo Litton anfing, sich Details seiner Aufgabe auszudenken, aber eine Theorie ist, dass das Ziel von weniger als

3:00 Stunden einfach zu schwierig für ihn war. Die Verlockung des Erfolgs wurde wichtiger als die reale Erfüllung der anliegenden Aufgabe, also fing er an, Abkürzungen zu suchen. Sobald er seine tatsächliche Zeit ohne unmittelbare Folgen um ein paar Minuten gedrückt hatte, war es vielleicht einfach zu verlockend, sich einen ganzen Lauf auszudenken.[4]

Die Geschichte von Kip Litton zeigt im Wesentlichen die Schattenseite einer Aufgabe. Was geschieht, wenn Sie Ihr Ziel nicht erreichen können, aber dennoch einen enormen Druck empfinden, den Sieg zu erringen? Ich näherte mich dem Ende meiner eigenen Aufgabe, als ich Littons Geschichte las, und es führte dazu, dass ich mir die Frage stellte, ob ich mich jemals versucht fühlen würde, etwas zu erfinden. In meinem Fall war das Ziel, jedes Land zu besuchen, während der ersten Hälfte der Unternehmung nur ein persönlicher Traum. Nachdem die Leute angefangen hatten, Anteil an allem zu nehmen, wurde mein Leben viel anstrengender und ich musste meine Reisen aufgrund von Problemen mit der Visagenehmigung oder mit Flügen oft in letzter Minute stornieren, was dann andere Pläne wiederum umwarf.

Sicher wäre es einfacher gewesen, wenn ich nicht plötzlich nach Saudi-Arabien oder Somalia hätte reisen müssen – und auch das hätte ich vielleicht so darstellen können, dass es niemand merkte -, aber bei meiner Aufgabe ging es nie darum, anderen etwas zu beweisen. Es ging immer darum, mir selbst etwas zu beweisen.

Ich denke nicht dass die Lektion darin besteht, ein besserer Mensch zu sein als der Zahnarzt, der eine Marathon-Aufgabe vortäuschte. Die Lektion lautet, dass Sie Ihre eigenen Motivationen kennen müssen. Auf diese Weise werden Sie weiter am Ball bleiben, auch wenn es sonst niemanden interessiert.

---

4 *Eine ausführliche Analyse von Kip Littons fiktiver Marathon-Aufgabe wurde von Mark Singer veröffentlicht. Der Autor des Artikels schlussfolgerte ebenso wie viele Marathon-Veranstalter, dass die ganze Aufgabe fiktiv war. Versuche, Kip Litton zu kontaktieren, um eine Reaktion auf diesen Abschnitt des Buches zu erbitten, wurden ignoriert.*

Zu Fuß durch die Türkei

Der Mittelteil einer Aufgabe kann sich wie ein langer (hoffentlich nicht vorgetäuschter Lauf) anfühlen. Später werden Sie auf einige der Erfahrungen zurückblicken und sich fragen: „Ist das alles wirklich passiert?" Aber manchmal, sei es auf der Straße oder in der Wildnis, blicken Sie auf das Leben zurück, das Sie hinter sich gelassen haben, und stellen sich dieselbe Frage.

In einem Tempo von 100 Kilometern pro Woche durchquerte der 42-jährige Matt Krause die Türkei. Seine sechsmonatige Reise endete an der iranischen Grenze, und Matt war ein echter Pilger. Täglich ging er durchschnittlich 14 Kilometer: ein stetiges Tempo, bei dem ihm aber viel Zeit blieb, um seine Umwelt intensiv wahrzunehmen. Warum ging er ausgerechnet zu Fuß?

„Ich gehe zu Fuß", schrieb er in sein Tagebuch, „um mich selbst dazu herauszufordern, weniger Angst vor der Welt zu haben." Er fuhr fort:

Das Gehen bedeutet, dass ich mich der Welt unterwerfe. Wenn ich gehe, ist mein Tempo langsam und meine Reichweite beschränkt. Mir bleibt nicht viel anderes übrig, als die Welt so zu akzeptieren, wie sie sich mir darstellt. Das Gehen ist eine großartige Methode, das Land zu sehen und seinen Menschen zu begegnen, aber ich könnte das Land auch sehen und seinen Menschen begegnen, indem ich mit dem Bus fahre. Das Gehen macht aus dieser Reise jedoch eine persönliche Pilgerreise, ein Weg für mich, um Kilometer für Kilometer, Tag für Tag, Woche für Woche und Monat für Monat Unterwerfung unter die Welt zu praktizieren.

Eines Tages entschloss sich Matt, in einem *jandarma*-Posten, einem örtlichen Sicherheits-Kontrollpunkt einzuchecken, von wo aus in den ländlichen Gegenden, die weit entfernt von größeren Städten lagen, für Ordnung gesorgt wurde. Er hatte gehört, dass *jandarma*-Kontrollpunkte im Wesentlichen die Reisebüros der ländlichen Türkei seien, die kostenlose Plätze zum Ausruhen und Informationen über die Reiseroute böten. Als er haltmachte, um Hallo zu sagen, bekam er jedoch mehr als nur einen Platz zum Ausruhen. Der Befehlshaber beauftragte seinen Koch, ein warmes Frühstück zuzubereiten, das innerhalb weniger Minuten geliefert wurde. Nachdem sie sich beim Tee eine Stunde unterhalten hatten, gab der Befehlshaber ihm den Namen eines Freundes in der nächsten Stadt. Matt verließ die Wachstation federnden Schritts und mit einem Päckchen Käse-Sandwiches, das der Koch in aller Eile zubereitet hatte, um es ihm zum Mittagessen mitzugeben.

Den Rest des Tages ging Matt eine zweispurige Straße am Fuß der Berge in der Nähe des Flusses Göksu entlang. Die Schönheit der Landschaft war überwältigend. In mancher Hinsicht erinnerte sie ihn an seine alte Heimat im Pazifischen Nordwesten. In Seattle gab ihm jedoch niemand ein kostenloses Frühstück, wenn er nach dem Weg fragte, und die Leute pflegten nicht die Gewohnheit, bei einem Fremden hereinzuschneien, um ein stundenlanges Gespräch mit ihm zu führen. *Die Leute, die ich in Amerika kenne, verstehen den Rest der Welt nicht,* dachte Matt. *Vielleicht hilft es ja, wenn ich ihnen wenigstens einen kleinen Teil davon zeigen kann.*

An diesem Abend schaffte Matt es bis zu dem Dorf, das er gegenüber dem Wachposten-Befehlshaber erwähnt hatte, und er erinnerte sich an die Empfehlung, die er bekommen hatte. Der Name des Mannes war Hoca, und praktischerweise für Matt stellte es sich heraus, dass Hoca ein kleines Restaurant besaß. In der altehrwürdigen Tradition der Gastfreundschaft, die in vielen Teilen der Welt herrscht, wurde Matt sofort willkommen geheißen, als er sich vorstellte und den gemeinsamen Freund nannte.

Wieder einmal wurde ein Teller mit Essen serviert, und es wurden Dutzende Tassen Tee geteilt. Ein weiterer Inhaber des Restaurants tauchte auf und bot Matt eine Übernachtungsmöglichkeit in seiner Wohnung an. Matts Regel für die Reise lautete „keine kostenlosen Autofahrten" – der ganze Sinn seiner Mission lag darin, die Türkei *zu Fuß* zu durchqueren. Aber Matt nahm das Angebot dieses freundlichen Fremden, auf seinem

Sofa zu schlafen, gerne an. Sie begaben sich in die Wohnung und verbrachten den Abend mit dem Anschauen einer Verkupplungsshow im türkischen Fernsehen, während sie um ein Feuer saßen.

Am nächsten Morgen dachte Matt an die Erfahrungen des letzten Tages, angefangen bei den Rühreiern und Käse-Sandwiches, die er an dem Wachposten bekommen hatte, bis hin zu dem Abend, den er in Hocas Restaurant und in der Wohnung des Fremden verbracht hatte. Zu keinem Zeitpunkt wurde ihm eine Rechnung präsentiert. Jeder war überrascht, einen Fremden zu sehen, der auf eigene Faust (und zu Fuß!) durch die Türkei reiste, und überall wurden neue Freundschaften geschlossen.

Später dachte Matt an seinen ehemaligen Großraumbüro-Arbeitsplatz in Seattle. „Ich hasste diesen Job", erzählte er mir. „Jeden Tag träumte ich davon, wegzukommen." Nun, da er auf die offene Strecke in der Türkei entkommen war, erschienen diese Tage zu Hause sehr weit entfernt.

Matt verabschiedete sich von seinen Gastgebern und ging weitere 14 Kilometer in Richtung Iran. Die Reise ging weiter.

Zurück in Brisbane

Eine Woche bevor die Sinfonie zum ersten Mal in 28 Jahren aufgeführt werden sollte, stand Gary Thorpe in der Empfangshalle des Flughafens Brisbane mit einem Schild, auf dem nur „Gothic" stand. Fans und Freunde des Komponisten kamen aus England und aus der ganzen Welt und waren gespannt auf die große Premiere. Alle anderen waren auch gespannt, aber ebenso nervös.

An dem großen Abend fürchtete Gary, zu spät zu kommen, nachdem er fast drei Jahrzehnte auf das Ereignis gewartet hatte. Da bisher so vieles schiefgegangen war, hätte es ihn nicht gewundert, wenn er aus der Konzerthalle ausgeschlossen oder durch einen schweren Verkehrsstau aufgehalten worden wäre oder eine andere Katastrophe zugeschlagen hätte. Aber dann geschah etwas Seltsames: Alles verlief nach Plan. Die Veranstaltung ging problemlos über die Bühne und endete mit einem lang anhaltenden Beifall im Stehen.

Die Chorleiterin, die ursprünglich gefürchtet hatte, dass ihre Zustimmung, die zusammengewürfelte Meute von Chorsängern zu leiten, sich karriereschädlich auswirken könnte, war begeistert. „Es war ein voller Erfolg", sagte sie. „Wir haben es geschafft. Es war sensationell, dort oben auf der Bühne zu stehen. Wir waren so stolz!"

Gary nannte es ein Meisterwerk. Die Kritiken waren sich einig und die internationale Presse nannte es „einen Triumph jenseits aller Erwartungen".

Warum sollte man die größte Sinfonie aller Zeiten aufführen. Man tut es aus dem gleichen Grund, aus dem John F. Kennedy die Mondlandung propagierte – nicht, weil es einfach wäre, sondern weil es schwierig ist. Im Fall der Gothic Symphony tut man es, weil es eine enorme Aufgabe ist. Man bringt sie in eine Stadt, die nicht dafür bekannt ist, riesige Kunstwerke aufzuführen. London, Berlin oder New York waren in 30 Jahren nicht in der Lage, die Sinfonie aufzuführen. Warum sollte ausgerechnet eine kleine Stadt in Queensland, Australien, ein solches Projekt angehen? Eben darum geht es – etwas zu tun, was man eigentlich nicht tun sollte. Es zu tun, weil es überwältigend ist und weil es lächerlich ist.

Es brauchte 28 Jahre und viele gescheiterte Versuche, aber der Fluch der Gothic Symphony war gebrochen.

▸▸▸▸ **ZUR ERINNERUNG**

▸ Der Mittelteil der Aufgabe kann der schwierigste sein. Hören Sie nicht auf, solange Sie noch immer an das Ziel glauben.

▸ Indem Sie nur zwei Dollar pro Tag sparen, können Sie die ganze Welt bereisen.

▸ Wenn Ihre Aufgabe auf äußerer Anerkennung beruht, stellen Sie sicher, dass Sie auch genug innere Motivation haben.

14
Kapitel

Missgeschicke

Mit jedem Schritt kommt er
der Großartigkeit näher ...
oder der Katastrophe
JODY FELDMAN

LEKTION: WÄHLEN SIE IHRE FEHLSCHLÄGE UND HABEN SIE DIE RICHTIGE ART VON KATASTROPHEN.

Mark Boyle startete in Bristol, England, mit federndem Schritt und einem Rucksack auf dem Rücken. Er wurde von einer großen Gruppe von Menschen verabschiedet, darunter Freunde, Familienmitglieder und sogar ein Typ, der auf einem Muschelhorn blies. Es war ein großes Trara für eine riesige Unternehmung. Mark wollte nicht nur zu Fuß von England nach Indien gehen, auch wenn dies allein schon äußerst beeindruckend wäre. Mark hatte eine größere Aufgabe im Sinn: Er wollte die ganze Wanderung schaffen, ohne einen einzigen Dollar, ein Pfund oder eine Rupie auszugeben. Er wollte die Welt ohne Geld bereisen, indem er sich auf die Gastfreundschaft von Fremden und zufällige Ereignisse des Universums zu seinen Gunsten verließ.

Mark rechnete damit, dass die Reise zweieinhalb Jahre dauern würde. In England war er eine örtliche Berühmtheit, hatte bereits vor seiner Abreise jede Menge öffentliche Aufmerksamkeit bekommen und predigte jedem, der es hören wollte, das Evangelium einer extrem spartanischen Lebensweise. Freunde halfen aus, als er südwärts wanderte, und selbst Fremde sprachen ihn in Irland und Großbritannien immer wieder an. Mark erklärte schnell, dass er kein Schmarotzer sei; er sei ein Anhänger der „Freeconomy-Bewegung", wo Fertigkeiten im Austausch für Essen, Kleidung oder Unterkunft gehandelt werden. „Ich werde den Leuten [unterwegs] meine Fertigkeiten anbieten", sagte er der BBC. „Wenn ich im Gegenzug Essen bekomme, ist es ein Bonus."

Leider war der Plan bald zunichte, als er die heimatlichen Gefilde verließ. Ohne Geld zu leben war schwer. Als Mark den Ärmelkanal nach Frankreich überquerte, merkte er schnell, dass von seinem Schulfranzösisch nichts mehr übrig war. Er war nicht in der Lage, auch nur ein einziges Wort zu sprechen. Noch schlimmer, er war unfähig, irgendetwas in Bezug auf seine Mission zu kommunizieren. Und die Werte, die ihn dazu inspiriert hatten, auf die Reise zu gehen, waren nicht universell verständlich, wie er gehofft hatte. In England wurde seine Mission als interessant und ehrenwert betrachtet, aber in Frankreich betrachteten die Leute ihn als Bettler. Er hatte noch nicht einmal die nächste Grenze hinter sich, als er den Entschluss traf, seine Aufgabe zu beenden. Er kehrte nach England zurück, und die Reise die eigentlich zweieinhalb Jahre hätte dauern sollen, war in nur einem Monat beendet.

Machen Sie Ihre Fehler schnell

John Lasseter, einer der Gründer von Pixar, sagt: „Jeder unserer Filme war zu einem bestimmten Zeitpunkt der schlechteste Film, der jemals gemacht wurde." In dem Filmstudio, das *Toy Story* und andere Kassenschlager herausgebracht hat, sieht das Kreativteam Fehler und Fehlschläge positiv und erachtet es als wichtig, die Fehler so schnell wie möglich zu machen. Sobald sie die Fehler feststellen, können sie diese beheben – aber es ist wesentlich, vor dem ersten Fehlschlag nicht zurückzuschrecken.[1]

Als ich die Recherche für *The $100 Startup* (dt.: Start-up! Wie Sie mit weniger als 100 Euro ein Unternehmen auf die Beine stellen und Ihr eigener Chef werden) durchführte, verbrachte ich viel Zeit damit, die konventionellen Erfolge vieler Unternehmensgründer zu analysieren. Das Buch kam gut an, aber die Frage Nummer eins, die ich bei den ersten öffentlichen Lesungen hörte, lautete: „Was ist mit all den Fehlschlägen? Ist es nicht so, dass die meisten Unternehmensgründungen scheitern?" Zunächst traf mich die Frage unvorbereitet. Nein, die meisten Unternehmensgründungen scheitern nicht, und wenn Sie am Anfang die richtigen Maßnahmen treffen, steigen die Erfolgschancen stark. Dann begriff ich, dass einige Menschen einfach auf das Scheitern fixiert sind – oder dass sie zumindest eine *allgemeine Erwartung* haben, dass ein neues Projekt viel eher scheitern als erfolgreich sein wird.

Indem ich nach der richtigen Antwort auf die Frage suchte, lernte ich, die Idee des Scheiterns näher zu analysieren. Wenn Sie ein Unternehmen gründen und es sich einige Jahre lang erfolgreich am Markt behauptet, um dann den Bach runterzugehen, während Sie sich geschäftlich umorientieren – ist das ein Scheitern? Was, wenn Sie ein Unternehmen gründen und die ursprüngliche Idee nicht funktioniert, Sie sich dann aber etwas Marktfähigerem zuwenden – ist das ein Scheitern? Ich würde behaupten, dass beide dieser üblichen Erfahrungen Erfolge sind.

Wann man weitermachen und wann man aufhören muss

Immer wenn Sie ein schwieriges Projekt verfolgen, stellt sich Ihnen früher oder später die Frage: Sollte ich aufhören? Sie werden vielleicht versucht sein, diesen Selbstzweifel sofort zu verbannen und es ihm verbieten, sich jemals wieder blicken zu lassen. Volle Kraft voraus!

Und vielleicht haben Sie recht, wenn Sie das tun. Etwas Lohnenswertes ist niemals einfach.

---

[1] *„Be Wrong as Fast as You Can"*, New York Times Magazine, 6. *Januar 2013*

Es mag jedoch andere Zeiten geben, wenn die richtige Wahl darin besteht, sich neu zu orientieren oder vielleicht ganz aufzuhören. Wie können Sie aber das eine vom anderen unterscheiden?

Es ist entscheidend, eine befriedigende Antwort auf dieses Problem zu finden, und nicht jede Antwort wird gleich ausfallen. Nichtsdestoweniger gibt es einige Faktoren, die man bei der Bewertung dieser schwierigen Frage bedenken sollte.

1. **Motivationen.** Warum haben Sie dieses Projekt überhaupt begonnen? Was hat Sie dazu getrieben, sich selbst herauszufordern? Vermutlich gab es viele verschiedene Optionen, die Sie als Ihre Aufgabe oder Ihr Abenteuer hätten wählen können, aber aus irgendeinem Grund haben Sie sich diese Sache herausgesucht. Werden Sie noch immer von den gleichen Motivationen angetrieben?

2. **Langfristiges Glück:** Kurzfristige Erleichterung und langfristiges Glück können zwei sehr unterschiedliche Dinge sein. Als Nate Damm sich durch West Virginia schleppte, wobei er vom Regen durchnässt einen wunden Fuß vor den anderen setzte, hätte er kurzfristig Erleichterung finden können, indem er in ein Motel eincheckte und einen Freund telefonisch bat, ihn abzuholen. Zumindest ein paar Stunden lang wäre er mit diesem Gang der Dinge vielleicht glücklicher gewesen. Aber er war klug genug, um zu begreifen, dass die schnelle Problemlösung nicht von langer Dauer wäre. Früher oder später hätte er sich Vorwürfe wegen des Abbruchs der Aufgabe gemacht. Als er dies begriff, machte er weiter.

3. **Belohnungen:** Können Sie sich eine kleine Belohnung am Ende des Tages oder nach der Beendigung einer wichtigen Aufgabe schaffen? Nachdem ich hunderte Male in der ganzen Welt Zollstationen und Einreisebehörden passiert hatte, begann ich ein geistiges Spiel, in dem ich riet, wie lange die Prozedur jedes Mal dauern würde. Bei der Landung dachte ich immer die Variablen durch: *Habe ich bereits ein Visum? Wie lange werde ich in der Schlange stehen? Erwarte ich bei dem*

Vorgang irgendetwas Außergewöhnliches? Dieser spielerische Umgang mit den Einreiseformalitäten war auf seltsame Weise unterhaltend, wenn auch nur für mich.

4. **Einbindung von anderen:** Sasha Martin, die ein Gericht aus jedem Land zubereitete, als sie in Oklahoma lebte, sagte, dass sie sich durch die Angst vor dem Scheitern motiviert – ja manchmal sogar getrieben – fühlte. Sie erklärte, dass der Gedanke ihr unangenehm gewesen sei, andere Leute zu enttäuschen, die an sie glaubten. „Meine Familie und meine Freunde habe ich immer im Hinterkopf, und dieses Bewusstsein macht mich stark, insbesondere an Tagen, wenn ich nichts lieber täte, als mit einer Zeitmaschine in die einfachen, freien Tage vor Beginn des Projekts zurückzureisen", sagte sie.

Wenn Sie am Ende feststellen, dass Ihre Motivationen sich wirklich geändert haben und Ihr langfristiges Glück durch eine Veränderung nicht behindert wird und es nicht nur darum geht, sich unterwegs Belohnungen zu verschaffen, dann sollten Sie nicht zögern, etwas Neues in Angriff zu nehmen. Unter diesen Umständen ist es o. k.[2]

Wählen Sie Ihre eigene Katastrophe

Die besten Geschichten ergeben sich aus Beinahe-Katastrophen, aber das heißt nicht, dass sie in dem jeweiligen Moment viel Spaß machen. Als ich anfing, jeden Monat in der Welt herumzufliegen, fing ich auch an, eine Reihe dummer Fehler zu machen – ich machte Doppelbuchungen für nicht erstattungsfähige Tickets oder erschien zu Flügen, von denen ich irrtümlicherweise meinte, sie gebucht zu haben. In mancher Hinsicht wurde ich

---

[2] *„Wenn die Fakten sich ändern, dann ändere ich meine Meinung. Wenn meine Informationen sich ändern, ändere ich meine Schlussfolgerungen" – allgemein John Maynard Keynes zugeschrieben.*

besser, als ich immer mehr reiste. Ich lernte, einen Koffer für zwei Wochen in 20 Minuten zu packen, und ich vergaß selten etwas Wichtiges. In anderer Hinsicht wurde ich jedoch fahrlässiger, denn nachdem ich das erste Doppelbuchungsdebakel überlebt hatte, geschah es noch zwei weitere Male.

Auf den Seychellen beging ich einen Riesenfehler, indem ich am Ende eines Aufenthalts mit vier Übernachtungen die Abflugzeit für meinen Rückflug falsch las. Obwohl ich schon jahrelang eine Uhr mit 24-Stunden-Anzeige verwende, dachte ich aus irgendeinem Grund, dass 20:00 Uhr zehn Uhr abends anstatt acht Uhr abends sei. Pflichtbewusst erschien ich über zwei Stunden im Voraus, aber als ich in den Check-in-Bereich ging, fiel mir auf, dass sonst niemand da war. Von dem winzigen Flughafen gingen täglich nur wenige Flüge, und als ich dastand und versuchte, herauszufinden, was los war, hörte ich über mir ein lautes *Zisch! Hmmm, das ist komisch,* dachte ich. *Könnte das wirklich der einzige Flug der Nacht sein, der zehn Minuten zu früh startet?* So war es in der Tat.

Das Missgeschick war ganz allein mein Fehler, und ich fühlte mich schrecklich. Aber so schlimm es auch war, ich wusste, dass ich wahrscheinlich eine Hintertür finden konnte. Ich ging sofort in den Reise-Überlebensmodus und fing an, Leute anzuhalten, um ihnen Fragen zu stellen. Gab es irgendwelche anderen Flüge? Wann ging der nächste? Ich hätte eigentlich mit Etihad Airways nach Abu Dhabi fliegen sollen, aber was, wenn ich Qatar Airways nach Doha und dann einen Anschlussflug nahm? Gab es eine Skype-Verbindung, die ich nutzen konnte, um Fluggesellschaften anzurufen? Ich ging zurück ins Hotel und arrangierte eine weitere Übernachtung. An diesem Abend machte ich einen Plan, am folgenden Tag abzureisen, und am Morgen konnte ich den Flug mit zwei kurzen Anrufen bestätigen.

Schließlich konnte ich mit diesem Flug abreisen, ohne dass mir ein echter Schaden entstanden war. Zwar kam ich mir dämlich vor, weil ich einen solchen dummen Fehler gemacht hatte, war aber auch froh, dass ich meine Gelassenheit bewahrt und es geschafft hatte, das Problem zu lösen. Wenn Sie ein Missgeschick trifft, können Sie in Panik verfallen oder Sie können einen Ausweg finden. Eine dieser beiden Lösungen ist definitiv besser als die andere.

DAS DO-IT-YOURSELF-UNTERSTÜTZUNGS-TEAM

Wenn Sie schon immer das Gefühl hatten, dass Sie irgendwie ein Außenseiter sind, wird es eine der größten Glückserfahrungen Ihres Lebens sein, wenn Sie feststellen, dass es andere wie Sie gibt. Einsamkeit gehört zu vielen Aufgaben, aber das bedeutet nicht, dass Sie *immer* einsam sein sollten.

Einige Leute, mit denen ich sprach, betrachteten es als sehr wichtig, keine Hilfe für ihr Projekt zu erhalten. Andere änderten ihre Meinung im Lauf der Zeit. „Seien Sie offen gegenüber Beiträgen von anderen", schrieb Sandi Wheaton, die auf der Route 66 reiste, nachdem General Motors sie entlassen hatte. „Ich versuchte, alles allein zu machen, und dann begriff ich, dass das ein Fehler war. Die Leute wollen helfen! Also lassen Sie sie helfen."

Hilfe kann unterschiedlich aussehen. Hier sind einige Beispiele, wie den Leuten in diesem Buch auf ihren Reisen geholfen wurde.

▶ Gary Thorpe, der es sich zum Ziel gesetzt hatte, die größte Sinfonie der Welt aufzuführen, wurde von einem Filmteam begleitet, das anfangs das Projekt nur dokumentierte. Als diese Leute sich einbrachten, lief alles viel schneller.

▶ Miranda Gibson, die über 400 Tage in der Krone eines Eukalyptusbaums in Tasmanien verbrachte, erhielt zum Jahrestag ihres Protests Hunderte von

ermunternden E-Mails und Bildern aus der ganzen Welt. Andere schickten Spenden oder schrieben Briefe an die australische Regierung, in denen
sie sich für sie einsetzten.

▶ Jia Jang, der sich in 100 Tagen öffentlicher Experi-
mente auf das Abgelehnt-Werden einließ, verlässt
sich auf seine Frau als seinen besten „Idiotentest".
Wenn er eine verrückte Idee hat, deren Verfolgung lohnenswert ist, ermuntert sie ihn. Wenn er
eine verrückte Idee hat, die nur verrückt ist, sagt
sie ihm das auch.

▶ Howard Weaver, der ein Team führte, mit dem er
Alaskas führende Zeitung bezwingen wollte,
sagte, dass er Unterstützung in allen möglichen
Formen erhalten habe. In der Anfangszeit kauften
Freunde Abonnements seiner geplanten Zeit-
schrift, die noch nicht existierte. Örtliche Bands
spielten kostenlose Benefizkonzerte. Andere Unterstützer gingen von Tür zu Tür und verkauften
T-Shirts.

▶ Nancy Sathre-Vogel, die Matriarchin der „Familie
auf Fahrrädern", die von Alaska bis Argentinien
radelte, sagte, dass es kaum einen Tag auf ihrer
27.000 Kilometer langen Reise gegeben habe, an
dem ihnen nicht geholfen worden sei. Ob es nun
Tüten mit Äpfeln von Fremden waren, Angebote,
in Gästehäusern und Jugendherbergen zu über-
nachten, oder E-Mails von Zuhause, unerwartete
Unterstützung gehörte schließlich zur Routine.

„Reise in jedes Land"-Projekt –
Chronik der Katastrophen, Fallstricke und großen Fehler

2004
Land Rover geht
am Strand
in Spanien
verloren

2006
Bei einer Party in
Makedonien, die
die ganze Nacht
dauerte, auf dem
Boden geschlafen

2006
Kein Rückflug
aus Japan

2008
In Mauretanien
von der Polizei
festgenommen

2007
Einen int. Flug am
falschen Tag gebucht
(zwei Mal!)

2007
Mietwagenfiasko
in Italien

2009
Aus einem mongo-
lischen Gästehaus
rausgeworfen

2010
Pass in Saudi-Arabien
konfisziert

2010
Schwierigkeiten bei
der Einreise auf der
Insel Kish, Iran

2012
Völlig pleite auf
den Komoren

2012
Den letzten Flug
von der Insel
verpasst

2011
Aus Eritrea
ausgewiesen

Bedauern

Laura Dekker, das Teenager-Mädchen, das allein auf den Ozeanen der Welt segelte, sagte, sie würde nichts bereuen. „Es gab Momente, wo ich dachte: ,Was zum Teufel mache ich hier draußen?'", sagte sie am Ende der Reise zu einem CNN-Reporter, „aber ich wollte nie aufhören. Es ist ein Traum und ich wollte es tun."

Man kann auch anders darüber denken: Bedauern ist das, was Sie am meisten fürchten sollten. Wenn etwas Sie in der Nacht wach hält, dann sollte es die Furcht sein, nicht Ihrem Traum zu folgen. Fürchten Sie sich davor, bequem zu werden.

Als Nate Damm loszog, um Amerika zu Fuß zu durchqueren, war er fast sofort nervös und voller Reue. Zuerst kamen die praktischen Probleme: Seine Füße taten weh und er wurde dauernd nass. Diese Probleme sind leicht zu lösen - man muss nur weitergehen, die Füße werden sich schließlich daran gewöhnen, und man muss den Regenschirm kaufen, den man gleich hätte mitnehmen sollen. Die tieferen Probleme waren diejenigen in seinem Kopf. Bevor er ging, kam es zwischen ihm und seiner Freundin zum Bruch. Da er für ihre Eltern arbeitete, folgte bald der Verlust seines Jobs. Seine Katze und sein Hund lebten bei ihr, also ... verlor er auch sie. Es war wie ein schlechter Country-Song: *Lost my girlfriend, lost my job, lost my dog.*

Als Nate klitschnass vom Regen und immer wieder zusammenzuckend vor Schmerz wegen der Blasen an seinen Füßen West Virginia verließ, konnte er nicht umhin, sich zu fragen, ob er eine falsche Entscheidung getroffen hatte. Im Lauf einer einzigen Woche war sein Leben völlig umgekrempelt worden.

Seine Antwort war eine andere als die von Mark Boyle. Nate überwand den Zweifel, indem er vorwärtsblickte. Er dachte darüber nach, warum er die Wanderung überhaupt begonnen hatte. Es ging ihm nicht um Ruhm, es ging ihm ganz sicher nicht um Geld und er versuchte noch nicht einmal, eine Botschaft zu vermitteln. Er musste es einfach tun – es war die verrückte Idee, die ihm keine Ruhe mehr ließ, und die verrückte Idee verlangte nach Taten. Nate ging weiter und seine Stimmung hellte sich auf. Die Situation zu Hause würde nie wieder dieselbe sein, aber er merkte, dass all diese Veränderungen auch einen Vorteil hatten. Vor ihm lag ein Weg voller neuer Möglichkeiten.

Auf einem anderen Kontinent merkte Mark Boyle fast sofort, dass er auf dem falschen Dampfer war, als er ohne einen Penny in seiner Tasche den Hafen von Dover in Richtung Indien verließ. Das Scheitern kam schnell, als er begriff, dass seine Mission an den Ufern Frankreichs nicht verständlich war. So kehrte er bald erschöpft und peinlich berührt nach England zurück. Die ersten Wochen zu Hause kämpfte er mit gemischten Gefühlen. Es war gut, Familienmitglieder und Freunde wiederzusehen, aber Mark hatte auch ein schlechtes Gewissen, weil er aufgegeben hatte. „Mach dir deshalb keinen Kopf", sagte ein Freund zu ihm – aber so einfach war es nicht. Die Aufgabe war für Mark wichtig. Er hatte Opfer gebracht, um sie vorzubereiten, und es war hart, sich der Tatsache zu stellen, dass er den Rückzug angetreten hatte.

Er hielt jedoch weiter an seinen Werten fest. Im Lauf der Zeit merkte er, dass die Werte selbst das wirklich Wichtige waren: die „Freeconomy" zu praktizieren, indem er sich entschied, ohne Geld zu leben, und andere dazu ermutigte, sich der aus seiner Sicht exzessiven Konsumorientierung zu entziehen.

Per Anhalter nach Indien zu reisen war nun abgehakt, aber vielleicht gab es einen anderen Weg für ihn, jene Werte zu leben.

Als Mark sich neu orientierte und alles neu überdachte, begriff er, dass er nicht wirklich ein Weltreisender war. Sein Interesse daran, zu Fuß nach Indien zu gehen, war aus einer Faszination für den Lebensstil und die Philosophie Gandhis entstanden, nicht aus dem Wunsch, eine beschwerliche Fußwanderung durch Afghanistan und andere potenziell raue Umgebungen zu machen. Anstatt zu reisen war daher sein neuer Plan, einfach ohne Geld zu leben.

Er schlug sein Lager auf einem Bio-Bauernhof auf, wo er im Austausch für drei Tage Arbeit pro Woche eine Unterkunft bekam. Er baute seine eigenen Nahrungsmittel an, badete im Fluss und radelte zu Treffen mit interessierten Anhängern. Langsam ergriff er wieder das Wort, gestand seine Fehler ein und positionierte sich als ein Lernender unter anderen anstatt als Experte, der behauptete, alles zu wissen.

Seine erste Aufgabe war absolut persönlicher Natur gewesen, aber nun wurde Mark ein Befürworter eines „Lebens ohne Geld", wobei er einen solarbetriebenen Laptop verwendete, um Artikel für Zeitungen und Blogs zu schreiben. Er veröffentlichte ein Manifest, in dem er seine Ideen skizzierte. Er schuf ein Forum mit über 30.000 Mitgliedern, und er organisierte ein „Freeconomy Festival" in Bristol, das Hunderte neugieriger Teilnehmer anzog.

Nach dem Scheitern seiner Wanderung nach Indien hatte der geldlose Mark Boyle ursprünglich geplant, sein neues Experiment ein Jahr lang zu verfolgen. Mehr als zwei Jahre später war er immer noch dabei. Die neue Aufgabe war die richtige.

▶▶▶ **ZUR ERINNERUNG**

- ▶ Die richtige Art von Missgeschicken – diejenigen, die Informationen abwerfen – kann das Selbstvertrauen stärken.
- ▶ Wenn Sie sich Sorgen über etwas machen wollen, dann machen Sie sich am besten Sorgen darüber, was es Sie kostet, Ihre Träume nicht zu verfolgen.
- ▶ Manchmal ist es die beste Entscheidung, aufzuhören. Wenn Sie über eine Veränderung nachdenken, fragen Sie sich: Bin ich immer noch mit dem Herzen dabei?

III.
DAS ZIEL

Kapitel 15

Veränderung

Auch wenn man 95 Prozent
der Reise hinter sich hat,
ist man erst auf halbem Weg dort.
JAPANISCHES SPRICHWORT

LEKTION: WÄHREND SIE FORTSCHRITTE IN RICHTUNG AUF EIN KLEINES ZIEL HIN MACHEN, ENTWICKELT SICH DIE GRÖSSERE VISION.

Am Ende bewahrheiten sich alle Klischees: Wenn Sie die Welt nicht ändern können, dann können Sie wenigstens sich selbst ändern.

Wenn ich auf das zurückblicke, was ich zu Beginn meiner Reise schrieb, scheint vieles naiv oder vereinfachend. Ich nahm eine Herausforderung an! Ich wollte die Welt sehen! Die Welt war … Es scheint, dass ich eigentlich nicht viel zu sagen hatte.

Aber so läuft es normalerweise. Dass man eine andere Perspektive gewinnt, liegt teilweise am Älterwerden und teilweise an der Erfahrung selbst. In meinem Fall begriff ich, dass es bei meiner Reise in erster Linie darum ging, für verschiedene Lebensstile und Veränderungen, die außerhalb meiner Kontrolle lagen, offen zu sein. Wenn ich frustriert war, lag das Problem meistens in meinen eigenen Erwartungen.

Als ich die erste Skizze zu diesem Buch schrieb, machte ich eine Reise zu einer Insel in Malaysia. Ich dachte, dass ich dort gut an dem Manuskript arbeiten könnte, und das war auch tatsächlich der Fall. Aber als ich gegenüber einigen reiseerfahrenen Freunden erwähnte, wohin ich ging, waren sie entsetzt. „Dieser Ort ist eine Touristenfalle! Warum willst du unbedingt dorthin?"

Ich ging hin, weil der Ort mir gefiel... und das führt vielleicht zu einer anderen Lektion: Wenn es ums Reisen geht, sollten Sie Ihren Weg selbst bestimmen und ihn sich nicht von anderen diktieren lassen.

Prozess vs. Erfolg (Zu Nando's und weiter)

Leute, die Aufgaben verfolgen, werden oft durch den Erfolg, durch den Prozess oder einfach durch einen Glauben an das tägliche Abenteuer motiviert. Wie beeinflussen diese Motivationen das, was am Ende geschieht?

1. Die erfolgsmotivierte Person will etwas erreichen (die Mauer erklimmen, das Reich von Eindringlingen befreien und so weiter).

Für einige Leute liegt die Motivation in einer messbaren Herausforderung, die über einen längeren Zeitraum hinweg bewältigt werden muss. Mein Bruder Ken schickte mir einmal einen Link zu einer Werbung von Nando's, einer südafrikanischen Restaurantkette. Ich hatte Nando's kennengelernt, als ich ein paar Jahre zuvor in Afrika gelebt hatte, und ich hatte auch die Restaurants der Kette in Dubai, Beirut und Singapur besucht. Die E-Mail trug den Titel „Deine nächste Herausforderung!" Als ich auf den Link klickte, sah ich, was Ken meinte: Nando's bot jedem, der nachweisen konnte, dass er alle Nando's-Restaurants in über 20 Ländern besucht hatte, lebenslang kostenlose Mahlzeiten.

Einen Moment lang war ich von der Idee komischerweise begeistert... bis ich merkte, wie lächerlich sie war. Wollte ich wirklich in Erwägung ziehen, eine Weltreise zu machen, um lebenslang kostenlos in einem Fast-food-Restaurant essen zu können, wo die durchschnittlichen Kosten einer Mahlzeit weniger als zehn Dollar betrugen?[1] Dennoch saß ich da und dachte darüber nach, wie viele Orte ich bereits besucht hatte, und machte mir Vorwürfe, dass ich die Quittungen nicht aufbewahrt hatte.

Eine erfolgsmotivierte Person wird, wenn auch nur kurz, darüber nachdenken, alle Filialen einer weltweiten Restaurantkette zu besuchen. Alle anderen werden die Idee sofort ad acta legen. Zum Glück werden die meisten Leute dazu aufgerufen, etwas Besseres zu tun, als auf der ganzen Welt Pommes Frites zu suchen.

2. Die prozessmotivierte Person will etwas tun *(etwas sammeln oder schrittweise aufbauen, auf eine lange Reise gehen und so weiter).*

Isabelle Leibler, die ein nicht trainierbares Pferd trainierte, sagte, dass sie fast vollständig durch den Prozess des Trainierens motiviert werde. Der Erfolg (das Gewinnen der nationalen und der nordamerikanischen Dressur-Meisterschaft) war nur ein Nebenprodukt. Jeden Tag ging es nur darum, eine Checkliste abzuhaken, den Fortschritt zu messen und einen Plan für den nächsten Tag zu machen.

Sasha Martin, die plante, für ihre junge Familie ein Gericht aus jedem Land der Welt zu kochen, sagte, dass der ständige „Ein Land pro Woche"-Prozess sie bei der Stange gehalten habe. Es gab eine Karte und einen Countdown. Sie sagt, dass sie vielleicht aufgegeben hätte, wenn sie sich nicht dafür entschieden hätte, das Kochprojekt schrittweise anzugehen, ein Land nach dem anderen abzuhaken und für das nächste vorauszuplanen. Einige andere Leute, mit denen ich sprach, erwähnten ebenso die Bedeutung eines messbaren Fortschritts. Machen Sie einen Countdown! Haken Sie die Dinge ab! Seien Sie sich Ihrer Fortschritte bewusst, während Sie Ihren Weg verfolgen.

---

1 *Als Vegetarier esse ich nicht einmal Piri-Piri-Hähnchen. Ich empfehle jedoch ihre Veggie-Burger.*

Eine Geschichte zweier Reisender

Nate Damm und Matt Krause suchten ihre Herausforderung in großen Wandertouren, indem sie versuchten, ganze Länder zu durchqueren.
Nate wanderte in siebeneinhalb Monaten durch Amerika, und Matt
schaffte es in sechs Monaten durch die Türkei. Als ich sie jedoch fragte,
ob sie sich mehr auf den Prozess oder den Erfolg konzentrierten, hätten
ihre Antworten nicht unterschiedlicher sein können. Nate, der in Maine
seine Wanderung begann und sie in San Francisco beendete, äußerte sich
wie folgt.

*Ich werde definitiv nicht durch Erfolg motiviert. Ich tue nur
jeden Tag das, was mir gefällt, und daraus erscheinen sich
gute Dinge zu ergeben. Ich dachte nur selten daran, nach San
Francisco zu kommen und die Wanderung zu beenden. Tatsächlich war ich traurig, als ich es dorthin geschafft hatte, weil
es damit zu Ende war und ich wieder für eine Weile nach
Hause musste. Mit meiner Ankunft am Ozean hatte ich eine
große Leistung zu Ende gebracht, aber im Grunde war es nur
eine weitere Stadt. Meine Erfahrungen in einer kleinen Stadt
in Kansas waren zum Beispiel viel bedeutsamer für mich.*

Und hier folgt Matt, der seine Wanderung an der türkischen Westküste
startete und 2.090 Kilometer weiter an der iranischen Grenze beendete:

*Sie sollten das Ergebnis, nicht den Prozess lieben. Sicher hilft
es, wenn Sie den Prozess genießen, weil Sie viel Zeit damit verbringen müssen, bevor Sie irgendwelche Ergebnisse sehen.
Aber der Prozess geht mir am Allerwertesten vorbei. Die Pro-
zesse können Sie in der Pfeife rauchen, wenn sie nicht zum
gewünschten Ergebnis führen.*

Welche Perspektive ist besser? Man sollte sich beides als untrennbar miteinander verbunden vorstellen. Sie können nichts tiefgreifend Befriedigendes erreichen ohne einen längerfristigen, dorthin führenden Prozess – und dennoch erfordert der Prozess ein Ziel. Sie können das eine nicht lieben, ohne das andere zumindest zu schätzen.

Die Zeit bringt Veränderungen mit sich

Es ist unvermeidlich: Wenn Sie eine Aufgabe oder irgendein langwieriges, herausforderndes Projekt in Angriff nehmen, werden Sie verändert daraus hervorgehen. Als ich zum Ende meiner eigenen Mission kam, sprach ich mit anderen, die ihre Aufgabe entweder schon beendet hatten oder zu einem großen Teil damit durch waren. Wie hatten sie sich während ihrer Aufgabe verändert? Es ergaben sich ein paar Schlüsselthemen.

Veränderung Nummer eins: Unabhängigkeit und Selbstvertrauen

Isabelle Leibler, die das nicht trainierbare Pferd trainierte, ließ mich wissen, wie der Kampf ihr Kraft gegeben hatte:

> *Ich fühle mich definitiv klüger. Vor dieser Aufgabe war ich mental eine junge Sportlerin. Ich war hitzig und leidenschaftlich bei der Sache und wollte bei allem mein Bestes geben, da dies irgendwie entscheidend für einen Sieg wäre. Beim Verfolgen der Aufgabe merkte ich jedoch, dass die einzige wahre Kraft, die man jemals braucht, ganz allein aus einem selbst kommt. Ich wurde infolge dieser Aufgabe wirklich unabhängig und selbstbewusst, denn ich wusste, dass nur das eigene Herz und der eigene Verstand einem beim Vorwärtsgehen helfen, wenn man sich inmitten einer Arena mit 10.000 Zuschauern befindet. Man muss sich begeistert darauf einlassen, die Spannung aufbauen und dann alles explodieren lassen.*

Nate Damm, der zu Fuß durch Amerika wanderte, erlebte eine vollständige Persönlichkeitsänderung:

> *Vor der Wanderung war ich wirklich still und schüchtern und fühlte mich in Gesellschaft meistens unwohl. Das Beste, was die Wanderung für mich bewirkte, war, dass sie mein Selbstbewusstsein stärkte, selbst die schwierigsten Prüfungen und Szenarien bestehen zu können – angefangen dabei, dass ich an die Haustür eines Fremden klopfte und ihn fragte, ob ich auf seinem Grundstück zelten könne, bis zum Beinahe-Überfahren-Werden von großen Lastwagen. Jeder Tag hatte seine Herausforderungen, und ich bin tatsächlich sehr dankbar für alle.*

Gabriel Wyner, ein Opernsänger, begann seine Sprachstudien einfach aus dem Wunsch heraus, seinen Gesang zu verbessern. Als er mehrere schwierige Sprachen in einem kurzen Zeitraum beherrschte, verlagerte er seinen Fokus:

> *Die Aufgabe beanspruchte einen großen Teil meines Lebens. Ursprünglich war es mein Ziel gewesen, durch das Studium von Sprachen einen ausdrucksvolleren Gesang zu erreichen, und es endete mit einer Obsession, die nun mit meinem Singen um Aufmerksamkeit und Zeit wetteifert. Zumindest momentan sind Sprachen mein Leben; ich verbringe jeden Tag damit, über sie zu schreiben, sie zu lernen und über sie zu lesen.*

Veränderung Nummer zwei: Persönliche Reife

Rita J. King leitet Science House, eine weltweite Community und einen Veranstaltungsort, wo Unternehmen dabei geholfen wird, Ideen in Zusammenhang mit Menschen und Technologie zu finden. In einer E-Mail von einer Reise nach Italien bot sie mir ein gutes Beispiel dafür, wie der Prozess des Verfolgens einer Aufgabe eine tiefere Perspektive schaffen kann:

Ich bin schon immer eine spielerische, wissbegierige Person mit Interesse für Wissenschaft und Kunst gewesen, eine eifrige Lernerin, eine leidenschaftliche Beobachterin und Teilnehmerin am menschlichen Leben. Aber nun bin ich reifer als früher. Ich höre mehr zu. Es gefällt mir, die Dinge sich entwickeln zu lassen, während ich bei meiner eigenen Arbeit ein halsbrecherisches Tempo bewahre. Meine Vorstellungen von Identität sind heute viel flexibler.

Als John Francis anfing, zu schweigen und zu Fuß zu gehen, war er ein Rebell. Mit niemandem zu sprechen und jede Art von motorisierter Beförderung abzulehnen, war teilweise auch ein Akt der Rebellion. Es war ein friedlicher Protest, aber John bekannte, dass es ihm auch darum ging, „Autoritäten zu bekämpfen", indem er seine Unabhängigkeit behauptete.

In einer Szene seiner Erinnerungen wurde er wütend auf einen Mann, der ihn fotografierte, als er neben einer Tankstelle saß. Das Auto des Mannes war ein öffentliches Fahrzeug, und John fürchtete, dass Angestellte des Bundesstaates Kalifornien seinen Protest irgendwie zum Vorteil des Staates ausschlachten würden. Er besuchte einen Freund, der Anwalt war und ihn darüber informierte, dass in Sacramento einmal im Monat eine öffentliche Anhörung des Stadtrats stattfand. John ging zu der Anhörung – natürlich zu Fuß – und ließ seinen Fall von einem Gebärdensprachendolmetscher vortragen. Der Rechnungsprüfer, der das Meeting leitete, war freundlich und versicherte John, dass mit seinem Foto nichts Schlimmes passieren würde.

Später begriff John, was für alle anderen offensichtlich erschien: Vielleicht war es keine so große Sache, dass jemand ihn fotografierte. Der Bundesstaat Kalifornien mag zwar seine Probleme haben, aber der Plan, Johns Bild in schändlicher Weise zu verwenden, dürfte kaum dazu gehören. Nebenbei gesagt war es auch von einem praktischen Standpunkt aus nicht sinnvoll, sich jedes Mal aufzuregen, wenn jemand ein Foto machen wollte. John war Afroamerikaner mit einem Zottelbart und einem riesigen Rucksack, den er überallhin mitnahm. Er hatte auch angefangen, ein Banjo mitzunehmen und es zu spielen, während er unterwegs war. Man trifft nicht jeden Tag jemanden, auf den eine solche Beschreibung zutrifft, jemanden, der lächelt, aber mit niemandem spricht. Natürlich machen die Leute Fotos von ihm.

Am Ende machte John sogar noch eine größere Veränderung. Er entschloss sich, wieder zu sprechen, und ein paar Jahre später fing er sogar an, wieder Auto zu fahren. Er erklärte die Veränderung so:

> *Nachdem ich 22 Jahre lang zu Fuß gegangen war, war meine Entscheidung, keine motorisierten Fahrzeuge zu nutzen, ein Gefängnis geworden und nur ich selbst konnte mich befreien. Ich gehe zwar immer noch zu Fuß, aber ich entschloss mich, auch zu fliegen und motorisierte Transportmittel zu nutzen, um andere Arbeit tun zu können. Die Lektion für mich bestand darin, meine Entscheidungen im Licht neuen Wissens und neuer Informationen immer wieder zu überprüfen. Fürchten Sie sich nicht vor Veränderung.[2]*

Veränderung Nummer drei: Kleine Vision ▶ Größere Vision

Die meisten meiner früheren Reisen waren Solo-Exkursionen. Es gab nur mich und die Welt, und es machte mir nichts aus, allein zu sein. Als ich mich jedoch dem Ziel weiter näherte, merkte ich, dass das nächste große Abenteuer anders sein würde. Ich war nicht die erste Person, die jedes Land der Welt besuchte, und ich plante nicht, zum Mond zu fliegen, zur tiefsten Stelle des Ozeans zu tauchen oder etwas Ähnliches. (Nehmen Sie sich ruhig die Freiheit heraus, diese Ziele für sich in Angriff zu nehmen – jemand sollte das tun!)

Ich war nicht der größte Reisende der Welt und wahrscheinlich auf überhaupt keinem Gebiet der Größte. Mir wurde jedoch klar, dass ich einen Wechsel von selbstbezogenen Zielen zu gruppenbezogenen Zielen vollzog.

---

[2] *Dieses Zitat von John stammt aus einem Porträt in der* Atlantic. *Andere Zitate stammen aus seinen Memoiren* Planetwalker *oder meinen E-Mail-Interviews mit ihm.*

Mein nächster Fokus – und vielleicht sogar eine eigene Aufgabe – würde vor allem darin liegen, mehr Kontakte mit den großartigen Leuten zu pflegen, die ich in der ganzen Welt traf und von denen ich regelmäßig übers Internet hörte. Ich war nicht die einzige Person, die während der Beschäftigung mit einer Aufgabe einen Perspektivenwechsel erlebte. Viele Leute sprachen darüber, wie ihre ursprüngliche Idee ihnen klein erschien, als sie reifer wurden und Selbstvertrauen gewannen. Sasha Martin, die es sich zum Ziel gesetzt hatte, Gerichte aus der ganzen Welt für ihre Familie in Oklahoma zu kochen, erlebte, dass ihr Projekt sich schnell ausweitete:

> *Ich rechnete damit, dass das Abenteuer unsere Essgewohnheiten verändern würde, aber ich rechnete nicht damit, dass es alle anderen Aspekte unseres Lebens beeinflussen würde. Mein Fokus hatte sich von unserer Ernährung, die sich nun stark verbessert hat, darauf verlagert, eine Botschaft des Friedens durch ein besseres Verständnis anderer Kulturen in Schulen, bei Abendessen und anderen großen Veranstaltungen zu vermitteln. Ich schreibe auch Memoiren über die Erfahrung und werde ein großes Fest namens „Der 60-Meter-Tisch" veranstalten.*

Tom Allen, der von England in den Iran radelte und unterwegs einen Zwischenstopp machte, bei dem er sich verliebte, erlebte auch, dass seine ursprüngliche Aufgabe der Selbstfindung eine ganz andere Dimension annahm:

> *Anstatt eine zielgerichtete Runde um die Welt zu machen und siegreich nach Hause zurückzukehren, wie es viele andere getan haben, stellte ich fest, dass ich durch das Leben auf der Straße mit anderen Menschen verbunden war. Ich traf meine Frau in Armenien und heiratete sie, und ich startete eine Reihe von Projekten, bei denen es um das Erzählen von Geschichten geht. Diese Projekte inspirieren nun auch andere.*

Und daneben setze ich meine Reisen fort, indem ich meine ur-
sprüngliche Aufgabe weiterverfolge. Nachdem ich das Reisen
mit dem Fahrrad bis an die äußerste Grenze getrieben habe,
indem ich von der Äußeren Mongolei, wo es keine Straßen
gibt, über die Arktis im Winter bis zur Durchquerung der
Wüste Sahara und der Wüste Afar alles durchgemacht habe,
will ich sehen, wie viel weiter ich noch gehen kann.

Allie Turner, die zusammen mit ihrem Freund Jason loszog, um jede
Basilika in den Vereinigten Staaten zu besuchen, entwickelte eine aktivere
Herangehensweise an das Leben:

Wir haben ein stärkeres Bewusstsein und eine größere Wert-
schätzung für die kleinen Dinge gewonnen. Wir haben erkannt,
dass es sehr viel großartige Architektur und Geschichte gibt, die
auf uns warten, vor allem in den Kleinstädten Amerikas, wo
sich viele der Basiliken befinden. Wir verbringen mehr Zeit da-
mit, unterwegs zu unserem Ziel nach Abenteuern zu suchen,
anstatt darauf zu warten, dass die Abenteuer zu uns kommen,
oder wir machen ausgefeilte Pläne, einige der bekannteren
Städte zu besuchen, um dort nach Abenteuern zu suchen.

**VERLASSEN SIE DAS RESTAURANT,
WENN IHNEN DIE SPEISEKARTE NICHT
ZUSAGT**

„Geben Sie sich nicht einfach zufrieden: Lesen Sie
schlechte Bücher nicht zu Ende. Verlassen Sie das Res-
taurant, wenn Ihnen die Speisekarte nicht zusagt. Schla-
gen Sie einen anderen Weg ein, wenn Sie sich nicht auf
dem richtigen befinden."   Chris Brogan

Eine Freundin von mir kündigte ihren Job als Privatdozentin an einer kleinen Privatuniversität. Sie unterrichtete nur die Kurse, die sie wollte, und nur auf die Art und Weise, wie sie es wollte. Die Verwaltung gewährte ihr akademische Freiheit. Sie hatte ein gutes Gehalt mit vollständigen Sozialleistungen des Arbeitgebers, viele Pausen und jährlich im Sommer eine vorlesungsfreie Zeit, die es ihr erlaubte, andere Projekte zu verfolgen.

Warum kündigte sie? „Weil es an der Zeit war", sagte sie. Nur weil es ein guter Job war, hieß dies nicht, dass sie es ewig tun musste. Alles hat seine Zeit.

Einige unserer gemeinsamen Freunde verstanden nicht, warum sie die Tür hinter einer Karrieremöglichkeit zumachte, die ihr gute Dienste geleistet hatte. Laut ihrer Aussage musste sie jedoch kündigen, um etwas Neues zu finden. Die richtige Zeit, um zu kündigen, ist, wenn Sie dazu bereit sind, nicht erst dann, wenn jemand anderes die Entscheidung für Sie trifft.

Gehen *alle* guten Dinge einmal zu Ende? Das ist ein Thema für ein anderes Buch. Aber wenn etwas Gutes sein natürliches Ende erreicht, dann ziehen Sie es nicht in die Länge. Wenn Ihnen die Speisekarte nicht zusagt, dann verlassen Sie das Restaurant.

Veränderung Nummer vier: Selbstständigkeit

Wenn ich mit Leuten über die Selbstständigkeit spreche, erzähle ich Ihnen oft die Geschichte, wie begeistert ich war, als ich vor vielen Jahren einmal in Belgien 1,26 Dollar verdiente. Ich ging einige Tage lang durch die Stadt und führte unterdessen ein Online-Experiment mit einigen neuen Anzeigen durch. Ich richtete einen sehr kleinen Test ein und machte einen Tagesausflug nach Luxemburg. Als ich am Abend zurückkehrte, sah ich, dass der Test erfolgreich war: Ich hatte 1,26 Dollar netto verdient. Das klingt vielleicht nicht wie ein Goldrausch, aber ich war begeistert, weil ich wusste, dass es für etwas Größeres stand. Wenn dieser kleine Test funktionierte, waren die Chancen vielversprechend, dass es auch in größerem Umfang funktionieren würde. Es war der beste Dollar, den ich jemals verdient hatte.

Etwas Ähnliches empfand ich, als ich mich dem Meilenstein von 30 Ländern näherte. Es lagen immer noch einige große Herausforderungen vor mir, darunter auch einige Zielorte, die mir jahrelang entgangen waren, aber ich hatte kaum Zweifel, dass ich es durchziehen konnte. *Ich kann die Welt in Angriff nehmen,* dachte ich. *Es gibt nichts, was ich nicht tun könnte.*

Wenn Sie sich nicht vorstellen können, in alle Länder der Welt zu reisen oder eine Sinfonie mit Hunderten von Musikern aufzuführen oder irgendeine andere der bisher von mir beschriebenen Aufgaben anzugehen, ist es wichtig, sich daran zu erinnern, dass Träume normalerweise größer werden, während man sie verfolgt.

Während Sie Selbstvertrauen gewinnen, wird aus „Ich schaffe das!" die Frage „Was kann ich sonst noch tun?".

Immer wieder sagten die Leute, mit denen ich sprach, dass ihre Aufgabe sogar noch eine größere Vision für ihr nächstes Projekt inspiriert habe. Steve Kamb, der sein Leben umgestaltet hatte, um dem Muster eines Videospiels zu folgen, sagte, er habe sich nie zuvor stärker oder mächtiger gefühlt.

Bis zum Alter von 26 Jahren hockte ich auf dem Sofa und spielte Videospiele, in denen mein Charakter ein höheres Level erreichte, um fremde Länder zu erkunden, die unsicher oder auf einem niedrigeren Level unerreichbar waren. Aber nun tue ich das im wahren Leben! Ich bin tatsächlich derjenige, der an Stärke und Lebensweisheit gewinnt.

Steves Stärke und Lebensweisheit ergaben sich daraus, dass er sich vom Sofa erhob und aus seinem Leben ein Spiel machte – bei dem der Einsatz viel höher war als vor dem Fernseh- oder Computerbildschirm. Er bemühte sich weiterhin um höhere Levels, nahm größere Herausforderungen auf sich und hatte das Gefühl, seine Zukunft fest unter Kontrolle zu haben.

▶▶▶▶ ZUR ERINNERUNG

▶ Eine Aufgabe zu verfolgen kann Ihr Selbstvertrauen stärken und Ihre Unabhängigkeit fördern.

▶ Diejenigen, die Aufgaben verfolgen, stellen fest, dass sie sich dabei einerseits mehr konzentrieren und andererseits ihre Perspektive erweitern.

▶ Die Aussage „Ich bin froh, dass ich es getan habe" hörte ich von Leuten, die eine Aufgabe beendet hatten, am häufigsten.

GEMEINSCHAFT

Jeder Reisende hat mindestens eine Geschichte über unerwartete Gast-
freundschaft oder Großzügigkeit, die alle Erwartungen übertraf. Als ich in der
Welt umherstreifte, sammelte ich eine große Zahl dieser Lektionen in Liebens-
würdigkeit. Jedem Taxifahrer, der versuchte, mich abzuzocken, stand ein ande-
rer gegenüber, der zu wenig berechnete. Die Tatsache, dass ich mich überall
verirrte, aber doch immer wieder den Weg zurück fand, war in mancher Hin-
sicht ein Beweis meiner Unabhängigkeit, aber in anderer Hinsicht sprach es
auch für die natürliche Gutartigkeit der Menschen überall auf der Welt. Diese
guten Samariter unterbrachen ihre momentane Tätigkeit auf der Stelle, um mir
den Weg zur Hauptstraße zu weisen oder mich manchmal sogar lächelnd zu
meinem Gästehaus zurückzubringen. So stur ich darauf beharrte, alles allein
zu machen, verließ ich mich doch auch auf die Liebenswürdigkeit von Fremden
auf jedem Kontinent.

In Kroatien hielt ich mich bei einer Gastfamilie auf, welche die örtlichen
Reality-TV-Shows für mich übersetzten. In Kuwait war ich Gast bei Haider Al-
Mosawi, einem örtlichen Blogger, der mir schon vor meiner Reise geschrieben
hatte, um mir zu sagen, dass er ein „kuwaitischer Nonkonformist" sei und mir
die Gegend zeigen wollte.

Selbst an Orten, die im Ruf stehen, einen gefährlichen oder feindseligen
Charakter zu haben, wurde ich fast immer als willkommener Gast behandelt.
In Somaliland befand sich der Flughafen drei Stunden Fahrzeit auf einer holp-
rigen Straße von der Hauptstadt entfernt. Trotz meiner Proteste gab man mir
in dem überfüllten Minibus den Ehrenplatz direkt vorne neben dem Fahrer.

*In Libyen, kurz vor der Revolution, die den Sturz von Muammar Gaddafi zur
Folge hatte, führten meine Gastgeber mich vorsichtig in Tripolis herum, zeigten
mir die islamische Architektur und machten zurückhaltende Bemerkungen
über die Diktatur, die den Großteil des Landes im Griff hatte. Als wir eine
Kaffeepause machten, weigerten sie sich, mich bezahlen zu lassen.*

*Auf den Komoren, einer kleinen Inselnation an der Küste des südlichen
Afrika, stellte ich fest, dass ich überhaupt kein Bargeld mehr hatte. So weit
hatte es nur kommen können, weil ich zahlreiche Fehler gemacht hatte, angefangen damit, dass ich die Kosten des Visums, das ich bei der Ankunft kaufen
musste, unterschätzt hatte bis hin zu der Tatsache, dass ich die Chancen,
Geldautomaten zur Verfügung zu haben, hingegen überschätzt hatte.*

*Am Ende rettete mich nicht mein eigener Einfallsreichtum, sondern das
schicksalshafte Auftauchen eines Fremden, der mir Geld lieh. Im Austausch
für sein Vertrauen gab ich ihm alle Geldmittel, die ich noch hatte (etwa 30
Dollar, die sich aus verschiedenen Währungen zusammensetzten), ein Exem-
plar eines von mir geschriebenen Buches („Typisch für mich!") und das Versprechen, ihm sein Geld irgendwie zurückzuzahlen. Er gab mir 60 Dollar in
der Landeswährung, verlangte meinen Pass und winkte mir zum Abschied.*

*Immer wieder lernte ich auf der Reise eine wichtige Lektion der Mensch-
lichkeit. Als ich das erste Mal ins Ausland ging, es war eine Sommerreise nach
China, kehrte ich mit einer Sichtweise zurück, die typisch für den geblendeten
unerfahrenen Reisenden ist: „Die Leute sind überall gleich!" Aber wie ich mit
zunehmender Erfahrung lernte, war dies keineswegs der Fall. Klar, der Großteil der Menschheit hat einiges gemeinsam: Egal, wohin man geht, die meisten
Eltern lieben ihre Kinder, und die meisten Menschen wollen auf ihre eigene
Art glücklich sein. Andererseits sollte es jedoch nicht überraschen, dass verschiedene Kulturen sehr unterschiedliche Praktiken und Glaubensstrukturen
entwickeln – und eben diese Tatsache macht das Reisen und Erkunden so
berauschend. Ich machte eine Besichtigungstour in den buddhistischen Tem-
peln von Bhutan, einem kleinen asiatischen Staat, den viel weniger Touristen
besuchen als seine Nachbarstaaten Indien und Nepal … ich besuchte bei Sonnenuntergang die Große Moschee in der Altstadt von Damaskus … ich stieg*

in einen Nachtzug nach Tiflis, Georgien, und unterhielt mich mit einem Mitreisenden aus einem anderen Land – anstatt zu analysieren, wie die Unterschiede sich im Vergleich zu meinen eigenen vorgefassten Meinungen und Vorlieben darstellten, lernte ich, sie um ihrer selbst willen zu schätzen.

Als ich mich dem Ende meiner Aufgabe näherte, versuchte ich, meiner Umgebung mehr Aufmerksamkeit zu widmen. Auch wenn es wichtig war, ein Ziel zu haben – ich glaubte an die Liste! – ging es bei der Aufgabe nie darum, eine beliebige Gruppe von Ländern zu erobern. Es ging darum, mich selbst mit dem Verfolgen eines großen Ziels herauszufordern und mir selbst zu ermöglichen, mich dabei zu verändern.

Kapitel 16

Heimkehr

Das Zuhause ist der Ort,
wo man hingeht, wenn man
kein Heim mehr hat.
JOHN LE CARRÉ

LEKTION: MACHEN SIE EINEN PLAN FÜR DEN NÄCHSTEN SCHRITT.

In der Anthologie *Once Upon a Galaxy* dokumentiert die Science-Fiction-Autorin Josepha Sherman die lange Geschichte antiker Sagen und zeigt, wie sie als Vorbilder für moderne Fabeln dienen. Wie wir in diesem Buch gesehen haben, haben sehr verschiedene Aufgaben normalerweise einiges gemeinsam. In den antiken Geschichten gibt es oft die Suche nach einem mythischen Objekt (eine heilige Kette, ein heiliger Gral) oder die Notwendigkeit, etwas

Gestohlenes zurückzugewinnen. Die Figur eines „weisen alten Mannes", der Prüfungen für den tapferen Abenteurer voraussieht, übernimmt oft eine führende Rolle. Der Held wird von Freunden und Verbündeten unterstützt, von denen einige mitunter ihre eigenen Absichten verfolgen.[1]

Andere Figuren tauchen immer wieder in verschiedenen Geschichten auf. Babys, denen eine große Zukunft vorbestimmt ist, werden aus kleinen

Booten oder Schachteln gerettet (Moses, Superman). Auch die Natur hat ihren Anteil an mythischen Kreaturen (Adler, Pferde, Spinnen). Ringe sind oft Objekte der Macht und der Magie. („Ein Ring, sie zu knechten.")

Aber dann passiert etwas Ungewöhnliches – und es ist nicht die „große Überraschung", die wir erwartet haben. In einer Geschichte nach der anderen hören wir von großen Abenteuern. Und dann enden diese Geschichten aus heiterem Himmel ohne große Erklärungen.

Die klassische Sage von Jason und den Argonauten ist typisch. Jason wird als Prinz geboren, wird dann aber als Baby mitten in der Nacht geraubt. Er wächst in einem fremden Land auf, ohne sich seines Geburtsrechts bewusst zu sein. Glücklicherweise ist sein Lehrer eine „weiser alter Mann"-Figur, die ihn richtig erzieht und ihn von seiner wahren Identität in Kenntnis setzt, sobald er das Erwachsenenalter erreicht hat. Jason zieht dann los, um seinen Thron zurückzugewinnen und fordert den König heraus, der Jasons Vater gestürzt hat.

Der König ist ebenso klug, wie Jason ehrgeizig ist. Daher schickt er Jason in einer traditionellen Verzögerungstaktik zu einer gefährlichen Aufgabe. „Geh und gewinne das Goldene Vlies zurück!", befiehlt er, natürlich ohne das Ungeheuer zu erwähnen, das für die Bewachung des Schatzes verantwortlich ist und passenderweise *niemals schläft*.

Es wird sich herausstellen, dass Jason entweder besonders tapfer oder besonders töricht ist, je nachdem, was Sie für eine Sichtweise auf Vliese bewachende Ungeheuer haben. Er sammelt pflichtbewusst ein Team von Helden um sich, baut das robusteste Schiff, das jemals in den tückischen Wassern des Mittelmeers gesegelt ist und macht sich auf die Suche nach dem Vlies.

Aber dann! Unterwegs schlägt das Missgeschick zu. Die Abenteurer werden immer wieder überfallen. Auf einer Insel voller mordlustiger Frauen werden sie beinahe gefangen genommen, aber dann entkommen sie

---

[1] *Obi-Wan Kenobi: „Die Dinge verändern sich. Und manchmal ist die Grenzlinie zwischen Freund und Feind verwischt. Heute mehr als je zuvor."*

in letzter Sekunde. Auf einer anderen Insel werden die Bewohner von Riesen gequält, und allein Jasons Truppe kann sie abwehren. Bei einem dritten Aufenthalt werden sie von geflügelten Kreaturen aus der Luft angegriffen. Dann gibt es noch magische Felsen, die immer dann zusammenschlagen, wenn ein Schiff versucht, durch sie hindurchzusegeln und ... so weiter.

Auf diese Weise segeln und kämpfen sich Jason und die Argonauten durch ein Dutzend Jahre voller Prüfungen und Mühsal. Letztendlich erreichen sie ihr Ziel. *Endlich!* Aber selbst dann sind sie weiteren Prüfungen ausgesetzt. Es gibt eine Herde feuerspeiender Bullen, die ins Joch gezwungen werden müssen, einen Satz Drachenzähne, der errungen werden muss, und einen Haufen Krieger, die aus dem Erdboden springen und besiegt werden müssen. Mit etwas Hilfe von einer neuen Freundin erfüllt Jason schließlich alle nötigen Aufgaben. Nachdem sie mitten in der Nacht mit dem Vlies und der Freundin entkommen sind, setzen Jason und seine Argonauten die Segel in Richtung Heimat. Sie haben es geschafft!

Aber was dann? Was geschieht nach all diesen Bemühungen? Was geschah mit dem Thron, den Jason zurückgewinnen wollte?

Josepha Sherman erzählt die Sage, die in verschiedenen Abwandlungen, aber mit demselben Ende überliefert wurde: „Viele weitere Abenteuer erwarteten Jason. Einige dieser Abenteuer waren heroisch, andere waren tragisch. Aber das alles lag in der Zukunft."

War's das? „Das alles lag in der Zukunft?"

Tatsächlich ist das alles, was wir erfahren.

Nach so vielen Bemühungen klingt das Ende der Geschichte eher etwas enttäuschend ... aber so läuft das. Aufgaben führen nicht immer zu einer befriedigenden Lösung.

Die Welt ist gerettet... irgendwie

Dieses Muster ist nicht auf antike Geschichten beschränkt. Videospiele und Filme weisen oft dasselbe abrupte Ende auf. Als ich Anfang 20 war, verbrachte ich zu Recherchezwecken Hunderte von Stunden mit dem Studium von Videospielen. Während des Großteils der Recherche kampierte ich mit Freunden in meinem Wohnzimmer und schoss pflichtbewusst Videospielcharaktere mit einem Scharfschützengewehr in den Kopf, aber viele weitere Stunden widmete ich dem Einzelstudium. Nur mit einem großen Vorrat an Cola light und einem gelegentlichen Krispy-Kreme-Donut ausgestattet[2], kämpfte ich mich durch Verliese und eilte durch ganze Galaxien, in dem ich versuchte, eine Zivilisation zu retten oder die ursprüngliche Identität meines Charakters zu finden.

Selbst zu Recherchezwecken investiert man nicht 20 bis 30 Stunden in ein Spiel, das langweilig ist. Den besten Spielen gelingt es, den Nutzern über eine lange Reihe von Levels, Aufgaben und Animationsszenen, welche die Geschichte vorwärtstreiben, Herausforderung und Unterhaltung zu bieten.

Aber wissen Sie was? Selbst die besten Spiele hatten oft ein schlechtes Ende. Meine Freunde und ich kämpften oft wie bei einem Marathon, um das letzte Spiel zu beenden, aber obwohl die Reise spannend war, erwies das Ende sich als eine Enttäuschung. Manchmal rief ich meinen Bruder Ken, nachdem ich ein Spiel beendet hatte, das er bereits gewonnen hatte. „Das war genial!", sagten wir beide. „Aber das Ende" – meinten wir beide – „war irgendwie komisch."

Es war, als hätten die Spielentwickler, nachdem sie eine großartige Story geschaffen und den Charakter durch Prüfungen und Mühsal getrieben hatten, plötzlich resigniert die Hände über dem Kopf zusammengeschlagen. „Wir wissen nicht, was am Ende passiert! Unser Job war es, die Story am Laufen zu halten!", schienen sie zu sagen.

Gilt dieses Prinzip auch für Aufgaben in der heutigen Zeit? Tatsächlich ist dies manchmal der Fall.

---

[2] *Es ist wichtig, gut zu essen, wenn man die Welt retten will.*

„Wie ist es?"

Über sieben lange Tage im Jahr 2009 und dann wieder in den Jahren 2010 und 2012 lief Meghan Hicks den Marathon des Sables, einen 240-Kilometer-Lauf in der Sahara. Jedes Jahr reisen mindestens 800 Läufer dafür nach Marokko, und wie Meghan es formuliert, ist jeder, der es versucht, etwas seltsam – aber einige sind seltsamer als andere.

Meghan war eine erfahrene Läuferin, die wusste, worauf sie sich einließ. Sie gehörte zu den Läufern, deren größtes Problem im übermäßigen Training liegt. Sie war gern auf den Wanderwegen ihres Heimatstaates Utah unterwegs und hatte einen Lebensstil entwickelt, der es ihr erlaubte, so oft wie möglich im Freien zu sein. Um ihren intensiven Trainingsplan in den Wintermonaten aufrechtzuerhalten, richtete sie tatsächlich eine provisorische Sauna in ihrem Haus ein. Der Saunaeffekt wurde erreicht, indem sie eine Heizung in ihrem Badezimmer installierte und dann in der Dusche das heiße Wasser andrehte. Für ihre Trainingseinheiten quetschte sie einen Heimtrainer zwischen das Waschbecken und die Toilette.

Obwohl Meghan für das 2012 stattfindende Event so viel trainiert hatte und obwohl sie Erfahrung mit dem Marathon hatte, war der Moment des Starts an diesem ersten Morgen in der Sahara ein körperlicher Schock für sie. In der nächsten Woche kämpfte sich Meghan täglich durch den Sand und träumte von den getrockneten grünen Bohnen, die sie am Ende des Tages bekommen würde. (Wenn man unterernährt und dehydriert Dutzende von Kilometern durch die Wüste läuft, sind sie anscheinend ein großartiger Imbiss.)

So schwer es auch war, Meghan gewöhnte sich schließlich an die Routine, einen Kilometer nach dem anderen im Sand zu laufen, und arbeitete sich an die Spitze der Meute vor. Sie hätte einen Seelenverwandten in Nate Damm gefunden, der sagte, dass das Gehen durch Amerika „ziemlich einfach sei", da er nur einen Fuß vor den anderen habe setzen müssen. Meghan musste dies allerdings bei 38 Grad Celsius inmitten der Wüste tun. Sie beendete ihren Lauf im Jahr 2012 an fünfter Stelle der Frauen und an 47. Stelle insgesamt. Es war ein riesiger Sieg.

Und dann kam sie nach Hause. Jeder stellte die große Frage: „Wie war es?"
Einige wollten es wirklich wissen, aber andere fragten nur aus Höflichkeit. Meghan antwortete wie folgt:

> *Sie stellen eine komplexe Frage und erwarten eine Antwort in einem Satz. Es ist, als würde jemand einen auffordern: „Beschreiben Sie in sieben Wörtern oder weniger Ihre Beziehung zu Gott." Also sagt man: „Der Lauf war wunderbar!" und „Ich war begeistert!" und „Es ist eine Erfahrung, die ich hoffentlich nie vergesse!" Diese Äußerungen sind wahr, aber sie werfen eine flauschige Wohlfühldecke über die ganze Wüste Sahara. Auf diese Frage gibt es keine kurze Antwort.*

Wenn Sie bei der Verfolgung von etwas Großem alles gegeben haben, ist es schwer, ein paar kurze Sätze darüber abzulassen, „wie es ist".

Bei meiner Rückkehr aus Norwegen fühlte ich mich sehr wie Meghan. „Wie ist es, jedes Land der Welt zu besuchen?", wurde ich gefragt.

Die Leute haben die Erwartung, dass man nun sehr weise ist, dass man irgendwie das Wissen von unzähligen von Zivilisationen erworben hat, indem man einfach nur als Besucher auf der Durchreise war. Sie erwarten, dass man mit einer veränderten Sichtweise und einer tiefen Erkenntnis, die man teilen kann, zurückkehrt.

Den Planeten Erde als ein moderner Entdecker zu erobern ist in der Tat eine unglaubliche Erfahrung. Aber zum Ende einer solchen Aufgabe zu kommen ist auch kompliziert.

„Jedes Land der Welt zu besuchen" war lange Zeit meine Identität. Selbst als ich andere Ziele verfolgte, diente die Aufgabe als wichtiger Anker. Wenn ich am Ende eines Jahres neue Pläne bewertete, stellte ich sie immer der Notwendigkeit gegenüber, ein Dutzend oder mehr neue Länder zu besuchen. Ich wusste, dass ich nach Beendigung der Aufgabe immer noch reisen würde, aber nicht mit derselben zwingenden Notwendigkeit. Ich hatte dann die Freiheit der Wahl … und die Freiheit erschien überwältigend.

Wie Meghan Hicks in der Zeit nach dem Sahara-Marathon musste ich mich mit zwei großen Herausforderungen auseinandersetzen: dem öffentlichen Aspekt des Ganzen und dem privaten Aspekt. Was den öffentlichen Aspekt angeht, stieß ich schließlich auf eine klare Antwort: Versuche nicht, alles zu erklären, aber erzähl ein paar gute Geschichten. Im Hinblick auf den privaten Aspekt lernte ich zu reflektieren – und auch die Zukunft in Betracht zu ziehen.

Teil eins: Konzentrieren Sie sich auf die Geschichten

Als meine Reise vorbei war, ging ich zu einigen Radiosendungen, bei denen der Moderator unweigerlich mit mindestens einer falschen oder irreführenden Aussage begann. „Chris ist in über 300 Ländern gewesen!" (Oh, so viele gibt es gar nicht.) „Chris ist die erste Person auf der Welt, die das jemals getan hat!" (Stimmt nicht.) „Chris ist erst 25 Jahre alt." (Schön wär's!)

Dann, nach einer langen Einleitung, mit der die gespannte Aufmerksamkeit des Publikums gewonnen werden sollte, begann die Befragung. „Also, wie ist es, Chris?"

Ja … wie *war* es? Ganz ruhig.

Wie Meghan wusste ich nicht, wie ich antworten sollte. „Es war wunderbar", sagte ich und wusste, wie trivial das klang. „Es war ein Traum, der Wirklichkeit wurde" … was tatsächlich zutraf, aber auch bekloppt klang.

Normalerweise plauderte ich eine Weile unsicher dahin, bevor ich eine Antwort fand. Während einer der Sendungen erinnerte ein erfahrener Interviewer mich daran, dass ich nicht 193 Länder und zehn Reisejahre in einigen Sätzen zusammenfassen müsse. „Erzählen Sie uns nur ein oder zwei Geschichten", sagte er.

Das stimmt – diese Geschichten. Jetzt erinnere ich mich. Erinnerst du dich daran, wie es vor einigen Monaten war, sagte ich zu mir selbst, *als du die Nacht im Flughafen von Dakar auf dem Fußboden verbracht hast? Die Situation war auf komische Weise schrecklich, aber du hast sie überstanden und es in das letzte Land geschafft.*

Erinnerst du dich daran, wie du in Sri Lanka, dem 100. Land, um Mitternacht am Strand spazieren gingst?

Erinnerst du dich an den Typ auf den Komoren, der dich rettete, indem er einem Fremden Geld lieh?

Erinnerst du dich an diese Sonnenuntergänge ... diese Augenblicke des Staunens ... die Herausforderung, den Prozess des Reisens, das Warten? Das stimmt – genau darum ging es. Im Zweifelsfall komm auf diese Geschichten zurück.

Teil zwei: Verarbeiten und reflektieren Sie

Miranda Gibson hatte über ein Jahr lang in einem Baum gelebt. Als sie dies beendete, war sie überwältigt. Sie schrieb in ihrem Blog:

> *Im Lauf der letzten Wochen habe ich oft versucht zu schreiben, um euch wissen zu lassen, wie es war – herunterzukommen, sich an die Welt auf dem Boden anzupassen. Aber jedes Mal, wenn ich mich hinsetze, um zu schreiben, weiß ich nicht, was ich sagen soll. Es ist so überwältigend – alles, was geschehen ist, und alles, was ich in diesen vergangenen Monaten gedacht und gefühlt habe. Ich wusste einfach nicht, wo ich anfangen sollte. Heute habe ich euch die Geschichte erzählt, wie meine Füße den Boden berührten, aber nun, da ich angefangen habe zu schreiben, gibt es so viele weitere Geschichten, die aus mir heraussprudeln wollen: über das Feuer, über meinen letzten Tag im Baum, über meinen ersten Tag in einem Haus!*

Etwa zur gleichen Zeit kehrte Alicia Ostarello nach Kalifornien zurück, nachdem sie 48 der 50 Staaten auf ihrer „Abenteuer beim Dating"-Tour besucht hatte. Sie musste noch nach Hawaii und Alaska fliegen, aber sie stand kurz vor dem Ende. Zum ersten Mal seit Monaten hatte sie kein Ziel für den nächsten Tag. Nicht nur das, sie hatte auch keine Bleibe mehr, da sie ihre Wohnung aufgegeben hatte, um das bundesstatenübergreifende Projekt zu verfolgen. Sie hatte Freunde mit Sofas und ein Bett im 50 Kilometer entfernten Haus ihrer Eltern, aber diese Lösungen erschienen ihr wie ein Rückschritt. Sie hatte diesen ganzen Weg gemacht! Sie hatte so viel gelernt! Nun saß sie in ihrem Auto – seltsamerweise die Umgebung, die ihr nach Monaten des Fahrens am vertrautesten war – und war den Tränen nahe.

In dem klassischen Kinderbuch *The Phantom Tollbooth* werden die Hauptcharaktere Milo und seine hilfreichen Freunde von einem großen, dünnen Mann überfallen, der ihnen profane, langweilige Aufgaben überträgt. Da Milo ein lieber Kerl ist, willigt er ein, findet dann aber heraus, dass der große Mann tatsächlich der Teufel ist, der sich einen Spaß daraus macht, die Menschen von dem Weg abzubringen, den sie gewählt haben.

Alicia dachte an diese Geschichte, als sie sich in einen neuen Job als Produktionsassistentin in der Veranstaltungsbranche stürzte, eine herausfordernde Aufgabe, die mit zehn Arbeitsstunden pro Tag und viel Konzentration verbunden war. Es war ein toller Job für jemanden, der über ausreichend Energie verfügte, um diese in eine neue Karriere zu stecken, aber nicht ideal für eine Frau, die gerade eine ausgedehnte Reise im ganzen Land auf der Suche nach sich selbst gemacht hatte. Sie fühlte sich wie Milo. Sie war abgelenkt worden, und die arbeitsreichen Tage in ihrem Job hielten sie davon ab, die intensive Erfahrung, die sie gerade gemacht hatte, zu verarbeiten. Die ganze Erfahrung hatte etwas Komisches und Unvollständiges an sich.

Lektion: Vergessen Sie nicht die Nachbereitung. Vielleicht brauchen Sie an einem bestimmten Punkt ein weiteres Ziel, aber achten Sie darauf, dass Sie das Erlebte verarbeiten, bevor Sie wieder zurück ins Hamsterrad springen.

Teil drei: Finden Sie die nächste Aufgabe!

Wenn eine Aufgabe oder ein Abenteuer Sie jahrelang begeistert hat, aber nun mit Glanz und Gloria (oder vielleicht auch in aller Ruhe) beendet ist, brauchen Sie früher oder später ein neues Projekt. Wie Alicia gelernt hat, werden Sie vielleicht nicht sofort in etwas Neues springen wollen, aber Sie sollten auch nicht zu lange warten.

Scott Young widmete ein ganzes Jahr der Bewältigung des vierjährigen MIT-Informatikstudienplans. Als er fertig war, arbeitete er eine Zeit lang an anderen Projekten, stellte jedoch fest, dass ihm der tägliche Aspekt, Fortschritte auf ein großes Ziel hin zu machen, fehlte. Auch wenn seine Routine während des Studienjahrs nur wenig Abwechslung enthielt, fand er dies herausfordernd und stimulierend. Er entschloss sich, bei etwas anderem eine ähnliche Herangehensweise zu versuchen: Dieses Mal verbrachte er ein Jahr damit, mehrere Sprachen zu lernen. Als besondere Verschrobenheit (es gibt immer eine Verschrobenheit) sprach er in dem Jahr *überhaupt kein* Englisch. Bevor er sich selbst von seinem neuen großen Ziel abbringen konnte, nahm er einen Flug nach Valencia, obwohl er kein Spanisch sprach. Nach seiner Ankunft sprach er *nur* Spanisch und alle anderen Sprachen außer Englisch. Ein ganzes Jahr lang nicht seine Muttersprache zu sprechen – ist das eine Aufgabe? Es klingt ganz sicher nach einer großen Herausforderung.

Weh mir, alles ist verloren! Und so weiter ...

In einer Anfangsszene aus dem Film *The Shawshank Redemption* (dt.: *Die Verurteilten*) wird Brooks Hatlen nach 50 Jahren aus dem Gefängnis entlassen. Dann hängt er sich auf, da er mit dem Leben in Freiheit nicht mehr zurechtkommt.

Vor 160 Jahren reflektierte John Stuart Mill über das flüchtige Glücksempfinden:

> *„Nehmen wir an, dass all Ihre Lebensziele verwirklicht wären; dass all die Veränderungen in den Institutionen und Meinungen, auf die Sie sich freuen, eben in diesem Moment vollständig bewirkt werden könnten: Wäre dies eine große Freude und ein großes Glück für Sie?" Und ein ununterdrückbares Selbstbewusstsein antwortete entschieden: „Nein!" In diesem Moment verlor ich allen Mut: Das ganze Fundament, auf das mein*

*Leben gebaut war, brach zusammen. Mein ganzes Glück war
es gewesen, mich in der ständigen Verfolgung dieses Ziels zu
befinden. Das Ende hatte keinen Reiz mehr, und wie könnte
jemals wieder irgendein Interesse an den Möglichkeiten bestehen? Es schien, als wäre mir nichts mehr geblieben, wofür es
sich zu leben lohnte.*

Nun ja, das klingt etwas deprimierend. Nichts mehr, wofür es sich zu
leben lohnt? Sich aufhängen, nachdem man aus dem Gefängnis entlassen
wurde?

Vielleicht sind das nicht die letzten Antworten. Oder sie sollten es zumindest nicht sein.

Howard Weaver positionierte sich neu nach seinen gescheiterten Versuchen, Gangster zu beschatten, und nach einer langen Phase mit Alkohol-
problemen, in der er Steine auf das Gebäude der *Anchorage Times* warf: Er
wurde der führende Protagonist in einem langwierigen Kampf mit dem
Ziel, das Establishment zu bezwingen und das Gleichgewicht der politi-
schen Meinungsbildung in Alaska zu ändern. Die Anfangsjahre, die ihm
zwei Scheidungen und ein Alkoholproblem brachten, waren schwer.

Im Lauf der Zeit wurde er Chefredakteur der *Daily News*, der Konkurrentin der *Times*, gab das Trinken auf, zog mit einer langjährigen Partnerin
zusammen und konzentrierte sich standhaft darauf, den Gegner niederzu-
ringen. Die letzte Phase des Kampfes dauerte ein Dutzend Jahre, aber aus
Howards Sicht siegte schließlich die Wahrheit. Als die *Times* 1992 ihre Tore
schloss, war der lang erhoffte Sieg gesichert.

Allerdings stand Howard noch eine größere Frage bevor als diejenige, die
sich ihm während der lebhaften Zeitungskriege gestellt hatte: Was kommt
als Nächstes? „Nun war ich müde und desorientiert", schrieb er. „Auch wenn
wir das gewonnen hatten, was ich als dauerhafte Sicherheit für die *Daily
News* und ihren entschieden unabhängigen Journalismus betrachtete, war
die Abwesenheit der *Times* irgendwie unheimlich … Ein Großteil dessen,
wodurch ich meine Identität definiert hatte, war einfach nicht mehr da."

Das war nicht nur eine existenzielle Krise; Howard wusste wirklich nicht, was er als Nächstes tun sollte. Er bat um ein Sabbatjahr und ging nach England. Dort machte er einen Master-Abschluss mit der Absicht, danach wieder ans Steuerruder der Zeitung zurückzukehren, aber als er nach dem Urlaubsjahr nach Alaska zurückkehrte, stellte er fest, dass die Dinge sich geändert hatten. Ein neuer Verleger mit völlig anderen Vorstellungen hatte die Zeitung übernommen. Gleich von Anfang an waren der neue Verleger und Howard sich uneins; sie hatten unterschiedliche Meinungen im Hinblick auf redaktionelle Positionen und sogar im Hinblick auf den Stil der täglichen Nachrichten, der schon jahrelang etabliert war.

Schließlich begriff Howard, dass sich die Situation nicht so schnell ändern würde. Er hatte genug Kraft, um den täglichen Kampf hinsichtlich der Leitartikel weiterzukämpfen, war aber erschöpft durch das Kämpfen in dem größeren Krieg. Als Einheimischer, der fast sein ganzes Leben lang in Alaska gelebt hatte, zog er nur zögernd nach Kalifornien, um einen neuen Job anzunehmen. Nachdem er den Krieg gegen die Times gewonnen hatte, sollte es nie mehr so wie früher werden. Selbst sein Abschied von der *Daily News* funktionierte nicht gut, als der Verleger es ablehnte, seinen engen Freund und auserkorenen Nachfolger einzustellen. Die redaktionelle Stimme der Zeitung entwickelte sich weiter in eine Richtung, die Howards hart erkämpfter Philosophie entgegenstand, und am Ende empfand er eine Mischung aus Resignation und Bedauern, als er sich einer anderen Tätigkeit zuwandte.[3]

Aber wo ist eigentlich das Zuhause?

Nachdem er acht Jahre lang in der Welt herumgereist ist, bezeichnet Benny Lewis sich als „Humanist". Das bedeutet, dass er Menschen liebt und ihren Wert mehr schätzt als alles andere. Benny wuchs in Irland auf,

---

[3] *In Howards Memoiren wird H. G. Wells zitiert: „Es ist die allgemeine Schwäche der Menschheit, dass wir gegenwärtig das als unser Eigentum betrachten, was uns gegeben wurde, um es zu pflegen."*

einem vorwiegend katholischen Land, und nach der Universität erweiterte er seine Weltsicht allmählich durch das Reisen.

Bisher habe ich mich mit Benny auf drei Kontinenten herumgetrieben, angefangen bei einem Treffen in Thailand bis hin zu einer gemeinsamen Tour in Skandinavien. Als wir uns kürzlich in einem Café in Oregon trafen, erzählte er mir über seine Konversion zum Humanismus. Es sei keine Rebellion gegen seinen Glauben, sagte er, sondern habe sich einfach nur daraus ergeben, dass er ein allgemeines Bewusstsein für den Rest der Welt gewonnen habe.

Wir sprachen darüber, inwiefern wir beide bei unseren Reisen von einem Ort zum anderen Gewohnheiten verschiedener Kulturen angenommen hatten. Ich wurde Vegetarier direkt vor meiner ersten Reise nach Indien, und das südasiatische Essen wurde bald mein Lieblingsessen. Auch wenn ich Amerika immer noch mochte und gern einen Großteil meiner Zeit dort verbrachte, fühlte ich mich mehr wie ein Weltbürger. Die unterscheidenden Merkmale eines Passes bestimmten nicht meine Identität, vielmehr wurde diese durch meine Erfahrungen und meine Werte bestimmt.

Je mehr Sie etwas erleben, was sich außerhalb Ihrer Erfahrungen bewegt, umso aufgeschlossener werden Sie … Aber diese Weltsicht kann auch etwas befremdlich wirken, insbesondere auf die Leute zu Hause. Eine andere Freundin, Shannon O'Donnell, verließ ihr Zuhause im Alter von 24 Jahren auf einer Reise der Selbstfindung. Ursprünglich wollte sie nach Los Angeles, so weit wie möglich von ihrem Zuhause in Florida entfernt, wie sie es sich anfangs vorstellen konnte. Ein Bekannter, der mehrere Monate in Indien verbracht hatte, regte sie an, in größerer Entfernung zu suchen, und sie bereitete sich darauf vor, ins Ausland zu gehen.

Shannons kurzfristiges Ziel war es, ein Jahr im Ausland zu verbringen, eine Reise, die persönlich bereichernd, aber nicht furchtbar ungewöhnlich wäre. Sie reiste mit dem Rucksack durch Australien und Südostasien, besuchte dort fast zehn Länder und dann noch etliche weitere in Europa. „Der Weg, den ich beschritt, funktionierte nicht", sagte sie später, „also dachte ich, dass ein radikaler Tempowechsel mir einen Weg eröffnen würde, um ein sinnvolleres Leben zu führen. Ich wollte von den Menschen und Orten lernen, denen ich auf meinen Reisen begegnete."

Sie beschrieb das Jahr im Ausland als „Ausbildungslager fürs Leben" und erzählte, wie sie in Nepal einen zehntägigen Meditationskurs gemacht hatte, ohne viel Vorerfahrung mit der Meditationspraxis zu haben. Der Kurs war sowohl in geistiger als auch in körperlicher Hinsicht eine Herausforderung, und sie hatte am Schluss wenig Lust, weiterzumachen – aber auch wenn intensive Meditation nicht ihr Ding war, lernte sie eine gewisse Wertschätzung dafür, wie andere ihr Glück finden.

Shannon war leider anfällig für Krankheiten, und in Laos erkrankte sie schwer an Durchfall. In einem schwachen Moment, als sie das Gefühl hatte, dass sie es vielleicht nicht einmal durch die Nacht schaffen würde, machte sie einen Handel mit dem Universum: *Wenn es mir besser geht, tausche ich meine Genesung für ein traditionelleres Leben. Ich werde in ein Flugzeug steigen und die Ziele verfolgen, nach denen die meisten Menschen streben: ein Heim, einen Ehemann und Kinder.*

Allerdings war das, was die meisten Leute wollten, nicht das, was *sie* wollte, zumindest nicht auf der Stelle. Shannon schaffte es durch die lange Nacht, und als sie auf den Handel zurückblickte, begriff sie, wie dumm die Idee gewesen war: „In diesem Moment machte ich mein zielloses Umherwandern für meine Krankheit verantwortlich, aber als ich gesund wurde, begriff ich, dass die Krankheit ein Rückschlag war, kein Zeichen, dass ich auf dem falschen Weg war."

Die ursprünglich geplante einjährige Reise dauert nun schon über fünf Jahre, und einen großen Teil der Zeit wurde sie von ihrer elfjährigen Nichte begleitet, die sich ihr in Asien anschloss, um eine einzigartige Erfahrung des Eintauchens in andere Kulturen zu machen.

Die wahre Welt ist, was Sie daraus machen

Die größte Anpassung an das Leben „zu Hause", wo immer das Zuhause sein mag, besteht wohl darin zu verstehen, dass Sie nicht mehr derselbe sind wie vor der Reise. Sie haben Erfahrung gewonnen und Dinge gesehen, die andere nicht gesehen haben. Um Steve Kamb zu zitieren, der die Analogie eines Videospiels verwendete, als er mir seine Aufgabe beschrieb: Sie haben „ein höheres Level erreicht". Ebenso wie das erste Level eines Spiels langweilig und repetitiv werden kann, sobald Sie ein höheres Level erreicht haben, werden Sie vielleicht nicht mehr in der Lage sein, zu Ihren früheren Gewohnheiten und Routinen zurückzukehren.

Mehrere Leute, mit denen ich bei der Recherche für dieses Buch gesprochen habe, beschrieben, wie sie nach der Beendigung ihrer Aufgabe eine bestimmte Wendung von ihren Freunden und Familienmitgliedern hörten. Die Wendung lautete „echtes Leben" oder „die echte Welt", und die Worte wurden manchmal in einem kaltschnäuzigen Ton gesprochen. „Ich denke mal, du musst jetzt wieder ins echte Leben zurückkehren" war so eine Formulierung. „Das würde in der echten Welt nie funktionieren" war eine andere. Bei anderen Gelegenheiten wurden ähnliche Wendungen auf harmlosere Weise ins Feld geführt, vielleicht von jemandem, der einfach nicht nachvollziehen konnte, was während des Verfolgens der Aufgabe passiert war.

Tom Allen sagte, dass Leute, die eine solche Logik anwenden würden, komplett falschlägen. „Das Leben unterwegs *war* das echte Leben", meinte er. „Zurück in England schien die moderne Gesellschaft ein Ort der Isolation und der Abstraktionen zu sein."

Wie gelangen Sie wieder zurück? In vieler Hinsicht gar nicht. Es ist einfach nicht möglich.

Was Tom angeht, war er zudem enttäuscht darüber, dass ein Teil der Aufgabe durch ihre eigene Institutionalisierung verdorben wurde. Was als Abenteuer der Selbstfindung begonnen hatte, war zu einem weltweiten Projekt geworden, inklusive Sponsoren, die Berichte erwarteten, und Pressekanälen, die erpicht darauf waren, ihn zu interviewen. Er musste schließlich das, was er geschaffen hatte, wieder auflösen und „das Biest entinstitutionalisieren", indem er sich wieder auf die unabhängige Reise konzentrierte, nach der er sich von Anfang an gesehnt hatte.

Erholung

Um aus der Niedergeschlagenheit herauszukommen, die auf die Beendigung einer Aufgabe folgt, müssen Sie zunächst einmal begreifen, dass die echte Welt das ist, was Sie daraus machen. Sie sind erwachsen, Sie haben sich geändert und Sie können nicht wieder zurück. Sie sind nicht mehr derselbe, also erwarten Sie auch nicht von den anderen, dass sie noch dieselben sind. Als Nächstes fangen Sie neu an. Sie brauchen eine neue Aufgabe und eine neue Mission.

In den Gebirgsausläufern von Zentralkalifornien flattert eine Flagge über einem kleinen Ranchhaus. Das Haus gehört Howard Weaver, dem Zeitungsredakteur, der einen Riesen herausforderte und gewann. Die Flagge ist das frühere Eigentum der *Anchorage Times*. Ist es kleinkariert, die Flagge des besiegten Rivalen aufzuziehen? Einige sind vielleicht dieser Meinung ... aber Howard schätzt die Flagge als Erinnerung an seinen von Prinzipien geleiteten Kampf für Wahrheit und Gerechtigkeit in seinem Heimatsstaat Alaska.

In einem historischen Appartementhaus in San Francisco, ein paar Fahrstunden von Howards Ranch entfernt, fand Alicia Ostarello als Texterin in den Alltag zurück. Von ihrer Reise behielt sie nur ein Souvenir: eine Postkarte aus Süd-Dakota, die sie am Spiegel in ihrem Zimmer befestigte. Sie hatte sich anderen Dingen zugewandt und orientierte sich neu nach der emotionalen Erfahrung, ein großes Projekt beendet zu haben – aber ab und zu sah sie die Postkarte und erinnerte sich daran, wie sie einen Kilometer nach dem anderen durch das Land gefahren war, nacheinander die Staaten abgehakt hatte und bei jedem Zwischenstopp neue Leute getroffen hatte.

Alicia und Howard ging es am Ende gut.

Unterdessen beendete Meghan Hicks ihren vierten Marathon-des-Sables-Lauf und fing an, für den nächsten zu planen. Sie setzte ihr Training täglich fort.

▶▶▶▶ **ZUR ERINNERUNG**

▶ Manchmal führen Aufgaben zu keiner befriedigenden Lösung.

▶ Wenn es schwierig ist, eine Aufgabe insgesamt zu erklären, konzentrieren Sie sich auf einige Geschichten.

▶ Die echte Welt ist das, was Sie daraus machen. Wenn Sie eine Aufgabe beendet haben, liegen die nächsten Schritte bei Ihnen.

17

Kapitel

Ausklang

Kreise schließen, Türen zumachen,
Kapitel beenden – egal,
welchen Namen wir der Sache geben,
wichtig ist, die Momente des Lebens,
die vorüber sind,
Vergangenheit sein zu lassen.

PAULO COELHO[1]

LEKTION: DAS ENDE IST DER ANFANG.

Wie fühlte es sich an, als Nate Damm den Pazifischen Ozean erreichte, nachdem er zu Fuß durch Amerika gegangen war? Es war natürlich großartig. Die Meeresbrandung in der San Francisco Bay, all diese Leute, die ihn persönlich begrüßten und ihn übers Internet beglückwünschten. Er war jedoch immer ein ruhiger Typ gewesen, und dieses Gefühl des Ankommens war mit gemischten Gefühlen verbunden. Die Aufgabe hatte ihm Hoffnung, ein Identitätsgefühl und einen strukturierten Tagesablauf gegeben: Jeden Tag musste er einfach aufstehen und gehen. Sobald seine Füße das kalte Wasser der San Francisco Bay berührten, war diese Aufgabe weg.

---

[1] *Zitiert nach der Übersetzung von Barbara Esquita,*

Diogenes Verlag AG Zürich

In einem unserer Gespräche verwendete er sogar das Wort *verärgert*, als er das Ende beschrieb – als sei er betrübt darüber gewesen, dass die Aufgabe, die sein Leben in den letzten sieben Monaten bestimmt hatte, nun vorüber war.

Wie fühlte es sich an, als Gary Thorpe, der australische Klassik-Fan, die Aufführung der Gothic Symphony erlebte? Als er direkt im Anschluss über die Aufführung sprach, äußerte er sich überschwänglich. „Es ist ein unvergängliches Monument wie die Pyramiden oder Stonehenge", sagte er. „Das Ganze war atemberaubend. Die Reaktion des Publikums war genauso, wie ich es mir die ganze Zeit erhofft hatte."

Er war begeistert darüber, dass alles geklappt hatte, und überglücklich.

Ich dachte an Nate und Gary, als ich nach einem kurzen Flug von London Heathrow in Oslo landete. Ich bin nicht sicher, ob es ein Moment war, der etwas von der Großartigkeit der Pyramiden hatte. Jedenfalls gab es keine 200-köpfige Streicherabteilung, die auf ihren Auftritt wartete. Stattdessen hielt der Einreisebeamte meinen Pass an den Scanner und stellte mir einige Fragen, ohne mich anzusehen. „Warum sind Sie nach Norwegen gekommen?"

Ich hielt es für das Beste, mir die lange Geschichte zu sparen. Also erzählte ich eine kurze und wahre Version: „Ich wollte schon immer hierher kommen."

Nach ein paar Missgeschicken in den letzten paar Ländern hatte mit den Reisen nach Guinea-Bissau und Kiribati, den vorletzten Zielen, alles gut geklappt. Tatsächlich begann ich meinen Besuch in Kiribati am Neujahrstag, genau drei Monate bevor mein Reiseprojekt mit Norwegen als letztem Land zu Ende ging. Es war vielleicht passend, dass ich auf Kiribati strandete, als der zweiwöchentliche Flug nach Fidschi technische Probleme hatte und kehrtmachen musste, sodass ich und die sechs anderen Passagiere in dem klassischen „Kein Weg von der Insel"-Szenario gefangen waren.

Kiribati nimmt auf den meisten „Must-See"-Reiselisten nicht einen der obersten Plätze ein, und ich wollte unbedingt nach Fidschi zurück und schließlich in Richtung Heimat. Ich erinnerte mich an die ultimative

Fertigkeit, auf die es beim Reisen ankommt (vor allem muss ein Reisender lernen zu warten), und dachte mir, dass ich hiermit zum allerletzten Mal gestrandet wäre, zumindest auf dieser speziellen zehnjährigen Reise. Schließlich war das Flugzeug repariert und wir gingen für den dreistündigen Flug an Bord. Einfach so war es erledigt. Nur noch ein letztes Land blieb übrig!

In den nächsten Monaten dachte ich darüber nach, dass das Abenteuer nun fast beendet war. Ich musste nur noch nach Norwegen, was vermutlich nicht schwierig wäre. Ich dachte an die Zeile aus dem Gedicht Ithaka: „Dort anzukommen ist dir vorbestimmt. Doch beeile nur nicht deine Reise." Ich beeilte mich nicht, und als es Zeit war, den Flug zum Flughafen London Heathrow und dann den Anschlussflug nach Oslo zu nehmen, empfand ich eine tiefe Zufriedenheit.

Jede Aufgabe hat ein Ende. Das Ende dieser Geschichte kam, als ich den Einreisevorgang beendete und zum Flughafenzug hinausging, der bald in Richtung Stadt abfuhr. Vielleicht endete sie auch, als ich auf eine 48-stündige „Norwegen in einer Nussschale"-Tour mit meiner Familie und ein paar engen Freunden ging. Vielleicht endete sie am Tag danach, als fast 200 Leute zu einer „Ende der Welt"-Party erschienen, zu der alle eingeladen waren, die kommen wollten.

Die Feier zeigte hervorragend, wie mein Leben und die Aufgabe selbst sich im Lauf der Jahre entwickelt hatten. Zwar hatte ich allein begonnen und war als Einzelreisender in der Welt herumgelaufen, aber am Ende war ich von guten Freunden und anderen interessanten Leuten umgeben. Leser aus über 20 Ländern tauchten auf. Ein Typ war per Anhalter aus Portugal auf seiner eigenen dreiwöchigen Abenteuerreise hergekommen und hatte seine Ankunft in Norwegen so geplant, dass er noch immer seinen Rucksack umgeschnallt hatte, als er zu unserer „Ende der Welt"-Party erschien. Einige Leute waren extra gekommen, um mir zu gratulieren, und der Gedanke, dass sie nur zu diesem Zweck Grenzen überschritten und Flugtickets gekauft hatten, ließ mich demütig werden.

Aber glücklicherweise ging es nicht nur um mich. Mittlerweile ging es bei dem Abenteuer auch um andere Menschen, und viele Partygäste waren eifrig dabei, ihre eigenen Träume zu verfolgen und untereinander Kontakte zu knüpfen.

Nach dem Ende der Welt in Norwegen ging ich nach Hongkong und nutzte ein anderes Rund-um-die-Welt-Ticket auf der langen Reise zurück nach Portland. Als die Cathay-Pacific-Maschine landete und ich durch das Flughafengebäude ging, hatte ich alle Zeit der Welt. Mein Ticket war absolut flexibel – ich konnte wie geplant am nächsten Tag nach Bangkok weiterreisen oder in Hongkong bleiben, solange ich wollte.

Ich brachte die Einreisebehörde hinter mich, nahm den Zug in die Stadt und suchte mein Hotel. Irgendwie verirrte ich mich. Der Regen prasselte herunter, als ich, meine Taschen schleppend und vergeblich nach einem Taxi Ausschau haltend, erneut die falsche Richtung einschlug. Ich war stinksauer über mich selbst, weil ich mich schon wieder verirrt hatte, aber dennoch gefiel mir die Schlagzeile: „Mann reist in jedes Land; kann das Hotel nicht finden, in dem er schon ein Dutzend Mal war." Typisch.

Schließlich fand ich wie immer das Hotel. Am nächsten Morgen trat ich nach draußen und schlenderte die Nathan Road hinunter, die ich seit meiner ersten Reise nach Hongkong vor vielen Jahren gut kenne. Damals fuhr ich mit dem Bus vom Flughafen aus – er hielt bei der Cameron Road und einer Reihe billiger Hotels, die sich hoch über der Stadt in Wohngebäuden befanden.

Ich blieb stehen, um zum Star Guest House hochzublicken, wo ich vor langer Zeit auf einer Reise drei Nächte verbracht hatte. Ich erinnere mich, dass ich um 14:00 Uhr einschlief und erst nach Einbruch der Dunkelheit aufwachte – eines der ersten Male, dass ich diesen Fehler machte, aber es stellte sich als gut heraus, da ich dann einen Großteil der Nacht damit verbrachte, auf den Straßen umherzuschlendern. An einem warmen Apriltag sieben Jahre später wimmelte es in Kowloon von Verkäufern, die gebratene Insekten und portugiesische Eiertörtchen anboten.

Ich hatte es bis zum Ende der Welt geschafft, aber Hongkong hatte sich nicht verändert. Jeder ging seinen Geschäften nach, hing seinen eigenen Gedanken nach und lebte sein eigenes Leben. Im Finanzdistrikt der Stadt eilten Männer und Frauen in Anzügen zu einem schnellen Mittagessen, bevor sie an ihre Schreibtische zurückkehrten.

Am nächsten Tag ging ich nach Bangkok und erlebte ähnliche Flashbacks von früheren Reisen in Thailand. Ein vertrautes Bild präsentierte sich: die Mönche in der U-Bahn, das Gewühl des Straßenverkehrs und die schmalen Gassen, die einen Großteil der Stadt miteinander verbanden.

Schließlich flog ich über den hochgradig chaotischen Los Angeles International Airport nach Portland zurück. Eine weitere Heimkehr! Nur dass es dieses Mal kein neues Ziel mehr gab. Ich musste keinen Visumsantrag mehr an die Botschaft des Südsudan schicken und keine Flugtickets mehr für Air Moldova kaufen. Meine Reise war beendet.

Hunderte Seiten vorher sagte ich, dass dieses Buch nicht nur eine Studie dessen darstellt, was *andere* getan haben. Die entscheidende Botschaft ist, dass eine Aufgabe auch in *Ihr* Leben Sinn bringen kann.

Warum sollten Sie eine Aufgabe verfolgen? Weil jeder von uns in seinem Leben seine eigene Geschichte schreibt und wir nur *eine* Chance haben, es richtig zu machen. Denken Sie an die Worte von Alicia Ostarello, die sich vom Ende einer Beziehung erholte, indem sie eine Dating-Mission in Angriff nahm, die gleichzeitig unbequem und bereichernd war. Als die Aufgabe vorbei war, sagte sie: „Das ist meine Geschichte. Niemand kann mir das mehr nehmen. Und deshalb hat sich alles absolut gelohnt."

Im Alter von 68 Jahren hatte Phoebe Snetsinger ihr manisches Reisetempo der vergangenen Jahre verlangsamt, aber sie machte weiterhin Expeditionen. Ihr nächster Aufenthalt war Madagaskar, ein Land, das sie zum vierten Mal besuchte. Auf den vorhergehenden Reisen hatte sie die große Mehrzahl der örtlichen Vogelarten gesehen, also war dies eine „Aufräum-Reise", bei der es darum ging, etwa 20 Vogelarten aufzuspüren, die ihr bisher entgangen waren. Seit ihrer „tödlichen" Diagnose waren 17 Jahre vergangen, und auch wenn sie gebrechlicher war als früher, wuselte sie trotz eines verstauchten Knöchels über Wanderwege. Sie hatte aufgrund ihres fortschreitenden Alters auch mit zahlreichen anderen gesundheitlichen Beschwerden zu kämpfen, dennoch sind ihre Notizen von der Reise voller detaillierter Beschreibungen neuer Vögel, die sie gesehen hatte, sowie voller Auflistungen verschiedener Aufgaben, die sie zur Vorbereitung zukünftiger Reisen zu erledigen hatte.

Am frühen Morgen des 23. November 1999 reisten Phoebe und der Rest der Gruppe in einem Transporter zu einem weiteren Naturreservat. Phoebe legte sich auf die Sitze, um ein Nickerchen zu machen. Irgendwann schlief auch der Fahrer ein oder wurde aus einem anderen Grund unaufmerksam. Der Transporter, der mit hoher Geschwindigkeit fuhr, rammte einen Betonpfosten und kippte dann auf die Seite um. Die anderen Fahrgäste hatten nur kleine Verletzungen und waren wachgerüttelt worden, aber Phoebe hatte den Aufprall am stärksten abgekriegt, als der Transporter umkippte. Sie starb auf der Stelle.

So unausgeglichen es auch gewesen sein mag, Phoebe verbrachte die zweite Hälfte ihres Lebens so, wie sie es beabsichtigte. Wie viele andere, die Aufgaben und große Abenteuer verfolgen, hatte sie gelernt, anders über Risiko zu denken. Wie sie in ihren Memoiren schrieb: „Mir wurde sogar noch klarer, dass ich durch das Vermeiden aller denkbaren Risiken in meinem Leben die meisten Dinge versäumt hätte, welche die besten Jahre meines Lebens ausgemacht haben."

„Das Spiel hört nie wirklich auf", fuhr sie auf der letzten Seite ihrer Memoiren vor der letzten Reise nach Afrika fort. „Es ist nur eine Frage der Perspektive. Solange man lebt, gibt es immer einen neuen Ort, wohin man gehen kann, und einige aufregende neue Dinge, die man finden kann." Was Phoebe anging, war ihre Aufgabe jedoch in Madagaskar beendet. Sie hatte fast zwei Jahrzehnte der Aufgabe gewidmet, mehr Vögel zu sehen als irgendeine andere Person in der Geschichte. Sie hatte ihr Ziel erreicht, den Weltrekord zu brechen. Und sie hätte weitergemacht, wenn es ihr möglich gewesen wäre.

Liebe Leserin, lieber Leser,

danke, dass Sie mich bei der Mini-Aufgabe, dieses Buch zu lesen, begleitet haben. Sollte Ihnen die Reise gefallen haben, würde ich mich freuen, wenn Sie Ihre persönliche Geschichte mit unserer Community auf FindtheQuest.com teilen. Sie können mir auch schreiben, indem Sie die Website ChrisGuillebeau.com besuchen.

Ich hoffe, dass wir uns unterwegs irgendwo treffen.

Chris Guillebeau
#FindtheQuest

ANHANG 1

LEKTIONEN AUS DER REISE

Ich habe versucht, aus meiner eigenen Reise in 193 Länder und aus den Geschichten von vielen anderen Leuten, die freundlicherweise bereit waren, sie zu teilen, die Lektionen von Aufgaben in der heutigen Zeit zu ziehen und diese zu vermitteln. Die Erfahrungen von 50 Menschen, die große Ziele verfolgt haben, unterscheiden sich enorm, aber eine Reihe von Lektionen kann man fast als universell bezeichnen:

Unglücklichsein kann zu einem Neuanfang führen. Wenn Sie mit ihrem Leben nicht glücklich sind oder wenn Sie auch nur einen schwachen Anreiz empfinden, etwas ganz anderes zu tun, achten Sie auf die Unzufriedenheit. Stellen Sie sich „Was, wenn?"-Fragen. Was wäre, wenn ich diesen Traum oder diese Idee tatsächlich verfolgen würde? Was wäre, wenn ich diese große Veränderung machen würde? Unzufriedenheit kann eine Quelle des Wachstums und der Inspiration sein.

Jeder kann ein Abenteuer erleben. Sie können das Leben führen, das Sie wollen, egal, wer Sie sind. Es gibt eine Aufgabe für Sie, die darauf wartet, von Ihnen gefunden, beansprucht oder geschaffen zu werden.

Jeder hat eine Berufung. Folgen Sie *Ihrer* Leidenschaft. Achten Sie auf die Dinge, die Sie begeistern, und die Dinge, die Sie stören. Denken Sie an Jiro Ono, den Sushi-Koch aus Tokio, der davon sprach, sich wegen eines besonders guten Thunfisches siegreich zu fühlen, und denken Sie an Miranda Gibson, die aus Protest gegen illegale Abholzung über ein Jahr in den Baumkronen Tasmaniens lebte. Ihre Leidenschaft ist vielleicht für sonst niemanden interessant, aber wenn sie Ihnen etwas bedeutet, dann ignorieren Sie sie nicht.

Jeder Tag zählt. Das Bewusstsein unserer Sterblichkeit kann uns dabei helfen, ein Ziel zu verfolgen. Wir alle haben nur eine beschränkte Zeit auf Erden. Diejenigen, die im aktiven Bewusstsein dieser Realität leben, werden eher Ziele finden und diese schrittweise realisieren. Oder um es anders zu formulieren: Jeder stirbt, aber nicht jeder lebt wirklich.

Nicht jeder muss an Ihren Traum glauben, aber Sie müssen es. Die Unterstützung und das Verständnis anderer werden sich in unterschiedlicher Weise darstellen. Es spielt keine Rolle, was jemand anders über Ihre Aufgabe denkt, aber wenn Sie nicht genug Motivation haben, um es durchzuziehen, wird es schwierig.

Berechnen Sie die Kosten, bevor Sie mit einer Aufgabe beginnen. Als ich mit meinen Reisen in jedes Land begann, kritisierte jemand das Unterfangen, indem er sagte, man brauche nur genug Zeit und Geld dafür. Später begriff ich, dass diese Perspektive tatsächlich hilfreich sein könnte. Wenn ich wirklich genau verstand, was „überallhin gehen" bedeutete, und wenn ich dann anfing, Schritt für Schritt an jedem Teil dieses Ziels zu arbeiten, schien es nicht mehr unerreichbar. Für welche Aufgabe Sie sich auch immer entscheiden, berechnen Sie die Kosten, so gut Sie können.

Wir werden durch Fortschritte und Erfolge motiviert. Es fühlt sich gut an, Dinge abzuhaken. Listen machen einerseits Spaß und wirken andererseits motivierend. Wir gliedern Dinge gern Schritt für Schritt auf und bestehen große Herausforderungen stufenweise.

Wir können die Monotonie nicht immer vermeiden, aber wir können wählen, welche Form sie annimmt. Odysseus bekämpfte Meeresungeheuer und flüchtete von einer Insel, auf der er gefangen gehalten wurde, aber er musste auch viele langweilige Tage auf See ertragen. Die meisten Aufgaben bestehen aus einer Reihe von Meilensteinen, die erst nach einer langen Zeit erreicht werden können. Entscheiden Sie sich für das Vorwärtsgehen, wenn Sie auf dem Weg bleiben wollen – treffen Sie Entscheidungen, die Sie dem Ziel näher bringen, selbst wenn es den Anschein hat, dass das Erreichen des Ziels ewig dauert.

Der Weg ist das Ziel. Wenn Sie Ihren Erfolg an den Meinungen anderer messen, dann ist das Scheitern vorprogrammiert. Wenn Sie Ihren Erfolg jedoch an Ihrer eigenen Anstrengung messen, indem Sie sich darauf konzentrieren, was Sie produzieren und leisten, ist jedes zusätzliche Lob und jeder zusätzliche Ruhm ein Plus. Die Arbeit selbst kann als Motivation dienen.

Einige Abenteuer sollten geteilt werden. Tom Allen sagte, dass „ein Traum nur von einer Person geträumt werden kann". Aber einige Herausforderungen können gemeinsam bestanden werden, und selbst wenn Ihre Aufgabe keine typische Teamarbeit erfordert, werden aller Wahrscheinlichkeit nach einige Leute an Ihrem Traum teilnehmen, während Sie sich seiner Verwirklichung nähern.

Fehlschläge stärken das Selbstvertrauen. Es ist nie lustig, in der Klemme zu sein, festgenommen zu werden, ausgeschlossen zu werden oder aufgehalten zu werden, aber diese Erfahrungen sind ein notwendiger Teil der Reise. Wenn etwas schiefgeht, versuchen Sie, es als Lehrgeld zu betrachten. Hoffentlich machen Sie denselben Fehler nicht zweimal ... oder zumindest nicht immer wieder.

Während Sie sich einem kleinen Ziel nähern, entwickelt sich die größere Vision. Viele Leute, die in diesem Buch vorgestellt werden, fingen mit einem kleinen Ziel an, dessen Umfang immer weiter zunahm, als es machbar wurde. Wenn Sie sich eine enorme Leistung zunächst nicht vorstellen können, fangen Sie mit einer leichter realisierbaren an. (Passen Sie umgekehrt auf, wenn Sie auf eine enorme Leistung hinarbeiten: Die nächste könnte sogar noch größer sein.)

Aufgaben haben nicht immer ein befriedigendes Ende. Manchmal ist das Ende ruhmreich und manchmal hat es einen eher zwiespältigen Charakter. Nehmen Sie sich in jedem Fall die Zeit, Ihre Erfahrungen zu verarbeiten. Suchen Sie sich ein neues Abenteuer, wenn Sie fertig sind.

ANHANG 2

MITWIRKENDE

NAME	AUFGABE	KATEGORIE	STATUS
Tom Allen	Mit dem Fahrrad um die Welt	Sport	Neu definiert
Marc Ankenbauer	In jeden See in zwei der größten US-amerikanischen und kanadischen Nationalparks springen	Sport	Abgeschlossen
Izzy Arkin	Karate in Kyoto lernen als erster Schritt, um ein Ninja zu werden	Sport	Abgeschlossen
Ron Avitzur und Greg Robbins	Sich monatelang in das Apple-Gebäude schleichen, um Software zu entwickeln, die später auf jedem Computer ausgeliefert wurde	Kreativ	Abgeschlossen
Elise Blaha	„Handwerkliche Serienprojekte" zum Lebensmittelpunkt machen	Kreativ	Abgeschlossen
Mark Boyle	Ohne Geld vom Vereinigten König-reich bis nach Indien reisen	Aktivismus	Neu definiert
Nate Damm	Zu Fuß durch die Vereinigten Staaten gehen	Erkundung	Abgeschlossen
Rasanath Dasa	Die Wall Street verlassen, um in einem Kloster in Manhattan zu leben	Selbstfindung	Abgeschlossen
Laura Dekker	Die Ozeane der Welt in einem 12 Meter langen Boot als jüngste Solo-Seglerin umsegeln	Erkundung	Abgeschlossen
Robyn Devine	10.000 handgemachte Mützen stricken oder häkeln	Kreativ	Noch andauernd
Tina Roth Eisenberg	Ein Werk veröffentlichen, das innovatives Design propagiert	Kreativ	Noch andauernd
Travis Eneix	Einen radikalen Schwerpunkt auf seine Gesundheit legen und 1.000 Tage lang alles aufschreiben, was er aß	Selbstfindung	Abgeschlossen

NAME	AUFGABE	KATEGORIE	STATUS
Nicholas Felton	Das Leben durch eine ausführliche Reihe persönlicher Jahresberichte dokumentieren	Dokumentation	Noch andauernd
John Francis	Auf motorisierte Transportmittel verzichten und 17 Jahre lang ein Schweigegelübde halten	Aktivismus	Abgeschlossen
Miranda Gibson	Gegen illegale Abholzung protestieren, indem man auf einen Baum in Tasmanien klettert und über ein Jahr dort lebt	Aktivismus	Abgeschlossen
Seth Godin	Den Status quo infrage stellen durch die Veröffentlichung eines ständigen Ideenstroms	Dokumentation	Noch andauernd
Kristen Goldberg	Die Lebensliste abarbeiten, die sie erstmals als 16-Jährige aufgestellt hatte - keine Änderungen erlaubt	Selbstfindung	Noch andauernd
Scott Harrison	Gründung einer Wohltätigkeitsorganisation zur weltweiten Trinkwasserversorgung	Aktivismus	Noch andauernd
Thomas Hawk	Eine Million Fotos aufnehmen, bearbeiten und veröffentlichen	Dokumentation	Noch andauernd
Meghan Hicks	Den Marathon des Sables laufen	Sport	Abgeschlossen
Josh Jackson	Ein Spiel in jedem großen Baseball-Stadion der Major League besuchen	Erkundung	Noch andauernd
A. J. Jacobs	Die ganze *Encyclopedia Britannica* in einem Jahr lesen	Akademisch	Abgeschlossen
Jia Jiang	100 Tage lang die „Ablehnungstherapie" praktizieren und die Ergebnisse auf YouTube posten	Selbstfindung	Abgeschlossen
Julie Johnson	Ihren eigenen Blindenführhund ausbilden	Unabhängigkeit	Abgeschlossen
Steve Kamb	Sein Leben bei einer „Epic Quest of Awesome" auf ein „höheres Level bringen"	Selbstfindung	Noch andauernd
Stephen Kellogg	„Die richtige Leiter raufsteigen", indem man eine Karriere als freier Musiker verfolgt	Dokumentation	Abgeschlossen

NAME	AUFGABE	KATEGORIE	STATUS
Juno Kim	Ein traditionelles Leben in Südkorea hinter sich lassen und ein Vorbild für weibliche asiatische Reisende werden	Selbstfindung	Abgeschlossen
Rita J. King	Gründung von Science House und Erfindung einer Serie von „Mystery Jars"	Akademisch	Abgeschlossen
Steven Kirsch	Ein Medikament gegen eine seltene Blutkrankheit finden	Aktivismus	Noch andauernd
Matt Krause	Zu Fuß durch die Türkei bis zur iranischen Grenze gehen	Erkundung	Abgeschlossen
Isabelle Leibler	Ein nicht trainierbares Pferd trainieren	Sport	Abgeschlossen
Jay Leno	Die Kunst der Stand-up-Comedy beherrschen	Kreativ	Noch andauernd
Sasha Martin	Ein Gericht aus jedem Land der Welt kochen	Kreativ	Abgeschlossen
Mark McDonough	U. a. den „Rio Grande Heritage Unit"-Zug mit der Kamera festhalten	Dokumentation	Abgeschlossen
Shannon O'Donnell	Mit ihrer 11-jährigen Nichte durch Südostasien reisen	Erkundung	Abgeschlossen
Jiro Ono	Sein Leben der Zubereitung von Sushi widmen	Kreativ	Abgeschlossen
Alicia Ostarello	Zu 50 Dates in 50 Staaten gehen	Beziehungs-bezogen	Abgeschlossen
Martin Parnell	In einem einzigen Jahr (neben anderen Aufgaben) 250 Marathons laufen	Sport	Abgeschlossen
Hannah Pasternak	Nach Israel ziehen und auf dem Nationalwanderweg wandern	Erkundung	Abgeschlossen
Bryon Powell	Gründung einer Community von Extremläufern	Sport	Abgeschlossen
Jerry Seinfeld	Die Kunst der Stand-up-Comedy beherrschen	Kreativ	Noch andauernd

NAME	AUFGABE	KATEGORIE	STATUS
Mani Sivasubra-manian	Gründung einer Stiftung, die Kindern aus einkommens-schwachen Familien Zugang zu ärztlicher Versorgung bietet	Aktivismus	Abgeschlossen
Phoebe Snetsinger	Den Weltrekord für die meisten beobachteten Vögel setzen	Erkundung	Abgeschlossen
Allie Terrell	Jede Basilika in den Vereinigten Staaten besuchen	Erkundung	Noch andauernd
Gary Thorpe	Die größte Sinfonie der Welt aufführen	Kreativ	Abgeschlossen
Helene Van Doninck	Sich für nicht bleihaltige Munition einsetzen	Aktivismus	Abgeschlossen
John und Nancy Vogel	Zusammen mit ihren 10-jährigen Zwillingssöhnen mit dem Fahrrad von Alaska nach Patagonien fahren	Erkundung	Abgeschlossen
John „Maddog" Wallace	Den Weltrekord für das Laufen von Marathons in den meisten Ländern setzen (100+)	Sport	Abgeschlossen
Adam Warner	Jeden Punkt auf der Lebensliste seiner verstorbenen Frau Meghan abhaken	Selbstfindung	Noch andauernd
Howard Weaver	Einen langwierigen Kampf führen, um Alaskas Zeitung wieder zur Stimme der Bevölkerung zu machen	Aktivismus	Abgeschlossen
Sandi Wheaton	Nach einer unerwarteten Kündigung die Route 66 bereisen und fotografieren	Dokumentation	Abgeschlossen
Gabriel Wyner	Mindestens fünf Sprachen fließend sprechen lernen, um seine Karriere als Opernsänger zu fördern	Akademisch	Abgeschlossen
Scott Young	Den vierjährigen MIT-Informatik-Stu-dienplan in einem Jahr absolvieren	Akademisch	Abgeschlossen
Stephanie Zito	Ein Jahr lang täglich 10 Dollar an eine andere Wohltätigkeits-organisation spenden	Aktivismus	Abgeschlossen

ANHANG 3

EINE AUFGABE FÜR JEDEN

Es ist bewundernswert, wenn Sie etwas finden, was Sie lieben, und sich – wie viele Leute in diesem Buch – über einen langen Zeitraum hinweg ausschließlich darauf konzentrieren. Wenn Sie aber immer noch nicht sicher sind, was dieses Etwas *ist*, dann sollten Sie am besten erst einmal mit kleineren Aspekten größerer Ziele experimentieren.

Sie wollen nicht 100 Marathons laufen? Sie können sich überhaupt nicht vorstellen zu laufen? Gehen Sie raus und fangen Sie damit an, indem Sie 20 Minuten *zu Fuß gehen*. Sie wollen nicht alle Länder der Welt besuchen? Großartig. Erneuern Sie Ihren Pass und reisen Sie innerhalb der nächsten sechs Monate *in ein Land*.

19 weitere Ideen folgen. Es sind alles Abwandlungen der in diesem Buch vorgestellten Aufgaben.

GROSSE AUFGABE	PROTAGONIST	BUCH-SEITE	MÖGLICHE ALTERNATIVE
Nach Kyoto ziehen, um Karate zu erlernen und ein Ninja zu werden	Izzy Arkin	S. 63	Unterricht in Karate, Taekwando oder einer anderen Kampfkunst nehmen.
Als Alleinreisende in einem kleinen Segelboot die Welt umsegeln	Laura Dekker	S. 92	Allein auf eine Reise gehen (kleines Segelboot nach Belieben).
Tai-Chi praktizieren und 1.000 Tage lang alles aufschreiben, was man isst und trinkt	Travis Eneix	S. 49	Eine Woche lang die täglichen Aktivitäten aufschreiben, darauf achten, was man isst und wie viel man trainiert.

GROSSE AUFGABE	PROTAGONIST	BUCH-SEITE	MÖGLICHE ALTERNATIVE
Hunderte von Stunden mit der Dokumentation des eigenen Lebens verbringen, um jedes Jahr einen detaillierten persönlichen Jahresbericht zu erstellen	Nicholas Felton	S. 150	Ein paar Stunden mit der Erstellung eines Jahresberichts verbringen, in dem Sie Ihre Prioritäten im Leben definieren und sich Ziele für jedes Jahr setzen.
Ein Schweigegelübde für 17 Jahre ablegen	John Francis	S. 59	Einen ganzen Tag lang nicht sprechen.
Auf einen Baum klettern, um gegen das Abholzen zu protestieren; 400 Tage dort bleiben	Miranda Gibson	S. 218	Etwas finden, was Sie beunruhigt, dann eine einfache Methode finden, um die Situation für andere zu verbessern.
Alle Länder der Welt besuchen	Chris Guillebeau		Ein einziges neues Land besuchen.
Alle Einwohner des subsaharischen Afrika mit sauberem Wasser versorgen	Scott Harrison	S. 58	Ein afrikanisches Dorf mit sauberem Wasser versorgen. Mit nur 6.000 Dollar kann man ein ganzes Projekt finanzieren, das für sauberes Trinkwasser, Hygieneerziehung und Nachkontrollen sorgt. Informieren Sie sich auf charitywater.org/donate.
Eine Million Fotos aufnehmen, bearbeiten und veröffentlichen	Thomas Hawk	S. 83	Lernen, die Fotos, die Sie mit Ihrem Handy oder Ihrer Kleinkamera aufnehmen, zu verbessern. Sich verpflichten, ein Jahr lang täglich eines zu posten.
In einem Jahr die ganze *Encyclopedia Britannica* lesen	A. J. Jacobs	S. 153	Ein Jahr lang täglich einen anderen *Wikipedia*-Artikel lesen.
100 Tage lang die „Ablehnungstherapie" praktizieren, indem man Feuerwachen, Restaurants und andere Geschäfte mit ungewöhnlichen Bitten besucht	Jia Jiang	S. 95	Ein einziges Experiment der Ablehnungstherapie praktizieren. Bitten Sie um etwas Ungewöhnliches, von dem Sie nicht erwarten, dass Sie es bekommen. Achten Sie darauf, wie Sie sich fühlen, wenn Sie die Bitte äußern.

GROSSE AUFGABE	PROTAGONIST	BUCH-SEITE	MÖGLICHE ALTERNATIVE
Ein Wochenende lang James Bond werden als Teil einer „Epic Quest of Awesome"	Steve Kamb	S. 156	Einen Weg finden, wie Sie Ihr Leben auf Ihre eigene Weise auf ein „höheres Level" bringen können.
Einen ganzen Kontinent zu Fuß durchqueren	Matt Krause (und andere)	S. 17	Eine Woche oder zumindest ein paar Tage lang überallhin zu Fuß gehen. Kreative Wege finden, um motorisierte Transportmittel zu umgehen.
Ein Gericht aus jedem Land kochen	Sasha Martin	S. 111	Ihren kulinarischen Horizont erweitern, indem Sie ein Gericht aus einer Landesküche zubereiten, die Sie noch nicht ausprobiert haben, oder ein Restaurant mit einer Ihnen noch unbekannten Landesküche besuchen.
Sein Leben der Zubereitung des bestmöglichen Sushi widmen	Jiro Ono	S. 65	Ein nettes Sushi-Restaurant besuchen und „Omakase-Stil" bestellen, wobei der Koch Ihre ganze Bestellung aufgrund der besten Zutaten des Tages bestimmt.
Jede Basilika in Amerika besuchen, um mehr über den eigenen Glauben zu lernen	Allie Terrell	S. 116	Ein Gebäude mit religiöser Bedeutung besuchen, entweder mit Bezug zu Ihrem eigenen oder einem anderen Glauben
Vier oder mehr Sprachen fließend sprechen lernen, um die Karriere als Opernsänger zu fördern	Gabriel Wyner	S. 144	Lernen, eine Fremdsprache sicher zu sprechen. Jeder fängt mal an.
Das MIT-Informatikstudium in einem Jahr beenden	Scott Young	S. 172	Sich für einen einzigen Online-Kurs anmelden (beim MIT oder sonstwo) und mindestens zwei der Vorlesungen anschauen.
Täglich 10 Dollar an eine andere Wohltätigkeitsorganisation spenden	Stephanie Zito	S. 222	Einer neuen Wohltätigkeitsorganisation 100 Dollar geben, sich dann verpflichten, im Lauf des nächsten Jahres mehr über sie in Erfahrung zu bringen.

320 Seiten,
broschiert,
19,90 [D] / 20,50 [A]
ISBN: 978-3-864700-93-4

Chris Guillebeau:
Start-up!

Sie können toll kochen? Sie bewegen sich sicher und gern in Facebook und Twitter? Haben Sie schon einmal darüber nachgedacht, diese Hobbys zum Beruf zu machen? Chris Guillebeau zeigt Ihnen am Beispiel von 50 ganz normalen Menschen, die mit 100 Euro oder weniger ein Unternehmen gegründet haben, wie auch Sie diesen Traum verwirklichen können. Los gehts!

BOOKS4SUCCESS

224 Seiten,
broschiert,
19,99 [D] / 20,59 [A]
ISBN: 978-3-86470-204-4

Elizabeth Dunn / Michael Norton:
Happy Money

Sind Sie auch der Meinung, man kann Glück nicht kaufen? Falsch
– Sie müssen Ihr Geld nur auf die richtige Art und Weise ausgeben.
Elizabeth Dunn und Michael Norton haben fünf Grundprinzipien
des klugen Ausgebens erkannt, die Ihnen zu einem erfüllteren
Leben verhelfen werden. Bringen Sie mit wenig Aufwand mehr
Freude in Ihr Leben!

BOOKS 4 SUCCESS